ВЛАДИМИР МОРГАН

ЭМИГРАНТЫ

ПОВЕСТИ И РАССКАЗЫ

THE

GOLDEN SCRIBE

OF

RUSSIE

Order this book online at www.trafford.com
or email orders@trafford.com

Most Trafford titles are also available at major online book retailers.

Editor T. Kaplan
Photographer P. Samoukova

Print information available on the last page.

ISBN: 978-1-4251-9245-7 (sc)

Trafford rev. 04/19/2023

 www.trafford.com

North America & international
toll-free: 844-688-6899 (USA & Canada)
fax: 812 355 4082

ОТ АВТОРА

Книга художественной прозы The Russian Immigrants "Эмигранты" Владимира Моргана составлена из трёх повестей и целой серии рассказов на эмигрантскую тему.

-Нынешний эмигрант, - утверждает автор, - это во многом новое яркое социальное явление, неизвестное ранее сословие мира, особый, многочисленный слой людей, если не сказать класс, со своей ярко выраженной психологией и даже идеологией.

Русские герои писателя перемещаются из страны в страну и несут высоконравственный заряд любви, красоты и мира.

Особое место в книге «Эмигранты» занимает двухчастная повесть «Охота за деньгами». Это «иммигрантский» детектив. Обе части объединены рассказом о судьбе главного героя Бобби Котельны. В повести рассказывается об адаптации его земляков в Канаде, о становлении мелких бизнесов, о трудностях в перестройке сознания людей, попавших, как говорится, «из огня да в полымя». Интродукция исторического периода размещена в «Раймондиане».

Большая, холодная и колючая повесть «На флаерсах» как бы не закончена жанрово. Но это не так.

«Приют Святого Николая» 2 органично сложившаяся повесть от встреч в литературе и впечатлений жизни.

Всё в книге помечено уникальным штампом замечательного таланта писателя – Лауреата национальной литературной премии «Золотое перо Руси-2008».

FOREWORD

The Vladimir Morgun's book of art prose The Russian Immigrants Emigrants includes three stories and the series novels on an emigrant theme.

The modern emigrants are the really new bright social

phenomenon, the special class of people with the strongly psychology and even ideology, author said.

Russians of the writer moving around the world and bringing a highly moral, love and beauty and peace.

The special place in the book occupied the story Hunt for Money. That is immigrant detective. She has two chapters, but both of them united by destiny of protagonist Bobby Kotelny. Through this character in the first part author details about adaptation of fellows in Canada, about formation of the small businesses, about difficulties of the people who have got, as they say, psychology traumas. Introduction of the historical period placed in "Raymondaiana". The big, cold and prickly story is «On Flayers». The story «Sacred Nicolay's Shelter» has been developed story the literature meetings of author and impressions of his life.

All in the book is marked unique штапмом remarkable talent of the writer – the Winner of a national literary award The Golden Scribe of Russia-2008».

ОХОТА ЗА ДЕНЬГАМИ

повесть

*Посвящается моей милой жёнушке Татьянке

*Dedicated to my darling wife Tatyana

ЧАСТЬ ПЕРВАЯ

ПРОДАВЕЦ

СЛАДКОЙ НЕГИ

1.

Суббота, начало мая, полдень. Солнца нет и похоже не предвидится. Арктический холод раскручивает в небе груды разлохмаченных кучевых облаков, набухших тревогой.

Кто в этих северных, гиперборейских, проамериканских краях, в такое время года да ещё в такую погоду мог бы возмечтать об айскриме? То есть,.. о мороженом.

Но яркой стрекозкой верхом на желтом пасхальном яйце трёхколесного велосипеда выпорхнул первым в этом сезоне из депо на Клинч-стрит Бобби Котельник, легендарный по-своему в эмигрантских кругах велферист по кличке «Профессор». Выпорхнул Бобби и погнал свой сверкающий байк вдоль деревенски просторных тягостных улиц; и зазвенел-загремел всеми четырьмя колокольчиками под... рулем. Воистину, гоголевская птица-тройка с «дарвалдаем», летящая в неизвестность.

Эмигранский бизнес – уличная торговля мороженым. Она приносит стремительные доходы и позволяет быстро приподняться с колен. Сезонная работа, злая –на выносливость, не подсилу каждому. Тяжёлое, по выбору, занятие. С недавних пор, вслед за предыдущими волнами эмиграции, прочно окопались в этом «бизнесе» бывшие значимые люди с бывшей одной шестой части земного шара.

И одними из первых, кого уловил Бобби своими сетями–колокольцами, стали именно русские.

Два джентльмена в крохотных чёрных кипах-пилотках незамедлительно вышли на звон из дверей солидного офиса и поражённо воззрились на подкатившего мороженщика.

Дельцы, но с хорошо отработанной благостью в лицах. Один – ни дать, ни взять – крепкая причальная тумба. Другой – сторожевая колченогая вышка.

-Хай! Хау ю дуинг? – бойко приветствовал их Бобби.

-Барух а–шем! – солидно откликнулся моложавый Тумба. - Ты откуда взялся тут, парень?

-Айм Майк фром Нэдёлэндз. Айм со сорри фо май Инглиш, бикоз ов айм шпрэхен зи Дойч анд парль Франсэ. (Я, мол из Нидерландов и прошу прощения за мой плохой английский).

-Имеешь кошерный айскрим? – поинтересовался Вышка.

-Шуэ! – не сдавался Бобби. – Сри каиндз уиз лейблз. «Драмстык», «Парлоур» анд «Хааген Даз». Лук, плыз, фор ыксемпл! (Целых три сорта!).

Деловито и сосредоточенно склонились кошерные русские люди над упаковками с мороженым. Обнаружив желанные отметки и ещё что-то особо важное для них, Тумба удовлетворенно осклабился, а рыхлый Вышка надменно хмыкнул.

-Ай эм рэкомендинг фор ю «Хааген Даз», – мгновенно заполнил неловкую паузу Бобби. – Дыс из вери олд мадел фром май кантри Нэдёлендз. Ту сентчери эгоу. Бай де вэй, глида кар меод анд вери тести.   (Я рекомендую вам этот сорт из Нидерландов, созданный двести лет тому назад).

Употреблённое в тексте выражение «глида кар меод» (на

иврите: «мороженое очень холодное») вызвало у короткого джентльмена ещё одну блуждающую усмешечку.

Мол, знаем мы тебя, Летучий Голландец. Побывала-таки птичка на Ближнем Востоке.

-Ты любишь свою профессию? – надкусывая «Хааген», уже уходя, и вполоборота неожиданно вопросил Тумба.

-Мысли о деньгах приятно крутят наши мозги, – сказал Бобби. –Ытс май джоб. Байсиклы, айм эн энджиниэ ов телекоммуникэйшн… (Это мой заработок. А вообще я инженер телекоммуникаций).

-Уоу! – подхватил тему Вышка. – Сколько тебе лет?

-Айм фоты файв. (Мне пятьдесят).

-Кончай заливать! – заявил Вышка. – Тебе и тридцати пяти никто не даст.

-Да чтоб мне век Сибири не видать! – подыграл на английском Бобби, – если совру!

Ничего, казалось бы, не стояло за этими обыденными расспросами. Но что-то в них настораживало опытного Бобби. В разных передрягах побывал он и чувство опасности до сих пор никогда ещё не подводило его. Неслучайно в этот раз Бобби инстинктивно назвался не своим именем. С пронзительностью беглеца, за которым погоня, он вдруг ощутил, что с первого же выезда влип во что-то неприятное и теперь никуда не денешься.

-Уай ар ю аскинг ми? Ай донт ноу ю. (Почему вы задаёту мне вопросы? Кто вы такие?).

-Ладно, Ма-айк! Торгуй. Пока, – взял на себя инициативу Тумба. Потом прийдёшь к нам. Попросишься и - возьмём.

-Уоу! А каким бизнесом вы занимаетесь? – окончательно перешёл на русский Бобби.

-Похоронно-ритуальным.

-А-а-а! – понятливо протянул Бобби. – И что, мне тоже кипу одевать?

-Придётся – оденешь! Тебе пойдет,- съязвил Вышка.

-Во время пребывания в ближней Азии у меня сложилось несколько иное мнение относительно кошерности, – брякнул в колокольцы Бобби.

-Например?

-В частности, что айскрим – это замороженная вода. А вода, как продукт природы, не изготавливается каким-то особым способом для одних потребителей и для других. Она вся – кошерна. Зато в кипе я не смогу работать по субботам. Асур авода ба шабат. Только ради спасения чьей-либо жизни. Или... только за кэш.

-О`кэй! – согласился толстый работодатель, порылся в кармане и протянул Бобби визитную карточку. – А как зовут твоего босса?

-Бориской кличут нашего царя...

-Борух он! – подчеркнуто сообщил на прощанье Тумба.

...Потом в этот день было много чего другого. Бобби забыл о визитке. Голосисто звонил он в колокольцы своего лимонного байка, сновал от офиса к офису, от гаража к гаражу, от шопа к шопу, оглядывая незнакомые ему прежде места.

И горожане в свою очередь с любопытством оглядывали айскримена. Прежде всего потому, что он был первый, кого они увидели в этом году. Нет ещё ни единой зеленюшки на серых прошлогодних газонах; из деревьев лишь тополя успели забрезжить пушисто-жёлтеньким светом, но увидев уличного продавца мороженого, прохожие и проезжие понимали: пришла весна. Неотвратимо. И ничего иного не дано.

Кто давил на клаксон, кто свистел, кто радостно верещал, высовываясь из окон скользящих мимо автомобилей. Мороженщик – уличный циркач, клоун, поставщик удовольствия. И Бобби выглядел соответствующе.

Поверх свитера - белая, как снег, рубаха в крупную чёрную клетку с засученными рукавами. Мясисто-красные, по колена, шорты. Под кирпич – велосипедные краги и литые кроссовки, похожие на кованые башмаки, в каких сказочно-русский Иванушка отправлялся на поиски Василисы Прекрасной да Премудрой.

Ко всему – развевающийся длиннющий, на два оборота шарфище цвета опавшиего кленового листа.

Наглухо тонированные очки со стопроцентной защитой от солнца Бобби носил по необходимости. Во-первых, он был слегка близорук, а во-вторых, под оправой и стеклами удачно скрывались безобразные шрамы, полученные им в былые годы на боксёрских рингах и в мужских разборках.

Голову Бобби увенчивало помидорно-розовое кепи бейсбольной команды города Сан-Луиса с вензелем и с огромным козырьком. В результате: никто из русских не воспринимал Бобби за своего, местные ничуть не сомневались, что он из Штатов, а под символическим кепи, в голове Бобби, трафаретно крутилась рок-эн-ролльная частушка конца семидесятых.

О! Сан-Луис, Лос- Анжелос
Объединились в один колхоз!
Колхозный сторож
Иван Кузьмич
В защиту мира поднял кирпич!

Этот свой нынешний имидж Бобби продумывал ещё зимой. Он играл на валютной бирже и в одну ночь стал дважды миллионером. К утру бешеная игра сделала из него стропроцентного банкрота. Не пошел у Бобби и бизнес по скупке и продаже цветного металла. На «кормушке» в церкви святого Паула увидел он как-то кроссовки за двадцать пять центов с липучками вместо шнурков, вздрогнул и понял, что судьба уличного айскримена преследует его. У каждого свои причины, но у всех они общие, чтобы торговать, перемещаясь по улице, или бежать в одну сторону.

Остальные детали экипировки мороженщика появлялись в холостяцкой студии Бобби сами собой. Он приобретал их как-то неосознанно, почти инстинктивно. Чтобы стать истинным канадцем, решил неудачливый бизнесмен, постарайся выглядеть поканадистее любого из них, ибо нет на земле народа, избавленного богом от низкопоклонства перед иностранцами.

-Поздравляю со спрингом! – громогласно заявлял теперь Бобби, агрессивно въезжая на байке прямо в цех какого-либо пластикового завода или в двери автомобильного магазина.

Тут к нарушителю немедленно подступал какой-нибудь босс и старательно разъяснял, что, мол, это частная территория и что не каждый имеет право въезжать на неё, но для первого раза он сейчас спросит, кто из его рабочих или коллег желает айскрима.

Бобби в ответ широко, как только мог, улыбался своими узкими искорёженными губами, сообщал, что он не станет посягать на частную собственность и запрашивал расписание рабочих перерывов у мастеровых. Время брейк-таймов и адреса предприятий он записывал тут же, на глазах оторопевших покупателей, прямо на крышке своего байка.

Работягам и иховым боссам нравилась напористость Бобби – на глазах свершалась затаенная детская мечта каждого – и они охотно раскупали сладкий ледяной продукт, с удовольствием ощущая его забытый за зиму вкус.

-Пефектли тайм фор айскрим! – воскликнул брюхатый и плутоватый малый в гараже по восстановлению автомобильного антиквариата. – Каждому по «Драмстыку»! – распорядился он. –Крис, заплати!

Шесть порций мороженого – двенадцать долларов за всё про всё, плюс доллар сверху на «тип» – привели Бобби в состояние блаженства.

-Когда завтра «пефектли тайм»? – атаковал он.

-Так же! – ответил Крис, весёлый голубоглазый парень с вьющимися волосами по самые плечи. – Точнее: не завтра, а в понедельник. Завтра мы не работаем.

В закутке, неподалеку от далёкого Дарвин-стрита, Бобби набрёл ещё на четверых «русских», колбасящихся вокруг двух «БээМВушек». Были они по-волчьи поджары, в кожанках, смуглолицы и подчёркнуто бородаты.

-Мужики, как насчёт мороженого? – по-английски вопросил айскримен.

-Чё ему тут надо? – рявкнул из-под капота низколобый субъект, обращаясь к стоящему рядом разбитному мальчишке, по-видимому, знатоку английского: –Не пускай его сюда, пожалюста.

При этом Низколобый торопливо спрятал под крышку капота нечто тяжёлое и завёрнутое в тряпицу.

-Он предлагает обменять наши деньги на его мороженое.

-«Пламбырь»? – рефлекторно оживился Низколобый.

-О, нет! Я не имею «Пэланбырь». Только из того, что на моих картинках.

-Кэвэску бы сейчас! – как-то слишком многозначительно протянул субъект, оппонирующий, кажется, со всем миром.

Выборы айскрима оказались сложными. Бобби по-учительски объяснял, а разбойничьего вида малец издевательски перевирал достоинства семи видов мороженого, образцы которого представлялись покупателю в ярких гиперболических картинках, наклееных на транспаранте, вознесённом высоко над байком дюралевыми штангами.

-Ладно, хватить баланду трэвить! – не выдержал наконец главарь.– Нет у него «Пламбэра» и пусть катится отсюда.

-Это нехорошо, Иса, - заметил юный разбойничек. – Мы занимали его время. Здесь так не принято… И грубость ненужную они не любят.

-Что он мне сделает, скажи?

-Ничего, конечно. Извини, но чуть что – они полицию вызывают. А те проверяют документы...

-Объясни, пожалуйста, мистеру, - обратился Бобби к толмачу, - что я зарабатываю двенадцать долларов в час. Потраченные сейчас двадцать минут стоят четыре доллара. Но я не нуждаюсь в деньгах этого мистера.

-Да катись ты!.. – взревел от негодования Низколобый.

-Си ю лэйтэ! – буркнул Бобби, как бы «не прощаюсь», и откатил.

2.

Часам к пяти вечера этого первого дня небо опрокинуло на Торонто лавину дождя со снегом. Запасливый Бобби извлёк из байка голубую штормовку с капюшоном и двигался теперь в сплошном снежном месиве, осеняемый светом уличной рекламы.

Из дверей шопа «сэкэнд хенд», заваленного бытовыми электроприборами, его окликнул пожилой джентльмен, купил «Драмстык» и пригласил участливо: « Ты можешь приезжать сюда каждый день».

В кассе у Бобби к этому времени образовалось около 250 долларов, что его вполне устраивало, и он удовлетворённо повернул свой потускневший байк по дороге в депо, на Клинч.

Тревожны и опасливы были размышления айскримена. Как человек, переживающий вторую эмиграцию, Бобби повидал кое-что в жизни и сразу понял, что бородатые смугляки в полузатаённом гараже были «дети гор». Эта их настороженность в глазах и скрытая угроза в телодвижениях, эта их приказательность в обращении старших по возрасту к младшим, эта их неестественная прямота в плечах, полученная от традиционного приматывания младенцев к доске-лежанке.

В необычайное волнение пришла русскоязычная община Канады, когда в прессе и по радио промелькнуло сообщение о приёме беженцев из тех неспокойных мест. Русские газеты старательно умолчали об этом факте. И, в принципе, правильно. Украинцы и узбеки, белорусы и казахи, якуты и молдаване – все для канадцев только «русские». Как вообще итальянцы, индусы, арабы и другие разноплеменные народы.

Китайцы! Никому дела нет, кто ты там, внутри скорлупы одноговорения. И разношёрстная эмиграция конца XX века из России характерна языковым единством и тем, что миновали её национальные, территориальные или какие-либо идеологические претензии. Пропал, сошёл на «нет» интеллектуальный цвет советской эпохи. Вместе с диссидентами. С правнуками дворян, внуками кулаков. С прорабами перестройки. И с нуворишами ранней рыночной экономики. Социалистический Союз рухнул не в результате кровопролитной войны, а благодаря, так называемой, теории «мирного сосуществования», изобретённой самими же дуболомами-коммунистами.

Всеобщий драп – признак большой беды.

Нечего делить и не о чем спорить.

-Но люди с Северного Кавказа были постоянно в претензии! – горячились едоки бишь-бармака за дружеским столом монреальских и торонтских квартир.

-Они и в мирные годы прослыли чрезмерно агрессивными, а на сегодняшний день это – передовой отряд мусульманского экстремизма...

-Они живут по законам кровной мести, и здесь они, скорее, не беженцы, а мстители...

-Захватят кого-нибудь из нас. Или всех вместе. Как в Будёновске. И выставят свои требования мировому сообществу, – гудела в ухо собеседнику телефонная трубка из Ванкувера. – Представляешь?! Кого убьют, кого искалечат, кого изнасилуют. Не пролить кровь, не осквернить они не имеют права по законам Адата и Шариата. Они насилуют женщин, мужчин, стариков и детей...

-Это же надо! – громко возмущалась одна из ревнительниц закона. – Даже никакого фаст-трека они не проходят. «Приём» и всё тут. Да я абсолютно уверена, что большинство из них просто-напросто грабители и убивцы.

-И что они будут здесь делать? Работать это племя никогда не хотело и не могло. Они прирожденные воины. На велфере станут прозябать? Смешно представить! Орлы горные! – саркастически усмехались в другом доме.

-Разбойничать станут! – уверенно заявил знакомый Бобби дагестанец, чья семья погибла в Грозном. – Банки грабить. Иоська Сталин руководил такой бандой, экспроприируя экспроприаторов. И Дикая дивизия времён Гражданской войны – это чеченцы, в основном. Им всё равно кого убивать. Главное, что неверных. А неверные – это все мы, вместе взятые. Мы здесь у них уже сейчас, как заложники.

Бобби придерживался иных взглядов, делая основной упор на исторические оправдания. Но он обнаружил этот гаражик в закутке и почувствовал, что случайное знание отягощает его и может послужить источником неисчислимых бед лично для него. Что-то крутое прятал низколобый Иса под капотом... А мальца-переводчика, неожиданно вспомнил Бобби, кто-то из чеченцев назвал Идрисом. Бобби удивился своей памяти. Обычно он плохо различал людей в лица и плохо ориентировался в марках автомобилей. Но тут чётко, как на экране, в его памяти высветились имена и остальнвх двух гаражников: Муса и Мирза. А марку «БМВ» Бобби запомнил ещё с постсоветских времён. Тогдашние начинающие бандиты-рэкетёры предпочитали «БМВ» за его мгновенный старт с места. Яснее ясного, что эти люди не желали общения ни с кем, заключил про себя Бобби. И на всякий случай решил не появляться в другой раз у затихорившегося гаражика.

Другое дело, те двое интеллигентных русских, что встретились в начале дня, продолжал надрывно строить свои догадки Бобби, стараясь удерживать руки на руле так, чтобы локти прижимались к телу и защищали грудь от встречного ветра. Возможно, только родимый звон колокольчиков, выманил занятых людей на улицу. Возможно, что взволновало их видение далёкого прошлого: длиннющие заиндевевшие очереди за мороженным где-нибудь на улицах Москвы, бывшего Ленинграда или недосягаемого Прокопьевска.

Да кто из эмигрантов-русских не вспоминает знакомого ему до боли мороженщика – дядьку или тётку – в валенках, в тулупе, среди сугробов, под открытым небом, слегка выпившего «для сугрева», в съехавшем треухе или в шерстяной шали, неспешно раздающего пломбир и эскимо на палочке.

-И что такое происходило с россиянами в те годы? – спрашивал себя Бобби.

После смертоубийственного стояния в очередях и после мороженго они мучались простудами и ангинами, но не переставали воспринимать подслащенный лёд не столько как спасение от жары и не только как средство утоления жажды, а как величайшее удовольствие. Никто не смел отказать себе в этом крохотном комочке холодной тающей неги.

Дети и взрослое население Советской России, не будучи, вобщем-то, сладкоежками, поглощали мороженое в неимоверных количествах. Но … зимой. Летом его было днём с огнём не сыскать. Как и прохладительные напитки. Или пиво.

Однако, судя по внешнему виду интеллегентов в кипах, они давным-давно покинули просторы той и другой родины. Им должна была быть привычна Канада – страна, какой, возможно, будет Россия лет через сто. И в отношении айскрима. Его здесь в избытке, но потребительский спрос очень низкий. Что же заинтриговало земляков и вывело их на улицу навстречу Бобби?

-Они называли тебя Борухом, – сообщил Бобби хозяину позже, когда рассказывал ему о дневных впечатлениях.

-А я и есть Борух! – как бы обрадовался хозяин. – А тот длинный, рыхлый – тоже Борух. А Тумба – Иосиф. Это мои заклятые друзья-конкуренты!..

3.

От холода Бобби совсем скукожился. Одеревяневшей куклой предстал он перед воротами помещения типа депо.

-Быстро переодевайся! Смотри, не заболей! Кофе на столе! – озабоченно покрикивал хозяин на своего работника и непроизвольно заглянул в байк.

-Да ты, что? Всё продал! –возопил он ошарашенно.

-Сдал, – поправил его Бобби, сбрасывая с себя мокротень.

-Давай, давай! Снимай! – засуетился и без того суетливый хозяин. – Да в такую погоду даже я не смог бы... сдать столько! Боец, ничего не скажешь, боец! Сегодня ты покрыл все мои расходы. И ещё кое-что осталось в наваре!

Хозяин Бобби, жилистый аккуратный мужик среднего роста, лысоватый и неудержимо подвижный, как ртуть, был в восторге от своей предусмотрительности.

В конце апреля, когда ещё лежали снега, он сам позвонил легендарному Бобби за 500 км. И хозяин не просчитался, быстроглазый и остроносый...

В этой своеобразной полупрофессиональной среде мороженщиков слава Бобби заключалась в том, что в один из августовских дней минувшего сезона Боби, пыхтя и надрываясь, вытолкал перед собой свой байк на видовую площадку горы Монт-Рояль. В лоб. Стартанув от перекрёстка авеню Дю Парк и Монт-Рояль, прямо по хайвею, под тридцать пять градусов, не обращая внимания на зубовный скрежет тормозов сквозящих мимо автомашин.

Сухопарый Бобби прославился не столько своей отчаянной решимостью и недюженной силой, сколько достигнутым конечным результатом.

Завидев обливающегося потом айскримена в нижнем краю горного ската, вальяжные монреальцы на видовой площадке позабыли свои телескопы, бинокли, фото- и видеокамеры, оставили в покое великолепную панораму северо-американского Парижа и ринулись помогать Бобби. Одни тянули его байк за дюралевые штанги афиши, другие подталкивали за седло, одобрительно похлопывая айскримена по спине, третьи организовали очередь.

-Ты устал? – поинтересовался могутный парень в жестком козырькастом кепи.

-Русские не устают в сорок пять! – рассмеялся Бобби. – И в пятьдесят пять тоже! Вообще, не устают.

Полчаса бешеной торговли и байк «улетел». Ещё не отдышавшийся, Бобби позвонил по автомату своему франкофонствующему хозяину. И минут через двадцать отчаянный айскрименщик снова провёл успешную атаку мороженым.

После «восхождения» Бобби, монреальцы хорошо запомнили этого парня. Они узнавали его везде. Рассказывали о нём друг другу. И в дни знаменитых монреальских праздников-фейерверков, сколько бы ни было рядом конкурентов Бобби, в кассу его всегда перепадало больше, чем другим мороженщикам. Дошло до того, что в промышленной зоне вышел из офиса представительный босс, прямо весь из себя как на картинке и безаппеляционно заявил:

-Я покупаю у тебя айскрим потому, что ты знаменит.

-Май айскрим ис верри пауэрфул фор джоб! – заверил его Бобби с благодарностью и шутливо. (Типа: мое мороженое очень энергетическое).

А как ловкий велферист Бобби прославился в другом. Нагрянули как-то в депо контролёры из финансово-налоговой службы велфера.

-Сколько ты зарабатываешь? – спросили они Бобби.

-Не знаю, – ничуть не смущаясь, ответил ловкач. – Я только пришёл посмотреть, что да как… Ещё и апликейшн (заявление) не заполнил.

-Бомарше! – выкрикивал он иногда, торгуя «крем-гляссе» по Монреалю. И шустрые квебекуанцы хорошо понимали, что имел в виду Бобби. Всемирно известный французский комедиограф и министр правительства Бомарше торговал когда-то мороженным вразнос. Почти также, как и задерганные судьбой русские эмигранты.

Кое-какие слухи о знаменитом Бобби дошли и до Торонто. Разговор по телефону был краток и деловит. С обеих невидимых сторон.

Положение Бобби в это время было из рук вон плохим. В статусе беженца ему отказали. Мило, сервировочно улыбались, а отказали агрессивно: «за недостатком минимума доказательств».

Три дня Бобби бешенно искал адвоката, но не успел тот оформить и заявку на аппеляцию, как эмиграционная служба, торжественно, со спец-егерем, прислала подзащитному департче-ордер. Появление такой официальной бумаги говорило о том, что любые попытки ближневосточного беглеца продлить пребывание в Канаде будут отвергнуты. Далее мог последовать только приказ о депортации, арест, наручники и – аэроплейн.

А зима выдалась на редкость затяжная, безработная и безденежная. У Бобби не было средств отъехать в какую-нибудь Доминиканскую республику, чтобы скоротать там время, необходимое для оформления канадского бракосочетания.

Ситуация сложилась таким образом, что за полтора года проживания без статуса у Бобби появилась милая женщина, которую Бобби начинал нежно любить, а она влюбилась в него с первого же раза или с первого взгляда. Что, практически, одно и то же.

А время, деньги, или всё вместе это взятое, нужны были Бобби, чтобы закончить бракоразводный процесс с экс-женой из полусумасшедшей Азии. Документы о «диворсе» должны были поступить со дня на день, но их нет. Поэтому звонок из Торонто и предложение неизвестного ему босса Бобби воспринял как спасательный круг. Пока зарабатываются деньги, решил Бобби, идёт время ожидания. А там видно будет!

Хозяин встретил Бобби на автовокзале, появившись на стареньком «Олдсмобиле» цвета кофе, слегка подбеленного молоком.

-Ну, что? Удалось оклеветать родину? - доверительно ёрничая, поинтересовался босс после того как они представились друг другу и всунулись в боссовский трахтомобиль.

Босс почему-то решил, что с Бобби можно говорить в таком тоне. А может быть, для того, чтобы развеять дурное настроение в каком пребывал новоявленный доброволец.

-Да в том-то и состоит ирония или пародокс, что моя история – не легенда, не вымысел. Не брехня, наконец! – озлобленно и замученно выдохнул Бобби. – Но судьи мои дорогие, аж голубенькие, сочли её даже не ложью, а клеветническим измышлением о том благословенном крае, где они любят проводить свой ежегодный отпуск. Кто здесь может запретить иметь собственное мнение и симпатии?

-Да и высказать в такой форме, что не подкопаешься! – ловко поддакнул босс.

-Давай не будем об этом, – рубанул Бобби рукой по «торпеде».
– И без того с души воротит. Я только замечу, что все мы,

вместе взятые, являемся продуктом общесоюзовского распада и от нас шарахаются. Как от заразы.

-О`кей! – быстро согласился босс.- Это выдумки, что может быть демократия без конституции. И добавил: «Посмотри лучше на наш прославленный Торонто»!

Побежали под колёса автомобиля широкие, мощные автострады, замелькали по сторонам кирпичные усадьбы и высотные билдинги канадцев.

-Торонто, как и Монреаль, застроены одинаково, – прервал молчание Борис. – Они рассечены улицами на правильные квадраты или прямоугольники: с севера на юг и с востока на запад. Монреаль компактнее. А в Торонто любая сторона квадрата равна двум километрам. Центральная улица – Кинг. Она условно делит город на восток и запад. Как в Монреале – Сан-Лоран.

- А как с мороженным? – вяло поинтересовался Бобби.

-Поедают охотнее! – оживился Борис. – Объём продаж значительно больше, чем в Монреале и заработок у мороженщиков здесь выше. Но и сил они вынуждены затрачивать больше, потому что местность тут гористая. Особенно в микрорайоне, куда мы едем и который будем обслуживать.

Бобби заметил заминку босса и спросил:

-Что это за «особый» микрорайон?

-Там проживают, в основном, русские.

-Но там, наверное, и конкурентов немало?

-Да уж! – кивнул Борис, перестроившись из ряда в ряд по хайвэю с нарушением.

Бобби покрутил головой с неудовольстаием и почему-то решил, что «нарушения» – главная черта характера его нового работодателя.

-Я хотел по-мирному с ними, но они поставили неприемлемые условия.

-Ну, да! Чтобы ты заткнулся! – хмыкнул Бобби.

-А я нашёл другую компанию-покровителя и они, так сказать, сдобрили мои планы.

Помолчали, потому что Борису пришлось ударить по тормозам, но он с удовольствием отметил олимпийскую невозмутимость Бобби, несмотря на эти дорожные происшествия.

-У меня другого цвета байки, изготовленные по новой технологии, другие заводы-изготовители мороженного и поставщики.

-А что городские власти, их отношение? – Бобби не хотел вникать во все эти подробности. Он ничуть не стремился обладать знанием на уровне менеджера, он собирался отработать только лишь в амплуа мороженщика. И он чувствовал, что хозяин не говорит ему всей правды об истинности положения.

-С правилами торговли здесь ещё строже, чем в Монреале, – сокрушённо покачал головой свежеобразовавшийся босс. – Здесь помимо общего лайсенса на открытие бизнеса каждый байк отдельно должен иметь оплаченный бортовой номер на право проезда по улице. И кроме того, любой айскримен обязан иметь на груди карточку с номером и со своей фотографией. Это всё недорого и оплачивается в муниципалитете.

-Еге-ге! – только и заметил Бобби. –Вот тебе и свободушка, вот тебе и энтрепрайз!

-А что ты хочешь? – уже запанибратски обратился Борис. -По доходности продажа мороженного стоит на втором месте после наркобизнеса. Запомни: каждый доллар, вложенный в айскрим, приводит за собой три дополнительных. В любом звене. Фабрики, брокеры, дилеры, головное предприятие и такое, как моя компания. А «энтерпрайз» понимается здесь не как свобода торговли, а как свобода конкуренции. Муниципалетет получил свои денежки, а вы там хоть поубивайте друг друга.

-Кстати, в парках и скверах торговля напрочь запрещена! – весело добавил босс. –Там действуют сторожа, которые при определённых обстоятельствах приглашают полисменов.

-Кстати, ты берёшь на себя оплату штрафов? –в тон ему весело и беззаботно переспросил Бобби.

-Ну, сам знаешь, в зависимости от того, кто этот айскримен и сколько выручки он привозит. А вот, мы уже и приехали!

Длинные белёсые типовые бараки с рядами окон и стеклянных дверей вдоль асфальтовых подъездных путей. За дверьми – крохотные комнатки-офисы, за ними – по одному продолговатому цеховому помещению.

В цехе мороженого большую часть пространства занимал и надрывно гудел металлический короб промышленного морозильника, примыкающего к стене. В другой части громоздились остовы полусобранных велосипедов и четыре из них, напоминающие по форме свальные ракеты или торпеды, уже были полностью готовы к эксплуатации. Посреди – двадцатиметровый проход-тропинка.

-Жить будешь здесь! – сказал Борис, распахивая боковую дверь из офиса. –Запрещено, но что поделаешь? Там видно будет!

Случайная, с гарбича мебель: диван, школьный письменный столик, два разномастных кресла со следами порезов. В этом помещении, отметил про себя Бобби, особенно холодно. Шейный радикулит его сладостно заныл в предчувствии более подходящей для болезни среды обитания. А босс, словно перехватил мысли Бобби:

-Да нет! Какие обогреватели? Скоро тепло станет. Ещё вентилятор потребуется.

Чрезмерная бодрость Бориса порой раздражала Бобби. «Торопыга», - определил он. –Из таких, что всё на «ура» да с кондачка.

А теперь после первого дня, когда они сидели в офисе и

Бобби отпаивался кофе, раздражала его этакая неуловимость истинного мнения в суждениях Бориса-Боруха и категоричность его.

-Ну, да! Я – Борух. И фамилия у меня вкусная –Зельцер. Но кипу я никогда не одену. Тот, кто побывал на востоке и сбежал оттуда, не имеет права надевать этот головной убор. Если уж ты такой патриот, то и катись туда, где святыня твоя... Там, кстати, деньги быстрее делаются... А что? – прервал он сам себя. –Эти двое заглядывали в твой ёнаный байк?

-Конечно. Тумба спросил: «А где твой лёд?»

-И?..

-Я ответил, что сдаю айскрим так быстро, что он не успевает подтаивать, а лишний вес в виде фляг со льдом мне совершенно ни к чему.

-Выходит так! – задумчиво протянул Борис. –Определяя кошерность, кипастые парни выяснили мой завод-изготовитель. Но пока они не могут знать: есть у меня лёд или нет! А на какой улице они тебя прищучили?

-Кажется, они нагрянули на Чешир.

-Что там на офисе было написано, не помнишь?

-По-моему, «Кэпитал». Автомобили фор сейл... на продажу.

-То-то! Эти ребята лет за двадцать до нас осели в Канаде. Владеют разветвлённым бизнесом: автомобили, пицерия, ресторан и что-то ритуальное. А мороженое они ведут лет десять. На нём и поднялись. Я у них в прошлом году тоже байк гонял: сволочные ребята! Особенно этот, как ты его называешь, Вышка.

И новоиспечённый бизнесмен задумался, вновь и вновь оценивая свои шансы выжить в своем бизнесе, но и его пониманию была недоступна вся глубина и страсть предстоящей борьбы.

4.

В солнечный воскресный день, когда весь христианский мир устремляется в церкви, босс прибыл в офис к одиннадцати и доставил для Бобби провизию из "русского" магазина: колбаса, чёрный хлеб, сало, кофе и сахар – всего на пятнадцать долларов. Бобби тут же заплатил по чеку и заварил кофе-инстант, без этих раздражающих крошек, постоянно плавающих в молотом.

Оставался ещё час до выезда на маршрут. Хозяин и работник прихлёбывали запашистый напиток, когда босс неожиданно вопросил:

-А как ты относишься к неграм?

-В прямую. По линии эксплуатации меня. Я тоже негр. Только белый. Шестой год я – беглый, старый, больной и белый дядюшка Том.

-Нет, я серьёзно!

-У братьев-негритян очень милые, забавные негритята, похожие на Пушкина. «Четыре чёрненьких чумазеньких чертёнка чертили чёрными чернилами чертёж», - писал наш национальный гений...

-Нет, Бобби, я не о том. Ты их, как? Любишь или нет?

-Ну, ты даешь! Прямо как в анекдоте... Грузина спрашивают: "Ты яблоки любишь?" Мудрый Гога отвечает: "Не-а... Если только поесть. А так - нет, не люблю!"

Тут оба понятливо рассмеялись.

-Так, вот... Негры, по-моему, - продолжил Бобби - как наши бывшие земляки с Кавказа: наивны, простодушны и звероваты в своей детской, природной непосредственности. Сидит, вместе водку пьет, говорит "кацо" или "кунак" и под столом кинжал точит. А что касается лично меня, то я всех люблю - пока меня не трогают.

-Тут, понимаешь, не я спрашиваю, - остановил жестом хозяин. - Мы знаем, к примеру, что китаец есть китаец, индус - индус. Ни от кого из окружающих и никто из них не требует особого отношения к себе. А вот негры или "темнокожие" или - что одно и то же - "черные люди" настаивают на обязательной любви к ним от белой части населения земли.

-Это же спекуляция! - взорвался Бобби. - Обыкновенная спекуляция на чувствах. В Штатах они настояли на признании белыми какого-то "исторического греха" и теперь дорожным катком вновь принятых законов утрамбовывают их в асфальт современной жизни. Но я - человек русский! - обидчиво выпаливал он. - И насколько мне известно, никто из славян -из людей моей национальности - не занимался торговлей "черных невольников". Никакого такого "греха" я не ощущаю. Кроме того, - продолжал вскипать Бобби, - мне еще в Союзе обрыдло от вечнозеленых навязчивых вопросов: "Как там негры в Америке? Свободу неграм Америки!" Но сейчас-то мы все находимся в Канаде. Уж в эту страну никто никого насильно не завозил - сами объявились…

-Но, говорят, ты неплохо торговал в негритянских кварталах? - впрямую рубанул босс и Бобби понял, что тот располагает достаточно точными сведениями о нём.

-Неплохо, - подтвердил он.- Потому, что торговля - это деньги. А как отмечали ещё "основоположники", деньги не имеют ни морали, ни национальности. Кроме того, хотя в Библии и заказано, что уничижение паче гордости, мне нравится самоуничижение. Ибо, когда я, белый, торгую среди черных, я воочию ощущаю достижения истинной демократии.

-Вот посмотри, есть тут один район... - склонился Борис-Борух над картой-схемой родного города. - В прошлом году никто из мороженщиков не хотел торговать там, а кто пробовал - не сумел и район оказался незаслуженно обойдённым. Но спрос там, должно быть, огромный! Ты же сам знаешь:

китайцы, индусы и подобные им жители земли индеферентны к айскриму, арабы изредка балуются им, европейцы - положительны в этом смысле, латиносы - прекрасны как потребители снежной неги, а чёрные люди - главные поглотители нашего сладкого товара.

-Вот, что я тебе скажу для общего сведения, - раздумчиво произнёс Бобби. - Мое отношение к чёрным, коричневым и шоколадным людям нейтрально-опасливое. Во-первых, торговля на улице, вообще, дело опасное. Во- вторых, среди темнокожих я отличаю экстремистов от несправедливо обиженных. Но и признаюсь, как на духу, мне нравилось торговать в негритянских кварталах. Эти люди более раскрепощены, более предрасположены к чувственным удовольствиям. Там я - более чем где-либо - ощущал себя нужным как продавец мороженым и со своими покупателями я был на одном социальном уровне... Но едва смеркалось - как я тут же и со всех ног улепётывал подальше от тех шумных, гомонящих кварталов. В темноте стаями шныряла отоспавшаяся за день уличная шпана. А шпана, хоть какого цвета кожи, все равно - шпана.

-О`кей! - продолжал гнуть свою линию хозяин. - Это от угла Шефада и Фил-стрит на юг. Сегодня, сам понимаешь, ещё холодно и в парках никого пока нет. Так ты и поезжай прямо туда, к ... нацменам.

Бобби внимательно всмотрелся в цветастую карту-схему хозяина и перед мысленным его взором отдельные, казалось бы, разрозненные точки предполагаемых мест его уличной торговли накрепко схватились между собой, образовав совершенно слитный единый маршрут, пригодный для работы и в будни и на уик-энды.

-Надо, пожалуй, взять двойную загрузку...

-Не надо! - беспричинно запротестовал босс. - Если что - позвонишь. А я пока займусь монтажем остальных байков.

Босс не то заботился о здоровье Бобби, чтобы тот не перенапрягся, не то ему хотелось подчеркнуть собственную значимость, а не то он просто соскучился по живому делу как мороженщик с пятилетним стажем и желал, как бывало, выскочить на улицу и окунуться в родную стихию.

Добродушно посмеиваясь надо всем этим, Бобби тренированно давил на педали по тротуару, но на перекрестке Коро и Фил-стрит его мажорное настроение было смято настырным белым "Плимутом" перекрывшим дорогу.

Опустилось тонированное стекло... За ним обнаружилось усатое лицо ещё молодого человека кавказской национальности и его рано оплывшее тело, обтянутое серым костюмом-тройкой.

-Шоу ми ё лайсенз! - грозно прошевелил усами кавказец. (Что означало: «Покажи мне твоё официальное от властей разрешение-лицензию на право торговли»)

-Ху ар ю? - деланно изобразил восторг долгожданной встречи Бобби и мгновенно вспомнил, где у него в байке содержалась отвертка на всякий случай. - Вай ар ю аскинг?.. (Как дела и почему ты задаёшь вопросы?)

-Послюшай, - исчерпав, по-видимому, одной фразой о лайсензе все свои познания в английском, перешёл на русский подержанный молодец. - Я не знаю, как тебя зовут...

-Майк! - резко представился Бобби. - Я не говорю по-русски, но понимаю этот язык. Уот ду ю уонт фром ми, се? (Что ты хочешь от меня?)

-Пусть будет "Майк", - согласились Усы. - Так вот, Майк. Я знаю, что ни у тебя, ни у твоего босса нет разрешения на торговлю мороженым. А ты на велфере и первый сезон торгуешь...

-Донт меншин ыт! (Это ничего не значит), - прервал его, улыбнувшись одними губами Бобби. - Ай си. Ю ар а биг бизнесмен, бат айм хиа лайк визитор. Я вижу, ты большой бизнесмен, но я здесь всего лишь как гость. Бай де уей, май босс хас лайсенз, анд ай хав пемит уорк. (Кстати, мой босс имеет разрешение на бизнес и уменя тоже есть).

-Так вот, - продолжал, не понимая что к чему, свою русскую песню усатый, - стоит только кому-нибудь сообщить...

-Трай ыт! - подбодрил его Бобби. И - по-русски: "Попробуй только"!

Он оставил байк, заглянул на передние номера "Плимута" и записал их.

-Ах, ты так! - возмутился непонятливый кавказец. - Тогда я просто буду высылать вслед за тобой свои машины, а шофера вызывать полисменов. А секюритэ в парках отнимут у тебя байк!

-Де маунтэйн ло: "блад фо блад". Главный закон: кровь за кровь. Уил ху уонт ыт? Хотел бы ты этого? Анд лисын фо ми, райт нау ай мэй кол ту полис. И, слушай меня, я могу прямо сейчас позвонить в полицию. Ин Кэнада ю маст фогет рашен хабитс. Би карефулы! В Канаде ты должен забыть о своих русских привычках.

-Ты пойми! - перешел на доверительность кавказец. - Нет у твоего босса лайсенза. И за спиной у него никого нет. Он - самозванец, нарушитель закона. А у нас большая компания "Моби Дик". И в муниципалитете у нас всё схвачено. Это - русский муниципалитет, понимаешь? У нас даже мэр города – русскоговорящий. Через своих людей мы перекроем дыхалку твоему боссу. Я обещаю: через неделю у него навсегда кончится мороженое. Что тогда делать будешь?

-Иф со, айл кам фор ю. Уот из е нэйм анд фон намба? (Если так, я приду к вам. Какой у тебя номер телефона?)

Кавказец назвал номер телефона, обозначенный на визитной карточке, полученной Бобби ранее от Тумбы, о которой совершенно забыл.

-А зовут меня Борис!

-Ай бикам инволвд ин дыс нэймс! (Я уже знаком с таким

именем) - сказал Бобби, засовывая авторучку в нагрудный карман, и жизнеутверждающе попрощался с новым знакомым: -Ауфидерзейн, миста Борух!

Кавказец не удержался, отъезжая, угрожающе выпалил:

-Уатч аут фо дэ кэар! Сэйв ёсэлф! (Мол, бозаботься о здоровье, побереги себя).

Сердце у Бобби резко ударило в ребра, как после укола адреалина.

"Угрожает впрямую? Попусту пугает? Или всерьёз предупреждает об опасности?" - терялся в догадках айскримен, двигаясь автоматически, потому что двигаться никуда не хотелось. Хотелось послать всё подальше, найти какое-либо утешение. Другой человек на месте Бобби так бы и поступил. Но у этого и мысли не мелькнуло.

Механически, как робот, продолжал он копытить в намеченный район. Таких в Союзе награждали званиями «героев», а накануне развала, иронично называли "работоголиками" и "работоманами". В победном капитализме они стали первыми, кто в наиболее тяжёлый, начальный период эмигранства, в условиях совершенно обесцененного труда, первыми надорвались на каторжных работах, потеряв здоровье. В свое время Бобби плохо читал Маркса, а тот учил окружающих: "Надо уметь продавать свой труд!" Но как продавать, если рабсилу на исходе двадцатого века никто, никак и нигде не покупает?

В конце концов, Бобби достиг желаемого. Нацмены за Шефадом по Филу не селились монолитными кварталами. Отличительный признак их жилья - многоквартирность. Одноэтажные и двухэтажные бетонные коробки с заселёнными байзементами (упрощенно – подвалами) были как бы вкраплены в благополучную коттеджность зажиточных граждан.

Нацмены - белые и черные, желтые и цветные - корейцы,

китайцы, индусы, арабы, мексиканцы, итальянцы - по-домашнему, живописными группами сидели перед подъездами домов, пили пиво, играли в карты, в бинго, в домино и ... жарили мясо. По-местному, барбекю. Смачный запах восточных специй щекотал ноздри, голубоватый дым горелой плоти то слоился, то низко над землей взмывал к небу. А на едва просохших лужайках прошлогодней травы резвились, смеялись, верещали и гукали ватагами разноцветные детишки.

Вздрогнул от неожиданности Бобби, резко привстал на педалях и вихрем, со смехом и звонами, полонил группу уже поевших свои барбекю.

-Хай, ледис ан джентельмен! - по-приятельски приветствовал их Бобби. -Для тех, кто любит айскрим - вот он, пожалуйста, специально для вас. Первый в сезоне!

Притихла шумливая до того группа национальных меньшинств. Кто нахмурился, кто глядел исподлобья, кто искоса. И понял Бобби, что неспроста: что-то происходило тут раньше. Может, их кто оскорбил, а Бобби отдуваться прийдется.

-Уотс ар? Аут уиз ыт! - не теряя надежды и по-прежнему бодро, поинтересовался Бобби. –Что происходит? Вы что, не слышите меня ? Я айскримен. Я здесь в первый раз. Меня зовут Майк. Я из Нидерландов. Я люблю вас и потому привёз вам мороженое.

Поднялся со своего застонавшего стула агромадный белозубый одноглазый негронище. Высоченный, под самое баскетбольное кольцо, он сверкнул вытаращенным глазом и подошел к байку среди всеобщей тишины.

-Я знаю, о чем ты думаешь! - настырно заявил Громада.

-Что я могу думать, по-твоему? - ошарашенно переспросил Бобби.

-Ты думаешь, что мы факинг пипл (ённый народ) и потому не покупаем твой факинг айскрим!

Бобби от души, раскатисто, засмеялся.

-Ты почти угадал! Бат ай минд но факинг пипл - факинг уэзар! (Но я не думал о ённых людях – я думал о ённой погоде).

Толпа увеличилась и никак не реагировала на Бобби, прислушиваясь больше к словам вожака-громадины.

-Тебя как зовут?

-Ай рэди сэд. Бат рыли айм Бобби фром Раша. Айм фоты файв… А ты кто? (Я уже сказал. Но в реале я – Бобби из России. Мне пятьдесят пять…)

-Сэм! - как-то неохотно сообщил своеё имя чёрный канадец.

-Это приятно. Я думал, что ты Голиаф, Геракл или Майкл Джордон! Откуда ты, сэр?

-Чего приятного-то? Я из Найджирии (Нигерии), но разве я выгляжу как нуждающийся в айскриме?

-Ну, я не знаю, как насчет тебя лично. Я предлагаю сладкую негу для всех. Ю ар ол май чилдрен!

Намек Бобби на телевизионный сереал "Ол май чилдрен" (Все мои дети), десятилетиями функционирующий на канадском тивиэкране, вызвал у Громады благосклонный смешок.

-В какую церковь ты ходишь? - вглядываясь в Бобби, теперь уже вполне серьёзно, поинтересовался он.

-Я христианин! - также серьёзно ответил Бобби. - Но я никого и ничего не посещаю.

-Почему?

-Из-за хреновых пасторов. Потому что из-за них боюсь потерять всякую веру… А ты говоришь на суахили?

-Шуэ! - и чёрный гигант с размаху опустил свою ручищу на плечо напружинившегося Бобби. - Ю а гуд ман! - добавил он покровительственно: - Сегодня я с удовольствием куплю у тебя "Супернакаут"!

И как по разрешающему зелёному сигналу, зашевелились после этих слов, пересмеиваясь, окружившие байк национальные меньшинства. И не было конца восторгу детишек: всем этим негритянчикам и негритушечкам, китайчатам и корейчоночкам, индусикам и японайнерам.

-Хозяин! - крикнул через час в телефонную трубку Бобби. - Лед тронулся! Я нуждаюсь во втором комплекте мороженого.

5.

В тот день упоительной торговой удачи в кварталах межнациональной бедноты Бобби ни словом не обмолвился боссу о своей напряженной встрече с усатым кавказцем.

Незачем, решил он. Каждый в этой свалке жизни ведёт свою игру и нельзя допустить, чтобы твоими картами воспользовался кто-то другой. Будет обидно. И больно. Кроме того, как убедился Бобби, его хозяин поступал не по-джентльменски. Разыгрывая доверительность, хозяин утаивал от Бобби огромную часть информации, составляющую не только подводную часть, но, пожалуй, и весь айсберг его нового бизнеса.

-Знаешь, - только и сказал ему Бобби, - там одна индианочка прямо-таки обнюхала меня всего.

-С чего это?

-Наверное, недавно в эмиграции и ещё не видала белого человека... Но это не важно. Ты лучше скажи, сколько градусов у тебя во фриже?

-А вот, посмотри! - благодушно откликнулся Борис. - Минус семнадцать.

Вдвоем они подошли к надрывно гудящему монстру-холодильнику, с тыльной стороны которого, как перо Жар-птицы, был вмонтирован круглый термометр.

-По Цельсию? - уточнил Бобби.

-Ну да!

-Откуда-то помнится мне, что этого очень мало...

-С чего ты взял?

-С того, что семнадцать по Цельсию это всего лишь около нуля по Фаренгею. И потом. Фриж работает как припадочный. В час он качает холод не более двадцати минут.

-Хорошо! Наш уважаемый мистер Ким сказал, что это очень экономный режим.

-Кто это, Ким? - подбирался Бобби к своей цели.

-Мой мастер.

-Выгони его. И немедленно.

-Твоя дозировка ошибочна. Почему я должен его выгнать?

-Потому что азиаты, как правило, не технологичны.

-Но... мистер Ким очень хороший мастер и имеет большую практику работы с мороженым.

-Потрясающая легенда. Где и как ты познакомился с ним?

-По объявлению. Я выбрал его потому, что он берёт меньше всех и он для нас "мистер". Он кореец и не говорит по-русски.

-Не верю! - от возмущения у Бобби даже горло перехватило. - В большинстве своём все корейцы Кимы - бывшие совки. Ким - это аббревиатура от милого сокращения "Коммунистический Интернационал Молодежи". Истинный азиатский мистер должен быть Вонгом. Ты видел его мастерскую?

-Шуэ! - перейдя на английский, задержался с ответом Борис.

-То-то что "шуэ"! Тебе этого Кима подставили.

-Как? Как это может быть?! - заорал в бешенстве Борис и тут же сник, сопоставив в уме многочисленные, прежде разрозненные факты скрытого саботажа со стороны самозванного мистера профессионала.

-Ты, Боря, даже не представляешь себе в какие опасные игры ты играешь, - как можно ласковее, но твёрдо заявил Бобби. - Своим присутствием в этом районе ты схватил "Моби Дика" прямо за горло. Ты думаешь, эта мощная компания смирится с твоим существованием? Ведь, если ты выживешь в этом сезоне, ты явишься источником смертельной опасности для "Моби Дика" в дальнейшем.

-У меня есть свои боссы! - перебил Борис. – Они дали мне юридическую крышу. Я им заплатил. Они обязаны пасти меня.

-Но этого мало! Как ты не понимаешь, мало! Ты должен был принять меры, так сказать, личной безопасности. При каждом шаге, при любом телодвижении твоего бизнеса.

-Все твои умные построения основаны всего лишь на подозрении насчет мистера Кима...

-И это тоже. Ты должен был проверить в газете, кто давал объявление. Побывать в мастерской Кима, если таковая имеется. Поинтересоваться его клиентами и спросить у него рекомендации. Пойми: ты позвал меня и я работаю у тебя из чувства личной преданности. Но я ведь ещё не просто продавец - я ещё и сторож, по-местному секьюритэ, и не у деревенского магазина: пей - хоть залейся и спи до опупения. Я тебе говорю, то есть, предупреждаю: мы стоим перед лицом пожара, поломки, прямой физической расправы, шантажа, подкупа, обмана, измены...

-Ты слишком много на себя берёшь, - буркнул Борис.

-Во всяком случае, минус семнадцать по Цельсию - это не температура для заморозки мороженого. Это пока стоят холода. Предупреждаю: фридж сломается, как только прибудет лёд. Заморозка его требует около минус тридцати по Фаренгейту.

-Лёд? Лёд прибудет сегодня...

-Ну вот и вызывай... Кима. Хотелось бы мне на него посмотреть.

-Только, прошу, не набрасывайся с кулаками! - просительно усмехнулся Борис.

-Ты совсем не знаешь меня, - отмахнулся Бобби. - Ладно, давай грузиться. Делу время, а потехе час.

-Ты решил куда поедешь?

-Да. Сначала отобедаю с работяжками в промзоне, а потом пробомблю по Флэйвуд...

На маршруте у Бобби разное было в тот день. Он вернулся в

депо засветло, собираясь пораньше лечь спать, и застал Бориса глубоко озабоченным.

-Случилось что? - спросил Бобби.

-А ты не слышишь? - зло переспросил босс. - Холодильник вырубился.

Зловещая тишина скопилась в депо.

-И... что?

-Звоню Киму с трех часов. А там только ансвер-машин, автоответчик.

-Тьфу! - только и сказал Бобби. - Будем ждать. Но не думай, что это я накаркал. Я предсказал.

Ответить босс не успел - тревожная сирена мощного трака заставила их поднять штору ворот: белоснежный автофриж из Нью-Йорка с надписью "Хааген" причаливал к ним задним бортом.

-Марио! -сказал выскочивший из кабинки гориллоподобный итальянец-водила, напряженно ощупывающий окружающую действительность вываливающимися из орбит наркотическими глазами. - Будем разгружаться? Мой лёд - твои деньги.

Деньги наличными, стянутые разноцветными резинками по тысяче в пачке, полученные от сомлевшего вконец Бориса, водила-горилла швырнул в пластик, не пересчитывая.

6.

Мистер Ким объявился только около одиннадцати вечера, когда совсем стемнело. В проржавленном темно-синем "Ване" валялся у него хлам бывших в употреблении компрессоров и ещё какого-то железного лома.

-Видишь! - подтолкнул босс под локоть Бобби. – Это его мастерская...

-Это не мастерская. Это – антураж мастерской. Свинарник на колёсах. Собачья конура. Бордель.

Мистер Ким показался Бобби чем-то очень напуганным, хотя и пытающимся скрыть свой испуг.

Это был хорошо поживший на свете человек, ещё доакселератного поколения, обыкновенного, ниже средне-европейского роста, кореец. С разгону - горячий такой - он нырнул в холодильник и, восхищенный отчаянностью и решимостью мастера, Борис укоризненно взглянул на Бобби. Но через какие-то доли секунды мистер Ким вынырнул из экстремальной среды, держа в руках распотрошенный "Хааген". Лучший и самый дорогой сорт мороженого из ассортимента Борисовой компании. Мастер Ким с остервенением набросился на «Хааген», как будто это был «хот-дог» из собаки.

-Э-э-э... Так не пойдет! - запротестовал на английском хозяин.

-Хау мач? Хау мач? Айл пэй! Айл пэй! (Сколько? Сколько? Я заплачу за это).

-Тры бакс! - отрезал Бобби. - Гив ми! (Три бакса. Давай!)

-Ху а ю? - вздрогнул мистер Ким. (Мол, а ты-то кто?)

-Дыс из май фрэнд, - внушительно произнес Борис. - Хи из а баксер. А ю андестенд? Баксер! (Это мой друг! Он – боксёр. Ты понимаешь? Он боксёр!)

К такому обороту дела мистер Ким был, по-видимому, не готов и ещё больший испуг отчего-то поразил его.

Сегодня днём, едва получив сообщение-мессаж от Бориса, мистер Ким тут же позвонил по известному ему телефону.

-Что же делать? Что же делать? - тревожно спрашивал он неизвестного на другом конце провода. – Они лёд завозят...

-Поздно вечером, после десяти, - инструктировал его мягкий баритон, - пойдешь в "Капитал", возьмешь "бандуру" и будешь делать вид, что ремонтируешь холодильник.

-Я не могу. Он же всё поймет. Я не могу!

-Да ни черта этот Торопыга не понимает!

-Все равно. Не могу!

-Тогда ты пойми, что из двух тысяч по договору с ним, тысячу четыреста ты уже заглотил. Ты заглотил наши три тысячи. Заглотишь ещё три и шестьсот долларов - с Торопыги... Если будешь вести себя хорошо и правильно. Кроме того, не забывай: тебе обещана работа механика на зиму.

-Я понимаю. Но я боюсь. Он меня зашибет...

-Он не имеет права и пальцем трогать тебя. Между вами служебно-договорные отношения.

Присутствие Бобби привело мистера Кима в неописуемое волнение. Он то залезал на самый верх холодильника, то постукивал его по задней стенке, зажигал и гасил плазменную горелку, приставив лестницу, гипнотизирующе вглядывался в показания манометра на компрессоре.

Несколько успокоился он только, когда Бобби сделал и принёс ему кофе. По-видимому, он посчитал Бобби покладистым парнем. Отпив несколько глотков кофе, мистер Ким совсем осмелел.

-Кто-то трогал! - осторожно запустил пробный шар на своем коверканом английском. - Сам уан тач е фриж!

-Уот? Ху?! - поражённо воскликнул Торопыга. -Кто трогал? Моего друга не было здесь. И никого не было. Ты понимаешь, что ты говоришь?

-Кто-то трогал холодильник! - продолжал гнуть свою линию Ким, взглядывая на Бориса от края кофейной чашки.

-Спроси его, - вмешался Бобби, - какую часть холодильника? Будет смешно. Он, ведь, не знает названий частей...

В очередной раз, приставив раздвижную лесенку, мистер Ким взобрался на холодильник.

Воспользовавшись этим Бобби сказал:

-Вот видишь, Борис. Если бы Ким имел раньше дело с

мороженым он бы не стал спрашивать: "Сколько это стоит?" А если бы он был действительно мастеровитым, то не ставил бы лестницу ускользающей стороной от стенки...

-Может быть, может быть, - согласился теперь Борис. - Но он мне смонтировал холодильник. Правда, я бы и то... лучше это сделал. А теперь у нас договор на эксплуатацию на весь сезон...

-И чтобы расторгнуть этот договор в любой день, когда ему вздумается, он заранее внёс пункт о гипотетическом третьем, который может, якобы вмешаться в ремонт холодильника... Ты же и заплатишь за неустойку.

-Ну, гад такой! - задохнулся от негодования Борис. - Он настаивал на этом пункте, а я не понимал: зачем? Ну не убивать же его?...

-А сейчас... - загадочно протянул Бобби. – Мы побеседуем с ним... И, вот увидишь, завтра же, его номера телефона не окажется в сервисе всего канадского "Белла"...

Наверху мистер Ким колдовски шептал что-то над визжащим компрессором. Когда этот человек сполз с верхотуры, Бобби, дружески положа ему руку на плечи и широко улыбаясь, предложил Борису.

-А вот, сейчас возьмем этого паскуду и затолкаем в морозильник до самого утра. А полиции скажем, что случайно забыли.

Бобби говорил всё это, а Борис, глядя на мистера Кима, заметил, как внезапно посерело жёлтое лицо этого упитанного человека, и понял, как много времени дурил его хитрый кореец, потому что ясно было: русский язык доступен ему как родной. Не выдержав, Борис подскочил к Киму, ловко закрутил ему руку за спину и заорал:

-Говори, подлюга, сколько тебе заплатили? Кто? Кому ты продался?

Бобби распахнул тяжелую дверь холодильника.

7.

На следующий день Борис появился в офисе с молодым крепко сбитым парнем, кареглазым, черноволосым, в джинсовом костюме, из которого демонстративно выпирали все части тела.

-Май босс Террил! - представил его Борис. - Он в своём городе уже два года тому назад затоптал "Моби Дик". Он местный. Не то, что другие прощелыги.

-Ду ю хав а бигге боссис? - поинтересовался Бобби.

-О! Иес! - жизнерадостно ответил Террил. - Донт уорринг! Винченса Лючиано-Лупара из ауа грит босс! Ал би О`К!

Террил прибыл на "Корвете" и привез с собой новый компрессор, который собирался монтировать собственноручно. Но прежде, они втроём перебросили содержимое испорченного холодильника на трейлер. Бобби загрузил свой байк. В углу громоздилась груда бесполезного жидкого льда в крохотных голубых контейнерах, доставленного Марио.

Борис и Террил намеревались оттартать айскрим Бориса в холодильник Террила за двести километров отсюда.

-Ты оказался прав! - сказал Борис Бобби, высунувшись из своего "Олдсмобиля". - Вчера этот Ким, сволоч, вырвался у меня. Но сегодня сам позвонил. Раскололся. Да, это те, кого ты называешь Тумбой и Вышкой. Бай, бай! - и ударил по глазам.

Пока происходили все эти события, в заброшенном гаражике неподалеку от Дарвин-стрит тоже разыгралась буря.

-Ты что? Не можешь русского от англичанина отличить? - непроизвольно сжимая кулаки, надвигался Иса на шустрого переводчика Идриса.

-Какого русского? - отскочил тот за "БМВ".

-Да того! Мороженым торговал, помнишь? Верзила такой, в темных очках?

-А он и не англичанин!

-А кто? Кто, скажи мне?

-Он сказал, что из Нидерландов.

-Где это?

-Откуда я знаю! Акцент у него был французский! Говорит «твони» вместо «твенти». Двадцать, то есть...

-Зато он теперь знает наш гараж и видел нас всех.

Гаражники переглянулись.

-Послушай, Иса! - осторожно вмешался тот, которого звали Мирзой, нервно оглаживая бороду. - Откуда ты это взял?

-Позвонили мне! - значительно приподнял брови Низколобый. - Человек один. Предупредил. Говорит, очень опасный продавец, может заложить.

-Кхе!.. - злобно выдохнул глистоподобный Муса, сегодня без куртки, в голубоватой рубашке с накладными, под-гимнастерку, карманами. - Когда? Ты только скажи. Пристрелю, как собаку!

-Нет! Стрелять нельзя. Сразу подумают... Лучше наехать на него. Вечером. Как будто случайно. И - на отрыв!

-Наши машины уже знают... - задумчиво заметил Мирза.

-Поменять их! - уже тоном приказа, не подлежащего обсуждению, отдал распоряжение Иса. - Здесь все ездят на "Чероки-Широкий". Идрис! Ты звони Ахмеду прямо сейчас.

-А если не заложит? - все также оглаживая бороду, высказал предположение Мирза.

-Мы не можем ждать: заложит - не заложит! - снова завёлся Иса. - Одной собакой меньше станет! Мы с Мусой поедем, посмотрим на голландца-голодранца. Возьмём красную "тачку". Синюю... пропылесосить!

-Слюшай, Иса! - продолжал разрабатывать варианты Мирза. - Твой "добрый человек" не может сам заложить нас?

-Нет! - вскидывая воротник кожанки, отрезал Низколобый.

-Почему? Мы у всех на крючке! Любой...

Не отвечая, Иса зло посмотрел на говорившего, по-хозяйски плюхнулся на пассажирское сиденье красной "БМВэ", приказал Мусе:

-Садись за руль!

Потом, когда "БМВ" стремительно стартовала, высунулся Иса из окна передней дверцы, крикнул угрожающе:

-Когда я говорю, я знаю!

Ни сейчас, ни после никому не доверил низколобый Иса тайну его разговора с "добрым человеком".

Тот позвонил по телефону-автомату, говорил, зажимая пальцами свой нос, чтобы изменить голос, но Иса понял, кто был на проводе.

-Слушай сюда внимательно! - сказал тот. - Газета "Арбат" опубликовала полицейскую хронику о … всяких делах. И есть один герой, который кое-что знает об этом. Собирается донести. За вознаграждение десять тысяч.

-Кто это? Только скажи!

-Сначала вот о чем: уберешь его - получишь десять тысяч. Прямо в руки!

-Деньги вперед!

-Половина. Другая - потом.

Так Иса вступил в предварительный сговор, мгновенно уловив личную выгоду от предстоящей операции. Ни с кем из соплеменников не захотел он делиться солидным кушем. Все, что они добывали прежде, распределялось честно. Но как раз вчера пришёл из Лондона факс о возможности покупки внушительного пакета нефтяных акций у себя на родине. Чтобы стать магнатом, недоставало всего каких-то десяти тысяч! А реагировать на предложение нужно немедленно.

-Почему молчишь? - придрался Низколобый к Мусе, сидящему за рулем. - Включи музыку!

Тот воткнул кассету в гнездо: в салоне ритмично и напористо застучали бубны.

-Пойдешь на дело? - искоса взглянул Иса на глисту-водителя. - Или боишься?

-Я боюсь? - это было самым страшным подозрением для хлипкого Мусы. - Я в полисмена стрелял! Помнишь? Когда второй банк брали...

-Помню! - неодобрительно отрезал Иса. - Помалкивай и смотри лучше... Вот он, собака!

И они оба увидели мороженщика, возвышающегося над солнечным велосипедом посреди мостовой на пешеходной дорожке.

-Засекай время! - бросил Иса.

Глиста достал из бардачка бумажку и записал: "11:20 Чешир".

-Он куда едет?

-Рано сказать. Стой, пожалуйста, здесь. Потом догоним.

Бобби двигался тяжело под предельной загрузкой. В этот час он обычно навещал гараж "Антика" с нагловатым боссом и весёлым механиком Крисом. Обычно босс выбирал "Драмстык" или "Хаагена" и жадно поглощая его бросал через плечо своим механикам:

-Крис! Заплати!

Или:

-Бренд! Заплати! - другому молодому механику.

Сегодня он решил поступить по-иному: взял "Хаагена" и молча скрылся за дверью своей конторки.

Прождав минуту под взглядами заинтригованных механиков, Бобби побряцал немного в колокольчики, сошёл с байка и, придерживая ногой дверь конторки, строго поинтересовался:

-Сорри, босс. Как насчет денег сегодня?

-Ты же сам только что сказал, что я - босс.

-Но я имею своего босса! - возразил Бобби. - И если это шутка, то я не люблю таких шуток.

Получив три доллара с босса Бобби вернулся к байку и тогда механики купили у него кто что, и каждый дал по доллару "на тип"

-Ю а гуд бой! - одобрил Крисс и дал два доллара, освободившись, видимо, от мальчишеской зависимости от босса.

Облегченно вздохнув Бобби выкатил из ворот "Антики" и чуть не напоролся на красный "БМВ", который при виде его умчал как угорелый.

-Черт тебя носит здесь! - выругался в сердцах Бобби. - Не сам ты ходишь...

До двух с половиной часов дня он кружил по закоулкам промзоны, сверяя время с записями, сделанными раньше. Кондитеры, хлебопёки, суповары, плотники, слесари, сварщики выходили на улицу в брейк-тайм и Бобби охотно перешучивался с ними.

В половине второго, как и намечал, Бобби со всех ног погнал свой полегчавший байк на Флайвуд-стрит, к средней школе. На перекрестке Шефалд-стрит и Алдан-драйв он снова заметил знакомый "БМВ". Но и на пустынной Флайввуд он так и не смог определить ни номера автомашины, ни тех, кто сидел в салоне. Лишь по-звериному обострённые чувства Бобби подсказали ему: "Это за мной! Это по мою душу! Но что им надо? Выслеживают места моей денежной охоты? Преследуют, чтобы запугать? Или я всерьёз заинтересовал кого-то? Но чем?"

Не на шутку встревоженный Бобби добрался до учебного заведения ровно в три. Далеко, в самой утробе здания проурчал школьный звонок. Разномастные юные канадцы, стартовав откуда-то из глубины, с шумом и гамом атаковали Бобби.

-Кто первый?

-Я первый!

-Кто за мной?

-Никого!

Памятуя о красном "БМВ", Бобби решил подстраховаться.

-Если увидете другого айскримена, не берите у него! - покрикивал он. - Я - Майк! Из Нидерландов! Ауфидерзейн! Бонсуар! Мой айскрим лучший в мире. Он прямо из Нью-Йорка! Ждите меня и я буду у вас каждый день в это же время!

Кошель для денег Бобби никогда не держал, чтобы не соблазнять им никого из окружающих. Он горстями совал деньги в карманы шорт и вырывал их оттуда, зажав в кулаке, бумажками и железо.

Поторговав ровно двадцать пять минут, следующие пять минут Бобби, сломя голову, гнал байк прямо по мостовой к следующей школе.

Классы кончались здесь в три тридцать. На красно-кирпичной стене – вывеска в голубых тонах "Артистический центр".

И "артисты" буквально обрушились на Бобби и его байк, каждый, выделывая, что только мог.

-Как тебя зовут?

-Откуда ты?

-Почему ты в шарфе?

-Мороженщик должен быть в шарфе! - посмеивался Бобби. - Я ем оч-ч-чень много айскрима! И постоянно болею. Се ля ви!

Шустрый курчавый мальчонка незаметно прокрался в седло байка.

-Звони! - разрешил ему Бобби и малец тотчас подобрал на колокольцах какую-то весёлую мелодию. Потом сообщил.

-Майк! Меня тоже зовут Майк. Ты - русский?

-Я сказал: я из Нидерландов. А что? Тебе не нравятся русские?

-Нет. Потому что их все боятся. А ты?

-Я не боюсь, - хохотнул Бобби. - Я разговаривал кое с кем из них. Гуд бойс! Главное: не покупайте айскрим ни у кого другого. Я ваш персональный айскримен!

-Если так, - поделился своим знанием парнишка - поезжай по Флайвуд до угла Алисвэй. Там есть ещё одна школа. Они заканчивают в четыре.

Неизвестная школа находилась в той стороне откуда и примчался очумелый Бобби. На карте Торонто она не значилась, поэтому-то он проскочил её и на обратную дорогу оставил прозапас всего две минуты.

Шпаря, как угорелый, по проезжей части Флайвуда он на противоположной стороне примыкающей слева улицы вновь приметил затаившуюся консервную автобанку. Машина была приторочена за углом и казалась пустой. Перед Бобби она возникла неожиданно, он не успел засечь её номерные знаки, а возвращаться не было времени.

Мы, русские и все, так называемые русские, подумалось Бобби, похваляемся добродушием и гостеприимностью, постоянно ходим без головного убора, с засученными рукавами и с упрямым вихором на голове. И мы даже не подозреваем как мы опасны для окружающих, потому, что опасны друг для друга.

-Слушай, он совсем с ума сошел! - воскликнул Муса. - Этот торпедоносец совсем с ума сошел! Сюда идет!

-Сползаем! - скомандовал Иса.

Шпионы пригнулись, а когда Бобби прозвенел мимо, Иса злобно заметил:

-Хорошо зарабатывает, шакал! И все мало ему!

-Он же сказал тебе: "Двенадцать долларов в час".

-Больше получается. Соврал, собака.

Худенькие ребятишки, бледные, некоторые в очёчках и все без исключения в кипах, кучковались у неизвестной школы и недоверчиво косились на айскримена.

-Мужики? - удивляясь, вопросил Бобби. - Как дела? Что случилось? Вы чего застыли. Как телеграфные столбы? Каман!

Вы, что не видите: я привез вам мороженое. Я имею три вида кошерного мороженого.

— А меня зовут Майк. Я из Голландии!

В эту секунду рядом с Бобби притормозил чёрный "Линкольн". Баскетбольного роста парень в чёрном костюме, широкополой шляпе и с пейсами вылез из-за руля и потребовал:

— Покажи мне твой кошер.

Бобби молча выложил на байк свои сокровища.

— О`кэй, — сказал Баскетболист. — Кип е мувинг. (Что означало: "держи своё движение". Не то "проваливай отсюда", не то "продолжай").

Зато, как только отъехал дяденька -пейсатый, детишки тотчас подошли к байку. Они покупали исключительно "Драмстык" по два доллара. Юные покупатели понравились Бобби: вежливые, корректные и аккуратные, без надоевших айскримену хулиганских замашек уличной детворы.

Но в тот день, обеспокоенный красным "БМВ", Бобби не выполнил поставленного себе дневного задания. По авеню Ватсон до Фила он прогнал байк, почти не останавливаясь. Вернулся в депо засветло, чем удивил босса.

Однако ещё больше были встревожены его преследователи.

— Он нас вычислил, — мрачно выдохнул Муса. — А не мы его.

— Не спеши! — не согласился Низколобый. — У нас будет другая машина. Мы его всё равно проследим, где эта собака вечером бродит.

— Нет, так не пойдёт! — заметил Муса. — Пусть твой человек сам скажет: когда и где мы можем достать мороженщика.

— Ты правильно говоришь... Хоть и молодой ещё! — процедил сквозь зубы Низколобый.

8.

Недели две с половиной Бобби был единственным работником в компании Бориса по продаже мороженого. Вне конкуренции. Но это ему не нравилось. Оставаясь один, он чувствовал себя дискомфортно: опасливо и незащищенно. Особенно после встречи с усатым кавказцем.

-Как там у нас с кадрами? - как можно небрежнее спросил он босса на следующий день.

-Ну, ты же у меня есть! - попытался отшутиться от всезнайки Борис.

-Я - кадр. А нужны кадры, которые, по ленинской формулировке, "решают все". Ни одно дело, ни одна задумка не может быть претворена в жизнь без подходящих исполнителей.

-Да знаю, знаю... Что ты мне мозги сурочишь? Дал я уже объявление в английскую газету.

-Борис, ю а ронг! (Борис, ты не прав). Мы торгуем в русском районе.

-Зато, набрав иностранцев, я избегну конкуренции в продавцах-мороженщиках. То есть, мне больше не потребуются русские кадры.

-Никогда! - возмутился Бобби. - Коренные канадцы никогда не пойдут в твои драные сети. Соберётся, как всегда, разноплеменное эмигрантское отребье со всего света. Ни на каком языке с ними не объяснишься!

-А что ты тогда после всего предлагаешь?

-Я дам тебе четыре телефона в Монреале. Ты позвонишь, сославшись на меня, передашь привет, изложишь свои условия, выслушаешь встречные. Это опытные мороженщики. Если ты их заполучишь - победишь. Можешь начать звонить хоть прямо сейчас, при мне.

-Не... Не прямо сейчас... Мне надо подумать.

Плоды объявления материзовались в мороженом офисе горячего Торопыги в виде трёх экзотических до ужаса бородатых сикха в тюрбанах. Карабас-Барабас, старик Хоттабыч и Карла из «Руслана и Людмилы».

Степенно и невозмутимо слушали они объяснения хозяина на английском языке и ничто в их лицах ни разу не дрогнуло. Молчали они даже когда им задавали вопросики.

-Ар ю самсинг андестенд?(Ты кое-что понял?)

Один из сикхов, старше, грузнее и страшнее всех, так и не смог взгромоздиться на байк. Молча, не произнеся ни слова, тяжеловес степенно развернулся и покинул депо. Двое других выехали-таки под загрузкой, но один нарисовался на пороге уже через полчаса, заявил, что устал и также, не прощаясь, буквально "по-английски", исчез из пределов видимости.

Третьему сикху, благодаря его сверхнастойчивости, за два часа работы удалось продать пять порций мороженого и это производственное достижение, видимо, навсегда убило в нём желание овладеть увлекательной профессией.

Студента по имени Кляйн из Нью-Йорка, накачанного по современным образцам, хватило на полдня. Местный, канадец Эрик явился в экипировке велогонщика. Волосы у него были золотистые, вьющиеся, перехваченные ленточкой. В своей жизни он видимо разыгрывал образ викинга. И вправду сказать, Бобби он понравился: походил на Эрика Рыжего, каким его рисует воображение, только взгляд был какой-то нездоровый, смурной, блуждающий.

В первый день своей торговли он продал мороженого на двадцать долларов, заработок (25%) составил пять. За восемь часов работы. В другой день "викинг", ввалившись далеко затемно, бесстрастно объявил, что у него из байка украли две коробки мороженого: с "Драмстыком" и с "Нокаутом" - убыток в семьдесят четыре доллара. Безо всякого «типа»-чаевых.

На третий день обеспокоенный хозяин ударился на машине по следам злополучного работника и обнаружил того, восседающим в кафе за чашечкой кофе, с газеткой в руках. Брошенный мороженщиком байк был поставлен за углом чтобы, как говориться, глаза никому не мозолил по пустякам.

Толстяк Клейнтон, уже известный в других компаниях Торонто по прошлым сезонам как безответный пожиратель "Драмстыков", незамедлил поддержать свою репутацию и у новичка-Бориса. В каких-то сорок минут после выезда на маршрут этот больной и нагловатый парень поглотил пятнадцать "Драмстыков", по телефону попросил извенений у босса и уехал домой.

-Не-е-е-т, что-то не тянут канадцы! - сокрушался Борис.

-Выросшие в суровом климате, они воспитаны в тепличных условиях, - съязвил Бобби.

-Они рождаются однорукими, - подхватил шутку босс. - Они любят стричь траву, играть с собаками и размахивать бейсбольной битой...

-Так что? - встрял Бобби. - Дать тебе ребят в Монреале?

-Давай, запишу на всякий случай, - словно делая одолжение, сказал босс. - Но я оплатил уже объявление и в русской газете.

Пока "то" да "сё" повалили арабы. Со всех уголков земного шара: марроканцы и алжирцы, из Северной Африки и из Мозамбика, с Ближнего Востока и из бронзоволицей Индии.

-Эти будут торговать! - радовался Борис. - Торговля у них в крови!

-Кровная месть у них в крови! – отпустил колкость Бобби. – Ножичком полоснут и - поминай как тебя когда-то звали.

Торговая хватка представителей арабско-мусульманского мира проявилась тотчас. Но исключительно в отношениях с хозяином и с его женой-помощницей, скромной, маленькой женщиной Любой, бывшей преподавательницей русского языка в солнечной Одессе.

В силу врожденных или выработанных привычек загорелые

в дальних пустынях, ребята, горячась и покрикивая, суматошно считали и пересчитывали порции выдаваемого им мороженого, недоуменно тыкали пальцами в инвойсы, гортанно спорили, швыряли на стол и демонстративно забирали себе доллары из общего дохода. Офис превратился в многоголосый восточный базар, а заработки мороженщиков и хозяйский доход оставались ничтожны.

Из всей шумной крикливой ватаги задержались на короткое время лишь трое афганцев и среди них некто по имени Ахмед.

-Кала-бала, – только и сказал он своим собратьям.

-Бала кала, – ответили они и на этом их видимое тесное общение закончилось.

Агрессивен был Ахмед до озверения. Так и зыркал глазами, так и шнырял по депо, заглядывая во все помещения, во фрижеры, в чужие байки, в инвойсы, в ящики столов.

-Иди отсюда! Гоу авэй! – испуганно вскрикивала Люба, когда появлялся Ахмед.

Она его терпеть не могла.

-Выгони ты его, пожалуйста! – просила тихая женщина своего грозного мужа. – Никакой он не работник. Шпион какой-то... Скажи ему – пусть не приходит больше. Или по телефону позвони!

Но Торопыге нравилась агрессивность Ахмеда. А Бобби не торопил события.

-Вот тебе добрый совет, – сказал он боссу. – Избавься от арабов. – И пояснил: - Для работы в русско-еврейском районе арабы не подходят. У них плохо покупают, потому что окружающие, должно быть, пугаются. А ну, как в байке окажется не мороженое, а взрывчатка?!

-Да! – согласился Торопыга.- Продают они мало. Это, да. Но чтобы взрывчатка!

-Наше спасение – в предвидении! – хохотнул Бобби. – В Союзе я работал на системах сигнализации. Например, в госбанке. А в перегретой Азии я, обвешанный двумя пистолетами, отпугивал граждан одного государства друг от друга. Выучка у меня и нюх – будьте-нате! Вот ты, например, - он отвел хозяина в сторону. – Никакой ты не инженер-механик швейного производства, как утверждаешь, Боря. Ты ведь пивом торговал, да ещё на разлив, а не оптом, не так ли?

-С чего это ты неожиданно заключил?

-Твое любимое словечко – «доза». И гаечный ключ для тебя слишком тяжёл.

-Шерлок! Шерлок Холмс! – довольный проведённым экспериментом смеялся Торопыга. – С небольшой поправкой. Я бывший механик-настройщик автоматов-дозаторов газированной воды и различных сортов пива.

-А-а-а... Тогда смотри, чтобы в наши стройные ряды не затесался враг или соглядатай. Я советую тебе завести фотографирование вновь поступающих работников.

9.

С неделю промучавшись с «иноязычными», босс, долго не выдержав, дал-таки объявление в русскую газету. На заманчивое предложение поторговать мороженым откликнулась мальчишня – детишки от тринадцати до пятнадцати лет. Их ничуть не смущало, что, согласно объявлению, требовались «энергичные люди». Никто не признается себе, что он тюхтяй, пьяница или сумасшедший.

Главное: куча мороженого – мечта подростка!

Продажа у ребятишек не шла. В объёме, необходимом для босса. Но детям нравилось заработать долларов двадцать в день. Их устраивало свободное расписание. На байк они садились когда кто имел желание и возможность. Болтали ребята между собой на англо-русском.

-Где босс? – спрашивал один.

-А на бак-ярде степы пантует! (На заднем дворе ступеньки красит).

Несуразностей и хлопот с детским садом было невпроворот. Борис помрачнел, почернел, расстроенно поматерился сквозь зубы и внял, наконец, голосу разума: он позвонил по телефонам, предоставленным ему опытным Бобби.

Вскоре, дня через два-три, состоялась «стычка города и деревни». Встретились перед началом работы, в назначенное время бывалые «бойцы» и местные русские с опытом-экспириенсом и без.

Стояли недружной стайкой среди оранжевых баек в ослепительно солнечном депо, свесив свои, сплошь кудлатые, головы к груди.

-Ребята! – обратился к ним хозяин, ёрничая. – Перед началом вашей бурной деятельности на нашем капиталистическом предприятии топ-сейлер Бобби, то есть, ударник, поделится с нами своим благоприобрётенным опытом в торговле мороженым. «С колес». Он также ответит на ваши вопросы «что да как». Если он сможет. Или захочет.

Я, со своей стороны, с удовольствием сообщу, что на воображаемом гербе и знамени нашей конторы огненными буквами начертан неувядаемый девиз «Ну-ка, солнце, ярче брызни!» На всех перекрестках, во весь голос утверждайте:

-«Моби Дик» банкрот! «Моби Дик» умер! «Хай живэ «Фрозен Блис»!

И закончил:

-А теперь познакомимся поближе... Вот, вы – кто?

-Валера... Алейников, – представился парниша под потолок, приятный своим открытым желанием схитрить.

-Кем был? – не отставал босс.

-Водилой! В советской армии даже генерала возил!

-А ... вы? – тестировал босс мужчину семейного вида, постоянно набычивающего шею и выкатывающего глаза.

-Геннадий Квашницкий. Социолог, автор нескольких социологических исследований и книг.

-Например?

-Смешанные браки. Очень актуально.

-Алекс Плесуков! – чётко отрапортовал о себе детина с длинными девичьими ресницами. – Молдаванин. Прибыл через Францию в Балтимор в контейнере. Сдавался на границе в Плацбурге.

-Давно в Канаде?

-Семь дней. Живу в «бомжатнике». Сигарет не на что купить.

-Добро пожаловать! – сказал босс. - Бэби из контейнера.

-Владимир Шер, – назвал себя молодой человек, похожий на певицу Патрисию Кас. – Ленд-эмигрант из Питера. Специальность: сотовая электроника.

-Миша Левакин, студент. После буду микробиологом, – неопределённо хмыкнул парень с «ёжиком» на голове. И смешливо добавил: - Светлое будущее моей мамы.

-Юра Ильин, – просверкнул татарскими глазками следующий кадр. – Был директором кооператива. Торговал пушниной. Оптом.

-Аньятат Танцман, – заразительно весело рассмеялась всему происходящему пухленькая щекастая женщина, полыхнув голубым пламенем глаз и тряхнув рыжими кудряшками. – Жила в Узбекистане, была учительницей, родилась в Сибири.

-Слава Кеплер, – откинув голову, степенно представился нескладный, как Буратино, парень. – Бывший студент авиационного института. Два года опыта «челночной» торговли с Турцией. Знаю много анекдотов. Имею жену и маленькую дочечку.

-А я просто Лёня Родин, – закончил представление самый низкорослый из собравшихся. – Бьюсь за независимую эмиграцию. И тёща у меня сварливая, как Ксантипа, денег требует... А правда, что сто долларов в день можно заработать? – не удержался он от вопроса.

-Можно! – подтвердил Бобби. Но при условии счастливого соединения десятка слагаемых. Не каждый день. Бывает меньше, бывает больше. Но, в среднем, да!

-Почти ежедневно Бобби делает сто пятьдесят, а то и все сто шестьдесят долларов. Для себя, – похвалился босс.

-Слушайте сюда! – чуть отступил из образовавшегося круга Бобби. – Сегодня я излагаю первую и, может быть, последнюю, обобщённую, ненаписанную и неопубликованную инструкцию по основам уличной торговли мороженым в Канаде и, в частности, в городе Торонто. Вот, я спрошу вас: «Что такое торговля?»

-Древнейшее ремесло! – выпалил Слава-летчик.

-Торговля, - удержал его жестом Бобби - не поэзия и, поскольку она не поэзия, то и не вся «езда в незнаемое». Уличный торговец мороженым крутит педали и едет не за туманом, если только туман не денежная единица, а за долларом. Он не только торгует, сколько охотится за ним. Таким образом, торговля – это охота за деньгами.

-Ну уж ты скажешь! – вмешался Квашницкий. – Всё это мало правдоподобно. Подмена одного понятия другим.

-Правильно! – согласился Бобби. – Это эвфмеизм. Хозяин тайги–медведь, чёрное золото –нефть, продовольственная программа – голод, обильное пролитие крови –революция, новая экономическая реформа – контреволюция ...

Великий русский умелец слова Иван Сергеевич Тургенев написал великое произведение «Записки охотника». И многие так и полагали. Пока другой общепризнанный народный умелец Виссарион Белинский не углядел в этом сочинении охоту за крепостным правом в России.

-А как же покупатели? – успел вставиться лохматый Лёня.

-Покупатель в торговле и в нашем частном случае рассматривается как вынужденное приложение к деньгам.

-Ну, после таких трактовок я вообще не смогу торговать! – пробурчал до сих пор хранивший молчание инженер Шер.

-А в чем дело? Излишняя щепетильность – помеха в нашем благородном занятии! – с жаром возразил Бобби.– Мы – всего лишь поставщики удовольствия. В этом смысл занятия мороженщика. Человек получает удовольствие, блаженствует: от пива, водки, от курева, от наркотиков, от секса. Айскрим относится к этому же разряду изобретённых человеком вещей. Айскрим - сладкая нега, ледяная услада, райское блаженство, а не средство утоления жажды или спасение от жары. Причем, по вполне доступной для каждого цене. И есть люди – вы их найдете и немало, - которые предпочитают мороженое всем другим видам удовольствий.

-У меня дети прямо-таки умирают без мороженого! – воскликнул верзила Алейников. – Нам надо искать детей. Они не пьют, не курят, не сексуальничают...

-Неполовозрелые, да! – подтвердил смелую догадку Бобби. – Но о разрядах покупателей после, а сейчас о престижности нашей профессии.

-Многие говорят, что мороженщики- несчастные люди, – заметил бывший оптовик Ильин.

-Возражаю, ваша честь! – по-адвокатски отбил атаку Бобби. – Так высказываются люди, у которых этот бизнес не пошел. Но это ничуть не значит, что сам бизнес плох. «Севильского цырюльника» знаете? Автор этого бессмертного произведения месье Бомарше торговал мороженым в разнос. Непревзойдённый фантаст Герберт Уэлс, после встречи с Лениным написавший книгу «Россия во мгле», был комивояжером. Князь Меньшиков, Сашка промышлял на базаре продажей пирожков с лотка прежде, чем стать князем. Это столпы нашего скромного дела, на которые хочется равняться.

-Мне нисколько не хочется, – ввернул ленд-эмигрант Шер. – Не хочется повторяться.

-Похвальное честолюбие! – съязвил Бобби. – Где-то глубоко даже - высокомерие. Но давайте обратимся к методике... Прежде, чем продать мороженое на безлюдных улицах Торонто, айскримен должен отыскать потенциального покупателя. На этом этапе у мороженщика, как у настоящего охотника включаются все органы чувств: зрение, слух, обоняние.

-А обоняние-то причем? – неподдельно удивился верзила Алейников. – А если его нет?

-Обоняние есть у всех. Главное: держите нос по ветру. Потому что запах барбекю, то есть, запах жареного мяса всепроникающ. По запаху вы, как по путеводной нити мифической Ариадны, обязательно отыщите своего покупателя.

-Ну вот, вышли мы на него. Дальше-то что? – тоскливо выдохнул Слава-челночник.

-На этом этапе мы должны руководствоваться указаниями партии и правительства к огромной армии разномастных пропагандистов, заполонявших в своё время одну шестую земного шара. Невозможно вычеркнуть из памяти пламенные призывы «дойти до ума и сердца каждого»!

-Да уж! Достали. До тошноты, – тряхнул кудряшками оптовик.

-То был очередной «перегиб». Подобно тому, как здесь боссы требуют от работника агрессивности. Но по-моему, поведение мороженщика должно быть не агрессивным, а, скорее, эксцентричным. Каждый из нас должен создать свой образ и работать в нём. Может быть, это уличный всезнайка-Гаврош, распевающий песенку под пулями. Может быть, всехний папа. Общее требование: чистота одежды и тела, аккуратность, совместимая с некоторой небрежностью, и приятный запах.

-Ну и наговорил ты, Бобби! – заметил до сих пор сдерживающий себя босс. – Три короба!

-Совсем нет! – обернулся к нему Бобби. – С упреком я обращаюсь к владельцам мороженого бизнеса. Им, всем вместе, нужно сброситься и поднять пропаганду айскрима на недосягаемую высоту. Это, в конце концов, возмутительно! Перед нами огромная спортивная страна и все в ней налегают, в основном, на пиво или на прохладительные напитки. Местные бейсболисты, например, пропащие для айскрима люди. Нужно, чтобы кто-то убедительно донёс до них простую истину «лучше меньше, да лучше». То есть: для здоровья, для слаженной работы всего организма и его охлаждения лучше потребить немного айса, чем много воды. Так что, господа, с высоты достигнутого вами знания английского языка ведите разъяснительную работу и вы будете в дамках.

-Твои рекомендации, Бобби, безоснавательны! – рассердился босс. – Как ты можешь победить такого гиганта как «Кока Кола»?

-Дедушка Наполеон говаривал: «Надо ввязаться в бой, а там видно будет», – усмехнулся Бобби. – Сразу никто не побеждает. Победу ковать нужно.

-Да как? Как?

-Для начала есть два варианта. Первый: отыскивают толкового, авторитетного доктора-почечника. Тот в своей хорошо занаученной статье красной нитью протягивает здравую мысль о том, что для нормального функционирования почек необходимо умеренное потребление воды. Второй вариант: отыскивают журналиста, который отыскивает доктора, у которого берёт интервью на заданную тему. Всё просто – только плати!

-Ладно! – покровительственно махнул на разгорячившегося Бобби хозяин. – По коням! Времени уже нет...

И морозно-грозно клубясь белым паром захлопала дверь ледника, затенькали взбрякнутые колокольчики, затрещали крышки радующих глаз велосипедов. Депо заполнилось многоголосицей работы. И над всеобщим гулом возвысился чей-то скандирующий голос, переиначивающий Шекспира:

" Ту ит ор нот ту ит –
уот из дэ квэсшэн!"

Что означало: «Есть или не есть? Вот в чём вопрос!»

10.

Все вернулись с маршрутов, как было оговорено, к восьми вечера. Расходиться не спешили, засиделись в офисе допоздна. Сидел и Ахмед, хотя двое других афганца давно закончили торговать мороженым. Рабочее возбуждение у новоиспечённых продавцов не проходило. Каждому хотелось поделиться своими впечатлениями. От неожиданного и внезапно пережитого.

Хозяин выставил мороженое: «Супернакаут», «Фадж», «Сэндвичи». Бобби купил по дороге три банки «Блю драй» по семьсот пятьдесят граммов, разлил всем в пластиковые стаканчики.

-Владимира Алмаатинского слышали? – спросил, втыкая кассетник.

-Пусть поревёт. Свой все-таки! – кивнул Алейников. – Наш теперь, монреальский!

Из стереодинамиков ударил по душе хрипящий до разрыва аорты и громыхающий бас:

«Но что-то долго-о-о тянется зима!
Виски посеребрило сединою...
А я всё жду, когда прийдет весна

И позовет – на Родину – с собою.»

-Бобби! – обратился к Котельнику семьянин Квашницкий. – Я очень озабочен тем, что этот бизнес практически подпольный. Нелегальщина какая-то!

-Когда это до вас дошло?

-Я из себя весь торжественный. А тут подъезжает полицейская машина, спрашивают лайсенс. Я недоумеваю: «Какой? Зачем?» Полисмены переглянулись в машине, посмеиваются, интересуются:

-А как зовут твоего босса?

-Борис! – говорю.

-Знаешь фамилию?

-Нет, - говорю. – Откуда?

Потом полисмен полчаса рассказывал на английском, что они могут сделать со мной, даже в тюрьму посадить.

-Поезжай-ка ты, парень, домой! – посоветовал полисмен.

-И ты уехал?

-Да нет! Ты же видишь!

-Сколько наторговал?

-На карман? Сорок долларов! – с видимым удовольствием сообщил бывалый семьянин Квашницкий.

-Вот, друзья! – воскликнул Бобби. – Перед нами классический пример становления характера молодого мороженщика.

-Совсем молодого! – фыркнула Аньятат. – Аксакал прямо-таки!

-Это неважно! – подхватил тему хозяин. – В торговле айскримом нет криминала. Зато смотрите: первая встреча с властями и инстинктивно верная линия поведения - «под дурачка»!

-Кое-кому из нас притворство ни к чему. – съязвил будущий микробиолог Миша Левакин. – «Мы все родом оттуда»!

-Из опыта известно, что встречи с полисменами не так

часты, – продолжил Торопыга. – Раза три-четыре в сезон. Версию новичка или полного идиота можно поддерживать и в дальнейшем. В нашем положении не нужно казаться слишком умными, все понимающими и осознающими. У полисменов свои дела. Они двигаются по своим согласованным маршрутам. К мороженщикам подскакивают только по спецвызовам. Так что нечего их бояться.

-Как сказать! – снова встрял Светлое Будущее Своей Мамы. – Привалил я, это значит, в свой парк... Хорошо покупали у меня валяющиеся по за кустами люди. Вдруг выпрыгнули из полицейской машины четверо в бронежилетах, руки на кобурах. Один орёт благим матом:»Ложись! Лицом вниз! Руки за спину!» Накинули наручники, подняли, проверили документы, сняли наручники и довольные смеются:

-Все окэй, бой! Не бойся!

-Это они приёмы задержания отрабатывали! – скромно махнув ресницами-бабочками заметил детина, прибывший в Канаду в контейнере.

-О! Алекс! Бэби ты наш контейнерный! – нервно зарезвился босс. – А ты кто в прошлой жизни, там, в солнечной Молдавии?

-Парашютистом-десантником был, а потом был полицейским-гаишником.

-Ну вот, и расскажи нам каковы твои канадские коллеги!

-Та ребята они хорошие... Нечего на них обижаться! – вспорхнула очередная бабочка под смоляными бровями молдаванина. Ну, подъехал я к «Маккензи», а там студенты... поссорились из-за чего-то. Ну, тусуются. Кто-то даже полисменов вызвал. Но я-то не знал! Студентки – пальчики оближешь – заигрывают со мной, я-то из Монреаля и я ни слова по-английски сказать не могу, а по-французски стесняюсь. Тут полицейские меня и накрыли. Посмеялись...

-Сказали-то что? – взвинтился босс.

-Та сказали, что хорошо по-французски говорю. Так я же

полгода во Франции был, в Гавре! Та сказали, что не совсем понимают меня, – сокрушенно вздохнул детина.

-Тикет они ему выписали! – сорвался с голоса Торопыга. – По дружбе. На пятьсот долларов! Полтыщи разом! Вместе пойдем в муниципалитет, на корт. Я им покажу! Нет возле «Маккензи» никого хайвея, а они инкриминируют торговлю на хайвее!

-Ужас! Тихий ужас! – набычил шею Квашницкий.

-Надо было уходить! – сказал Бобби.

-Что? Бежать, что ли, прикажете?

-Да. Не без того. Если прикажете! – отпарировал Бобби.- Отстали бы... А вы думали, как деньги зарабатываются?

-Правильно! - поддержал босс.-Надо быть сообразительным и мужественным. На сегодняшний день победителем нашего капиталистического соревнования является узбечка-сибирячка Аньятат. О! Ей удалось осуществить мою давнюю мечту – собирать деньги, не отходя от кассы. Мадам Аньятат ещё не научилась ездить на трехколёсном велосипеде, но заработала для себя целых пятьдесят долларов. Спрашивается, как?

-Ой, да что тут особенного?! – полыхнуло голубым огнём льняного русского поля из глаз Аньятат. – Я разулась, взяла байк, как коня под узцы, за переднюю стойку афиши и прошлась к магазину «Тойс» – «Игрушки». Ну, все-таки, пять часов проколготилась там! Зато детишки! Детишки! Глазёнки сверкают. А матери, нехорошие, тянут их за руки...

-И никто не приставал? Администрация, как?

-Да нет. Они сами высыпали на ступеньки. Купили у меня по айскриму, говорят: «Приезжай еще!»

-Это – победа! Мне бы такую маму, – восторгнулся Миша Левакин. – Зато я ухажёра приобрёл. Кружу себе в парке, обслуживаю, так сказать. Вдруг подходит такой рыжий, похожий на прикроватную тумбочку в советской армии, и говорит: «Оставь свой байк – никто его не тронет. Пойдем в машину, поговорим- дело есть».

-Да-да! Это Тумба. – задумчиво кивнул Бобби. – Ну и что дальше?

-Дело есть дело, думаю я себе,– сложил Миша свои пухлые губы бантиком. – Где дело – там деньги... И незнакомец глаголет о деньгах и показывает мне пачку "зелёненьких" скрученную, спрашивает... участливо:

-Хочешь маню? Не одну. Много мани.

-А другой рукой гладит меня ласково по плечу.

-Иди ты, говорю патриотически , на ху!

А он подхватывает:

-Вот, вот! Я об этом и говорю! Как сыр в масле будешь кататься.

-Я лучше на байке покатаюсь! – сказал я и вышел из машины. Здоровее буду.Так он ещё вслед кричит, вонючка ненаглядный: «Мы ещё поговорим!»

Сидящие в офисе расхохотались. Каждый на свой манер.

-Я тоже с одним хозяином «Моби Дик» познакомился, – затараторил, заглатывая окончания, бывший студент-авиатор, турецкий «челночник» Слава Кеплер. – К вечеру дорвался я до большого парка за Базрут-стрит. Там дедушка-белобаечник дифилирует со своим ящиком по аллейкам. Встал и я на параллельные рельсы. Качу, поторговываю налево, направо - кайф ловлю... А из разляпистого куста сирени выскакивает на меня здоровенный рыхлый мужик. Почему-то в кипе... Это у него как пилотка, наверное.

-Вышка! Мы называем его Вышка, – пояснил босс. – Это наш злобный конкурент. Тумба пропащий, гнилой. А этот – огого!

-Ну, что? – почему-то запереживал в этом месте господин анекдотчик Кеплер. – Схватил он мой байк за штангу, тащит, задыхается, кричит: «Полицию вызову!» Ну и выкатил меня из парка. А что делать? Не драться же с ним?

-Ни в коем случае! – испуганно воскликнул Торопыга. – Полицию он не вызовет, потому что полиция и его байки заметёт. А если подраться, то муниципалитет всякую торговлю айскримом запретит.

-Так что делать?

-А ты что сделал?

-Да вернулся я снова в парк и добил свой хлеб. Как в басне: «А Васька слушает да ест!»

-Я ему руки укорочу, этому Вышке! – пообещал Торопыга. – Есть парочка приёмов... Надо только время выждать.

-Кстати об ожидании! – вмешался бывший армейский шофёр бывшего генерала Алейников. – Захотелось мне «по-большому». Нигде не пристроиться. Смотрю: будка стоит. Как наши. Только металлическая. Сижу, значит, и слышу: звоночки на байке заколыхались. Я кричу из двери: «Донт тач май байк! Донт тач!» Выхожу, на ходу брюки застёгиваю. А они, милые мои, в очереди у байка стоят, ждут меня! Это же надо – до чего воспитанные!

-Никто не делает зло в открытую, – философски заметил со своего места Бобби. – Например, Вышка. Он, видимо, доведён до отчаяния состоянием своих дел. Вот и вынужден ходить в рукопашную. Но в такой ситуации он превратился в ходячую аномалию опасности и недоброжелательности, – и добавил, помолчав. – Бывает даже, что некоторые дома, целые билдинги, гаражи, офисы, спортивные площадки, поля как бы излучают зло. Там вас могут оскорбить, бросить с балкона пустую жестянку из-под пива, швырнуть батарейку карманного фонарика, метнуть кожаной дыней для игры в регби. Там вы можете неожиданно для себя обнаружить еще тёпленький труп...

-Это уже из области мистики! – вмешался Квашницкий. – А вот конкретно, – и развернул какую-то русскую газету, до краев заполненную криминальнодышащими объявлениями с «затычками» из полицейской хроники в качестве «подкрепляющего материала».

-Я неслучайно заинтересовался этим сообщением, – продолжал шуршать газетёнкой исследователь смешанных браков. – За внешне благопристойным антуражем местной жизни я ищу и нахожу свидетельства будущего упадка.

-Да, что там такое? – недовольно подогнал босс.

-Не буду читать все...

-Да уж, пожалуйста.

-Так вот, – многозначительно вытаращил глаза бывший социолог. – С начала года, а это всего шесть месяцев, в Торонто совершено пять вооружённых нападений на банки с целью ограбления. По свидетельствам очевидцев, участников разбойных нападений четверо. Бандиты хорошо вооружены огнестрельным оружием вплоть до автоматов. Действуют они согласовано, располагают двумя автомобилями марки «БМВ», красного и голубого цвета. Некоторые особые приметы: все четверо черноволосы, имеют усы или же бороды, одеты в кожаные куртки, говорят на арабском...

-Да наши это. Русские! – выпалил, не удержавшись, Бобби. – Я даже догадываюсь, где они могут быть!

-Ты что? Видел их? – встрепенулся Квашницкий. – Награда за поимку обещана. Десять тысяч долларов! За каждого!

-Сороковник одним махом! Вот это «да»! – дурачился Бобби. – Мимо денег проскакиваем, ребята!

В этот момент он взглянул на Ахмеда, молчаливо сидящего в уголке дивана рядом с кудлатым Лёней Родиным. До того никак не реагировал на болтовню русских Ахмед, потягивая своё пиво, но при словах Бобби вздрогнули и нервно затрепетали уголки узких ноздрей его хищного носа.

-Но я что-то не пойму, – буркнул инженер Шер. – Причем здесь упадок? Отловят парочку-другую подонков и всё успокоится.

-О`кэй, друзья! – сказал босс, вставая со своего стула. – Я вижу разговор принимает серьёзный оборот. А нам по домам пора. Кто, куда?

-Я завтра не прийду! – привычно набычившись, сообщил Квашницкий.

-И я! – встал в позу инженер Шер. – Можете на меня не расчитывать.

-Как знаете, – буркнул босс. – Кого хоть в какой-то степени увлекает авантюра, тот будет торговать мороженым... Вся компания шумно вытолкалась из офиса, оставив Бобби одного.

11.

Развязка с проблемой Ахмеда, выдающего себя за афганца, наступила однажды утром, когда вконец охамевший Ахмед, действуя словно по инструкции, потребовал для себя удачливый байк Бобби.

К тому времени Бобби кардинально усовершенствовал своё катающееся орудие труда. Герметичность яйцеобразного ящика он упрочил добавочным селиконом, обмотал штанги по руку голубой изоляционной лентой, закрепил их шурупами, выстелил дермантиновое седло куском белого овечьего меха, подложив ещё поролон. Для мягкости.

-Ай уонт дыс! Онлы! – твердил Ахмед, усевшись на байк Бобби и судорожно вцепившись руками в штангу афиши.

Злобность Ахмеда и преднамеренность его вызывающих действий раскрылась, наконец, и перед Торопыгой.

-Даун! Даун, Ахмед!- - безуспешно командовал босс.

-Но! – строптиво ответствовал Ахмед.

-Гоу хоум! Ахмед!

-Но!

Перепирательства продолжались и неизвестно чем закончились бы, когда подошел Бобби, увидел сцену и дернул за переднюю штангу байка так резко, что смелый джигит кубарем вывалился из седла.

-Пошел вон отсюда! – по-русски приказал Бобби. – Немедленно! И добавил оскорбительно: «Шестерка! Стукач! Я знаю на кого ты работаешь!»

-Кто стукач? Я – стукач! – на чистом языке бывшего межгосударственного общения завопил Ахмед: – Я тебе этого не прощу! Ты за это ответишь!

И растворился в нетях.

-Так как ты его вычислил? – удивлялся Торопыга- босс.

-По запаху, Вейко, по запаху. И по языку, – усмехнулся Бобби. – Каждый народ на земле пахнет по-своему. От Ахмеда исходил иной дух, чем от наших двух настоящих афганцев, Сохеля и Дауда. Ахмед не общался с ними, потому что не понимал их. Мусульмане – это тюрско-язычная группа и все они говорят на арабском. Но на диалектах. Как, скажем, псковитяне и вятичи. Английским Ахмед ещё не владеет – значит недавно в Канаде, а поток беженцев из Афгана угас несколько лет тому назад.

-Кроме того, - продолжал Бобби. – Помнишь? Герой своей семьи, господин Квашницкий затеял как-то разговор о бандитах. Ахмед тогда выдал своё знание русского непроизвольной заинтересованной реакцией. Денег этот работник привозил мало, но держался, шебутил тут по-всякому, создавая нездоровую, нервозную обстановку. Скорей всего Тумба и Вышка платили ему за сведения о твоих делах.

-Профессор! – восхищенно протянул Торопыга. - А почему ты зовёшься «Бобби»?

-А-а-а... хозяин! - рассмеялся Котельник. – Всего полтора года пожил ты на Ближнем Востоке и мало техних пышек поел! А я выскочил оттенова, обгорелый весь, только через четыре. Было у меня имя Владимир, но возникла проблема... Звук «л» в той стороне – только мягкий. А начальная буква «вет» без точки внутри произносится исключительно как «Б». Вот и выходило издевательски: вместо «Владимир» – «Блядимир». А словечко «блядь» искони родное в тех краях. Пояснения не требует.

Хозяин – босс – Торопыга – Борис - все в одном лице поддерживающе рассмеялся.

-Более благозвучное имя обошлось мне всего в десять монет, – закончил своё повествование Бобби. – Нет проблем. Там это поощряется.

-Но ты же не выбрал местное имя?

-Ты прав. Но это, как я понимаю, всего лишь вопрос времени. Неписанные законы проживания нацменьшинств среди большого народа везде одинаковы.

-О`кэй, Бобби, – как бы подводя некую черту, сказал босс. – Слушай сюда. Мы сегодня снова сидим в проблеме...

-Это что-то новенькое! – заерепенился Бобби. – Ты говоришь «мы», а не «ты».

-Хорошо, «я». Что за дела?

-«Мы» – это местоимение из глухого прошлого миновавшей эпохи коллективизма. Я не тот за кого ты меня принимаешь. Уже не тот. Все кануло, но мне ещё доступно понимание «дружеской просьбы».

-Как знаешь! – пожал остренькими плечиками Торопыга. Я просто оговорился. Короче, есть в Торонто одно особое место купания. Там не бассейн, а фонтаны – из-под бетонированной площадки. Дважды я посылал туда школьников. И оба раза «МобиДик» исподтишка вызывал полисменов и вышибал наших оттуда. Надо отстоять эту позицию. Место там должно быть наваристое. Ты как?

-А что я буду иметь?

-Потом, если захочешь, вернёшся на свой маршрут.

-Ты, главное, сейчас никого не ставь на него. Пусть мои покупатели отдохнут... от меня.

Дело было замётано. Бобби сразу сообразил, что внезапное изменение маршрута обязательно спутает карты его преследователей на красном «БМВ». Во всяком случае, затруднит им слежку. А там, подумал Бобби успокоенно, может быть, у них вообще изменятся планы и намерения. Все течёт – все меняется.

Заряженный до отказа байк они закатили на трейлер. Спокойная симфоническая музыка, которую любил Торопыга, заполняла салон «Олдсмобиля». Бобби опознал сюиту Эдварда Грига «Смерть Озе» по «Пер Гюнту» Ибсена.

Шуровали по Кинчу, на восток. И сумашедший звон бубенцов на байке не поспевал за ними.

-Вот, как ты считаешь? – прервал босс размышления Бобби. – Менять мне поставщика мороженого или нет?

-А что вдруг?

-Да позвонил тут один. Говорит, что двадцать лет в бизнесе. Предлагает айскрим вполовину дешевле...

-На каждого из нас поставлены силки в виде ошарашивающей воображение суммы, – глубокомысленно заметил Бобби. И добавил: - Одно из двух. Кто-то хочет развести тебя с Винченсой Лючиано-Лупарой. Даже если ты поимеешь выгоду, не забывай, что «Лупара» в переводе с итальянского означает винтовочный обрез, подобный нашему. Единственно, что... Спекулируя именем нового брокера, попробуй добиться скидки.

-Да у меня с Винченсой контракт. Я его водкой угощал, а он обнимал меня. «Браза, говорил, браза». В кабалу он меня загнал, салабон такой! В контракте записано, что нарушившая сторона выплачивает стоимость всего объёма айскрима, предназначенного к сезонной продаже.

-Да уж! Лупара своё всегда возьмёт, а ты с него – никогда. И все-таки, зацепка есть – это новый брокер. Сошлись на плохие дела. Наконец, злодейство не совершается само по себе: оно рождается из необходимости защитить себя или свои интересы. Лупара обязательно достанет и раскрутит этого брокера-невидимку.

Ещё через несколько минут, в самый солнцепёк, они увидели прохладные водяные струи, вдохновенно вздымающиеся толстыми фаллосами в окружении мохнатых суровых елей. Вспыхивали и гасли радостные радуги и радужки. Ребячьи взвизги оглашали окрестность.

Разгрузились за углом. Бобби подкатил к сексуально торчащим струям и ему не пришлось никого зазывать и заманивать – стремительный обмен мороженого на деньги начался самопроизвольно.

-Часа через два привези мне ещё одну зарядку, – попросил Бобби подошедшего хозяина. - Отсюда к депо я пойду своим ходом.

Как по заказу, для смеха, минут через пятьдесят, когда мороженого в байке у Бобби оставалось на донышке, появился конкурент.

Это был байстрюк-подросток лет чеырнадцати. Распахнутая до пупа рубаха, засученные рукава, вороньего крыла прямые волосы, брови, уже успевшие сомкнуться на переносице. Орлиный профиль.

-Кто ты такой? Убирайся отсюда! – грубо, но старательно по-английски выкрикивал молодой байстрюк, накатывая свой байк на байк Бобби. – У тебя есть лайсенз?

-Ты слишком агрессивен для Канады, май дыа кампетишн, – слегка улыбаясь и цепко удерживая противника в поле зрения сказал Бобби. – Здесь не Россия и не Кавказ. Забудь о прошлом. В Канаде ты должен быть очень корректен и вежлив. Донт уорринг! Увидел незнакомца, нужно сказать ему: «Хай! Хау ю дуинг?»

-Я сейчас позвоню в полицию! – не оставлял своего нахрапа малец.

-Ты не прав, янгер. Сначала ты должен позвонить боссу и спросить совета.

Телефона-автомата рядом не было. Молодой конкурент исчез на полчаса и этого времени Бобби хватило, чтобы он в два счёта завершил торговлю.

По-хозяйски задрав ноги на байк он отдыхал, развалившись на деревянной скамейке в тени мохнатущей ели.

Агрессивный байстрюк вернулся в сопровождении Тумбы.

-Хай! – сказал Тумба. Он как-то спал с лица. Мешки под глазами. – Это ты... Майк!

-Хай! – ответствовал Бобби, сбрасывая ноги с байка. –В создавшейся ситуации я предлагаю торговать здесь через день.

-Нет, Майк, – не согласился Тумба. – Тебе прийдется убраться!

-С чего это?

-Лук хиа! – как и всё прежнее по-английски сказал Тумба и торжественно извлёк из кармана стопку новеньких рекламных картинок своего айскрима. Бобби всмотрелся и – с восхищением за сообразительность Тумбы – увидел, что новые ценники его – все – на полдоллара ниже Торопыгиных.

-Это хороший пример свободной конкуренции! – сказал Бобби.

Тумба уехал, не произнеся больше ни слова. Бобби вернулся на свою ленивую скамейку. У агрессивного мальца никто ничего не покупал. То ли из солидарности с Бобби, то ли потому, что все уже накушались мороженого, а свежих посетителей водяных струй не было.

-Ты откуда? – с уважением спросил подъехавший малец.

-Я? Из Нидерландов, – неохотно процедил Бобби. Его задача была одна – пересидеть конкурента и дождаться Торопыгу.

-А ты был прав! – восхищенно заметил байстрюк. – Я из России. У вас в компании работает мой старший брат Ахмед.

В сущности, паренёк оказался ничего, но Бобби не хотел

поддерживать разговор. Он понимал, что малец ещё ничего не знает об участи его брата и своей доверительностью оказывает ему медвежью услугу.

-Сколько зарабатывает твой брат?

-Много! Каждый день по сто долларов!

«Дудки! – подумал Бобби. – Никогда бы он столько не заработал, если бы не стучал твоим хозяевам».

Прерывая разговор, Бобби натянул кепи на самые глаза и расслаблено откинулся на спинку скамейки, хорошо прогретой солнцем.

-Ссори! Гуд лак! – только и буркнул он, всем своим видом показывая, что намерен остаться здесь на всю оставшуюся жизнь.

Братишка злополучного Ахмеда покрутился у фонтанов ещё минут десять. Желая заполучить покупателя он, несмотря на свою горделивую осанку, как и многие россияне, не по-канадски суматошно звонил в колокольчики, то открывал и захлопывал крышку байка, сползал с седла и вновь вспрыгивал в седло, заискивающе улыбаясь, надоедливо приставал к отдыхающим.

Вскоре, не выдержав безделья, агрессор укатил торговать в другое место. И прикатил босс Бобби, и вознегодовал, увидя своего мороженщика, прикорнувшим в тенёчке.

-Непохоже на тебя, Бобби! Ты что? Спишь тут?

-Конечно. А ты-то где пропал? Я жду тебя уже более получаса.

-А конкурент был?

Перегружая мороженое и сдавая наличку хозяину, Бобби рассказал ему о возникших перепитиях с братишкой Ахмеда и с Тумбой.

-А завтра? спросил Торопыга.

-Завтра Тумба выгонит этого мальца и здесь никого не будет.

-Тебе что? Доложили?

-Это яснее ясного, – довольно улыбнулся Бобби. – Ведь Тумба сбросил цены на своё мороженое только для фонтанов. А этот парень убрался отсюда. Выходит, он не выполнил целевую установку Тумбы. Ну, а малец этот горяч не в меру – обязательно наговорит гадостей Тумбе. Вот и вылетит с байка навсегда.

Я же сказал, что ты – настоящий боец! – со вниманием склонив голову набок, произнёс Борис. – Будь у тебя хоть какие-то деньги, я бы взял тебя в компаньоны...

-Бай де уэй! – через секунду вновь заговорил он. –Сегодня есть ещё одна возможность отличиться. Сегодня в Торонто очередной день очередной нации, проживающей в Канаде. В десять вечера – праздничный фейерверк у сити-хола.

-Чей день?

-Да какая тебе разница!

-Ну, не китайцы же! Мороженое для них не существует. Им «Хат догов» подавай.

-«Моби Дик» лайсенз купил на это мероприятие. Но можно попробовать поторговать. Власти, я думаю, будут не очень строги. Как получится... – натужно вздохнул босс.

-А кто едет?

-Возьму Славу и школьника Алексея.

-А меня?

-Я думал ты устанешь к тому времени.

-Нет уж, дудки! В девять я буду ждать вас на правой стороне Кинга, на углу Финча. Привези мне, пожалуйста, двойной свежий заряд.

12.

Сообщение босса о предстоящих торжествах в муниципальном центре вызвало тревогу у топ-сейлера Бобби.

Перед глазами возникло забытое ночное видение со стареньким китом и молодыми акулами. Со всей отчётливостью мороженщик понял, что именно там, на особой территории власти, может произойти нечто решающее, способное внести коренной перелом в положение бизнеса Торопыги и в личную судьбу Бобби.

Если всё обойдется благополучно, подумалось топ-сейлеру, то, возможно, босс возьмёт его или в компаньоны, или хотя бы в менеджеры. Тогда у Бобби появился бы неожиданный шанс перейти на независимую эмиграцию по рабочему гаранту.

Взбодрённый такими радужными соображениями Бобби сразу от фонтанов, производящих неимоверный шум, сверкание и ребячий гвалт, поехал по диагонали незнакомого ему квартала площадью в четыре квадратных километра.

Двигался он «короткими перебежками». Обнаружит людей – замедлит ход, вежливо поприветствует голосом или приложит ладонь к козырьку и мгновенно стартует, набирая скорость, если безлюдье. Колокольчиками Бобби звонил по-науке: с перерывами в десять-двенадцать секунд. Вычитал где-то у больших психологов высчитанный ими ритм естественного оглядывания человеков и это у Бобби срабатывало.

От четырёх до шести он старательно и успешно выманивал горожан из их домов, забаррикадированных от жгучего солнца жалюзи, шторами и даже ставнями. Истомлённые жарой и заинтересованные особым сервисом, какой предлагал Бобби, жильцы выходили на улицу из своих укрытий целыми семьями. Дети, старики, посмеивающиеся молодые люди – в шортах. В плавках, в купальниках.

На горбатой улице, густо заросшей клёнами, когда Бобби скатывался с холма, его окликнул чёрный молодец:

-Ей, партнёр!

Скрежет тормозов на байке Бобби совпал с его зубовным скрежетом. Он спешил, но оглянулся, сделал радостный жест рукой, выкрикнул:

-Иес, сэр!

Разворот и подъём в гору на педалях отнял у Бобби минут десять. А молодец неподвижно и как-то напряжённо ждал мороженщика на самой макушке горы. Широко расставив ноги на мостовой, он словно проверял Бобби на долготерпение и тот остался верен себе.

-Хай, янг миста! – запыхавшись от подъёма, но с улыбкой рубанул он. – Иф ю лайк айскрим – хиа айскрим из.

Молодец выбрал «Супернокаут» за полтора доллара, дал «двушник», помедлил и так же молча добавил на «тип» бумажные пять.

-Зачем так много? – попытался отбояриться от чересчур щедрой подачки Бобби.

-Я знаю тебя! – наконец выдавил из себя улыбку негр. – Мне звонили. Мой старший брат Сэм. Ты – Майк! Ты что, действительно не ходишь ни в какую церковь?

-Йопс! – подтвердил Бобби. – Может быть, я прийду к вам... Но сейчас, извини. Мой босс каждый день убивает меня и я вынужден спешить. Я думаю, мы ещё увидимся. Бай-бай!

-Ты не бойся! – совсем ни к чему выкрикнул вслед негритянище. –Мы русских не обижаем и не выдаём!...

В этом квартале, между котеджами Бобби набрёл на открытый плавательный бассейничек, оголтело кишащий разноцветной детворой, и несколько зданий с обосновавшимися здесь нацменами, как и на Фил-стрит.

Отбомбившись к восьми Бобби, как и предполагал, вырулил на центральную Кинг-стрит, зашёл там в кафе, плотно заправился в нём пицей с колбасой и «Кокой», купил две пачки сигарет «Аванти», посетил комнату уединения. Подумав топсейлер произвел натуральный обмен с продавцом: на «Супернакаут» выменял у него толстенькую свечу и высокий стакан для коктейля из тонкого стекла.

Отяжелевший и раздобревший от пищи, Бобби вальяжно пересёк Кинг-стрит, нашёл на правой, условленной с боссом, стороне гарбичные установки и выбросил из байка ненужные картоны из-под мороженого. Байк опустел – лишь на дне таинственно мерцали голубые ладошки-контейнеры со льдом. Бобби отдохновенно закурил.

В девять спал трафик на Кинге и пошли по тротуарам гуляющие. Пока босс перегружал мороженое, Бобби успел зацепить покупателей простенькой фразой:

-Уоу! Я имею айскрим фо сейл!

Ушли первые «праздничные» порции. Садясь в машину, босс не преминул заметить Славику и Алеше:

-Учитесь, ребята! Вот так работают профессионалы!

До этого случая Бобби ещё ни разу не видел Сити-Холл и не знал, где он находится, но по мере продвижения топ-сейлера толпа на тротуарах густела и по скоплению народа бывалый мороженщик определил: святая святых человеческих законоустремлений рядом. Он поднял голову – над ним разразился сверкающий каскад тонированного стекла и дюрали, а вокруг этого величественного билдинга широко разбежались крылья-притворы культурно-массового назначения с эстрадами, баллюстрадами, с мраморными ступенями и фонтанами. Капище власти одних людей над другими.

Блеск и величие Сити-Холла не способствовали, однако, успешной торговле мороженым «с колес» у мозгового центра управления городом. Расклад оказался, что называется, вничью.

Плотные полицейские кордоны блюли общественный порядок вокруг Сити-Хола и строго пресекали всякие попытки мороженщиков проникнуть на его территорию. По углам образовавшегося квадрата рассредоточились автофрижеры «Слаш» и из своих ярко освещенных окошечек беспорядочно бомбардировали прохожих «талым снегом».

В довершение всего малохольные боссы «Моби Дика», словно обезумев, устроили перед фасадом уважаемого здания нечто похожее не то на психическую атаку, не то на демонстрацию силы. В безудержном стремлении вывернуть наизнанку карманы праздношатающихся и не оставить никаких надежд конкурентам Тумба и Вышка выставили под стены Сити-Холла весь свой «личный состав». С десяток их белых ящиков на колесах, растянувшись цепью вдоль всего тротуара с интервалом в пять метров, полностью перекрывали подходы к месту предполагаемого фейерверка.

-Танки идут ромбом! – почему-то подумалось Бобби.

И ко всему он услышал слова, непроизвольно вырвавшиеся у одного из прохожих

-Смотрите, смотрите! Они выстроились, как пехотинцы в каре, и готовятся отразить нападение конницы!

-Ха, ха! – заметил его приятель. – Кажется, они решили умереть на своих мороженых баррикадах!

В конце концов, все военизированные построения «Моби Дика» показались участникам празднества слишком откровенным нападением и они, словно сговорившись, игнорировали айскрим белобаечников.

Для себя Бобби избрал иную тактику. В гордом одиночестве рассекал его желтенький «торпедоносец» широкие народные массы на противоположной стороне улицы, опахивая окружающие дома и билдинги, где к этому времени так же скапливались зеваки предстоящего фейерверка. Они все принадлежали ему. Им нравился айскрим Бобби и сам он.

А минут за двадцать перед огненной феерией, когда совсем стемнело, опытный Бобби выбрал позицию у самого края тротуара, перед пустынной мостовой, чтобы тот час после заключительного залпа иметь необходимую в таком деле свободу передвижения.

Бобби называл эту методу торговли -«на отходе».

И вот, отгремела величавая музыкально-фейерверочная композиция, подобная скрябинской «Поэме огня». В последний раз в неудержимом восторге ахнула толпа и люди, развернувшись на месте, поспешно хлынули по домам. Задача каждого была номинальна: выбраться без потерь из давки, из духоты – из дискомфорта. Теснимые друг другом, никто не имел возможности ни на секунду замедлить свой шаг и длинная цепь велосипедов «Моби Дика» оказалась всего лишь помехой на пути рассерженных людей.

Но Бобби уже находился на середине широченной Кинг-стрит. Над разряженной толпой победно и призывно возвышалась красочная афиша его невидимого байка, а сам он стремительно, как из автомата, отоваривал покупателей, изжаждавшихся и слегка расслабленных после чудесного празничного напряжения.

Всеобщее возбуждение захватило и Бобби. Потихоньку приблизился он к краю тротуара на стороне Сити-Холла и применил здесь новый, давно вынашиваемый им прием «на огонёк». В высоком стакане для коктейля, приобретённом в кафе, айскримен затеплил свечечку, позаимствованную там же, и выставил своё орудие лова на байк.

Интим, романтика, редкость! Теперь никто не мог пройти мимо байка Бобби, не сделав у него покупки.

-Айскрим! Алби! Фадж! Драмстык! Банана! Хааген! – солидным баском покрикивал Бобби. И добавлял на французский манер: - Тут шоколя фадж! Сюпернокаут!

Байк Бобби не закрывался. Айскримен швырял деньги в отверзтое чрево, выхватывал оттуда мороженое, одним ловким движением вскрывая бумажные упаковки порций

-Спешл – профешнл!

С разбега налетела на него оживлённая стайка ребятишек – в чёрном и в пейсиках, приткнулись к байку.

-Ты джуиш?

-Нет! – мгновенно парировал Бобби. – Только мой отец. Но у меня есть для вас кошерный айскрим!

Из состояния эйфории вывел Бобби чей-то бархатистый повелительный голос:

-Вот тут стойте, болваны! Не давайте ему торговать!

Перед Бобби выросли Тумба и Вышка. Каждый, они подтащили своих мороженщиков и почти вплотную приткнули их к байку Бобби.

-Хай, мистарс! – напряжённо приветствовал их Бобби среди всеобщей круговерти. – Так не делают! Вы не слишком вежливы. Сегодня!

-Мы гостеприимны только для тех, кто откликается на наше приглашение, – угрожающе надвигался на Бобби Вышка.

Рябое, в щербинах одутловатое лицо его раскраснелось от едва сдерживаемого гнева.

-Ты почему не пришел, когда тебя приглашали?

-В моем положении не бегают от одного хозяина к другому, – со всей серьёзностью сказал Бобби, не забывая выкрикивать - Айскрим! Алби!

-Ты не на того поставил и – просчитался!

-Ну сложитесь и дайте мне десять тысяч за сезон. Я с удовольствием нейтрализуюсь... Донт фогет то бай май айскрим! Хи из бетте ин де уорлд

-Твой Торопыга готов продать тебя хоть сейчас!

-Вы что, уже сговорились?... Айскрим! Фор ё плеже!

-Почти. Так что тебе недолго веселиться. Тебе – каюк. Ты – мертв!

-Тогда я вам обоим вот что скажу, – завёлся Бобби. – В этом году «Моби Дик» в Торонто уйдёт под воду. Как «Итон». Как «Ред Лобстер».

-Не тебе судить! – взвизгнул Вышка.

Рывком он придвинул свой белый байк почти вплотную к

«торпеде» Бобби, спугнув стайку покупателей.

-О`кэй! – одними губами выдохнул Бобби, побледнев. – Здоровый ты мудак. Прийдется тебя поучить...

Не снимая очки, он прицельно ударил долговязого пузана кулаком слева в подбородок. И запел всеми колокольчиками, заплясал на месте белый байк, принимая на себя потерявшего сознание хозяина-барина.

Разгоняя сузившийся круг белобаечников во главе с Тумбой, Бобби, ощерясь, выхватил из кармана стальную отвёртку, страшно блеснувшую в свете уличного фонаря.

Неизвестно, что могло произойти в следующий момент, но тут в круг тяжело дышащих мужчин ворвался крепенький Торопыга, крутя над головой гаечный автомобильный ключ.

-На ху! Убирайтесь вы все на ху! В полицию захотели? – приглушенно шипел он. – Давно в канадской тюрьме харчи не жрали?

-Я тебя еще поймаю! – пообещал, приходя в себя Вышка.

-Поймай, поймай! – добродушно согласился Бобби. – На свою беду!

И с готовностью расступились белобаечники, которых в этот вечер нещадно отэксплуатировали, оставив без заработка.

13.

В очередное воскресенье босс подхватил Бобби на трейлере и десандировал его вместе с байком на углу Дарвин-стрит и авеню Ватсон. За прошедшую неделю Бобби разведал здесь сразу четыре футбольных поля и, вот, предстояло возделать их.

Солнца в Торонто за это время прибавилось, чуть пробилась по газонам мелкая травка. Но и в самый полдень воздух в городе оставался холодным. Прохлада стала неожиданным фактором в успехе Бобби.

Ему повезло на первом же стадионе.

Играли две команды итальянских канадцев из какой-то невообразимо низшей городской лиги. Съехались в тишке за школой, на автомашинах, и сразились. Трибун, сидений или скамеек – никаких, но болельщиков – члены семей футболистов, друзья, знакомые – предостаточно. Бобби показалось даже, что их видимо-невидимо. Из сервиса: неопрятная миссис, бойко торгующая «хат догами», да гремящий компрессором пёстро размалёванный автофриж – страшный бич и главный конкурент уличных айскрименов.

Сердце Бобби буквально возликовало, когда в поле его профессионально образованного зрения попали разминающиеся сокеры. Но, заметив большого производителя мороженого прямо на резиновом ходу, Бобби тут же откатил на соседнюю улицу, не выдав своего присутствия ни звуком.

В сущности, было несколько вариантов торговли в возникших обстоятельствах. Но Бобби знал, что охота за деньгами – это цель. А стратегия и тактика уличного торговца мороженым – сберечь себя для торговли. Смертельный случай: когда айскримен, шныряющий без лайсенза, оказывается оштрафованным полицией. Два-три штрафа и карьера мороженщика кончена. Потому что сумма последующих файнов фантастически возрастает, и ни один босс не станет держать неудачника, приносящего убытки.

На стадиончике за школой главная опасность похоронить себя для торговли на весь сезон исходила от водителя автофрижа «Slush». Воспользовавшись радиотелефоном, он мог навести полицию на Бобби. Большинство из них так и поступало. Но великий знаток ледяной услады, неуловимый Бобби благополучно избежал гадостной участи быть оштрафованным. Тактика выжидания оправдала себя.

Всё могло быть, но произошло единственно верное. Полудворовое состязание в мастерстве владения своими ногами только начиналось. Густая тень от высокого здания школы, леденящая души и тела болельщиков, покрывала почти все поле. Никто не обращал внимания на автофургон, способный нагенерировать им неисчислимую массу мороженого, и тот, взывающе и безуспешно поверещав стереотипной музыкальной фразой из динамика, сконфуженно ретировался.

Полное взаимосоответствие наступило через каких-то полчаса: тень от школы свернулась, образовался солнцепек, со счетом 0:0 ушла в небытие первая половина незатейливой схватки человеческих ног с непослушным мячом.

Отзвенев на спящих улицах, Бобби вынурнул из-за угла как раз в тот момент, когда над футбольным полем раздался торжествующий свисток арбитра. Выбивая из колокольчиков неумолимые дроби, бросился Бобби в самую гущу болельщиков, огласив окрестности самодельным лозунгом:

-Кто любит сокэр – тот любит айскрим!

И – ах! – эти, возлюбленные айскрименами всего мира, итальянцы! Мафиози-тиффози! Что они только не выделывали у байка с мороженым! Они покупали по системе «один на всех»: на троих, на пятерых, на восемь, на всю семью! Они обступили жёлтый лимон велосипеда со всех сторон, а остроглазые, кудрявенькие детишки, изнемогающие от счастья и весенней воли, падали, дурачась, прямо под колёса байка.

С началом второго тайма Бобби перебрался на противоположный край запущенного стадиончика, и там в мгновение ока улетел остаток взятой им в полдень мороженой партии.

-Что там у тебя? – кисло поинтересовался босс, когда позвонил Бобби.

-Еще три футбола и соревнование водителей траков у министерства автотранспортом. Так что прошу привезти двойной заряд.

-Послушай, Бобби. – замялся босс. – Тут какая-то неудержимая Натали звонила. Из Монреаля. Чешет по-французски и по-английски как из пулемета. Едет сюда... Ты как?

-Это хорошо. Когда?

-Да сегодня, сегодня! – прорвало Бориса. – И где ты её откопал? Я никак не мог связаться с тобой, а она добилась, чтобы я её встретил...

Бобби расхохотался и голос его счастливо забухал в трубке:

-Да она бы всё равно нашла... меня, и тебя бы достала в твоей конторе. Во сколько ты её встречаешь?

-Ориентировочно в семь.

-Я успею. Пригони мне мороженого. Сейчас только три часа. С Фил-стрита ритёнствуй направо по Ватсону и на втором перекрестке обнаружишь меня.

Натали была, что называется, синеглазкой. Достигая намеченного, по уговору с боссом пункта, Бобби думал о ней, и приятная теплота разливалась во всём его теле. Два года почти прошло, но помнил он, как в знойной черноокой Азии, уже не имея никаких отношений с женой, мечталось ему о бабе-русачке со стоячими, как омут, глазами. В которых отражается васильковое небо.

Иногда это доходило до бреда. На первых порах и в Канаде маниакально-страстное желание не покидало Бобби, но вскоре он убедился, что в этой стране, как и в Азии, светлоглазые женщины на особом учёте. Поспешно отделался перезрелый мечтатель от навязчивых бредней, взялся за ум и, славя Бога, молил его о трёх составных частях эмигрантского существования: чтобы послал ему милосердный Боже толкового учителя иностранного языка, надёжного друга и любую, какую угодно, заботливую женщину.

Прошло время. Забыл Бобби и об этих своих закидонах. Не вспоминались они ему даже после полугода знакомства с

Натали.

По апрельской слякоти он пилил на своей старенькой "Субаре". Она взмахнула рукой от своей видавшей виды заглохшей «Тойоты». Он сразу определил, что в её машине ослаб ремень генератора. По неискоренимой советской привычке он всё своё возил с собой. Бобби объяснил, как мог, растеряной миловидной женщине; злясь, под мокрой метелью, устранил неисправность, помог завестись и хлопнул капотом.

Женщина балабонила по-французски, чего Бобби не понимал. Она перешла на английский и Бобби прорезался.

Бывалый эмигрант, он отказался от её двадцатника и, ёжась в своей куцепёрдой кожанке, поинтересовался: имеет ли она мужа и может ли он иногда позвонить ей, чтобы поупражняться в английском.

-Вы – русский? – ни к чему не обязывающе спросила она.

-То-то и оно! – дёрнул плечами Бобби. – Мать перемать, русский!

Потом он был очень долго занят своей судьбой. Не звонил, потому что не удосужился спросить её имя и удивился оживленной радости женщины на другом конце провода.

Не отреагировал Бобби и на её имя «Натали», посчитав его расхожим в этих французистых местах. Внешность её не запомнилась, но почувствовав какой-то интерес к своей особе, Бобби пригласил её в русский ресторан "Утопия" на бульваре «Дэкари», вскоре после этого сгоревший.

Он сам ни разу не был там прежде, но хотел показать Натали некую русскость, не нашёл там ничего русского, даже хлеба чёрного – всё было вымученное, жалкое, хотя и чистюличное.

Признание,что она тоже в какой-то степени русская, вырвалось у Натали только после нескольких ночей, проведённых вместе у Бобби в студии.

-Я – Кодышева, - медленно проговорила она.

14.

-Господи, Отец наш небесный! Ради Христа! Прости мне прегрешения мои и простри милость свою над женщиной моей! – взмолился Бобби, приближаясь к назначенному месту встречи с боссом.

Жара стояла одуренная. Бобби умирал от жажды. И не «над ручьем». Вода была выпита и ни кусочка мороженого – всему пришел стабилизец. Едва перебирая педалями, подгреб Бобби к красивому и чистенькому, четырёхэтажному кирпичному зданию на авеню Ватсон за Филом и в изнеможении упал на газон. Дышать он ещё мог, но жить – уже нет.

Тотчас из входной двери здания под аркой выскользнул чёрненький мальчонка лет семи и пристал к айскримену:

-Ты кто?

-Я торгую мороженым. А ты кто?

-Я живу здесь!

-Я жажду! – сказал Бобби. – Если ты хороший бой, то принеси мне воды, пожалуйста, – и протянул негритянчику пластиковую бутылочку из-под «Коки».

Пропал тот надолго. Бобби, было, рукой на него махнул, но юный приятель появился, наконец, не запылился. Вода прозрачно стеклянела в пластике, и кто-то, видимо, из взрослых, сквозь узкое горлышко старательно и заботливо наколол в бутылочку ледяные кубики.

А ты мне взамен дашь мороженое! – воскликнул чёрненький малец с оптимизмом.

-Без всякого сомнения! – поддержал его Бобби. – Но не прямо сейчас. Сейчас я жду своего босса. Он привезёт мне свежий айскрим минут через двадцать.

Бобби жадно припал губами к бутылочке, освежающие ледяные струйки брызнули из неё, стекая по подбородку на его обнажённую загорелую грудь.

Он блаженно покряхтывал от удовольствия в образовавшемся кругу разноликой детворы: босоногих, на роликах, на трех и двух-колесных велосипедах. Вышли к нему с баскетбольной площадки акселераты, перебрасываясь мячом. И, чего уж совсем не ожидал Бобби, подошёл к байку негритянище Сэм.

-Хай! – приветствовал его Бобби, как старого знакомого. – Ты живешь здесь?

-Нет, – сдержанно улыбнулся седовласый гигант. – Но у меня тоже много детей, как у тебя. По всему городу. И я проповедую любовь человека к ближнему. Ты что-нибудь слышал об этом?

-О, я знаю! – серьёзно и почтительно ответил Бобби курчавому дядюшке Тому. – Любовь в Библии – это путь самоусовершенствования, который открыл перед нами Иисус Христос. Но я – человек, и у меня много недостатков...

-Ты торгуешь честно. Какие у тебя претензии к себе?

Бобби не был готов к такому разговору, но ответил:

-Для меня трудно ощутить свою общность с человеком, который не делает никаких встречных шагов к примирению. Неслучайно, у нас в России, говорят: насильно мил не будешь!

-О, да! – легко согласился Сэм, и белое стремительное сверкание белков его огромных, выкаченых из орбит глаз и мощных зубов пришло в действие. – Люди некоторых непримиримых религий считают даже христианскую любовь слабостью нашего Бога и пытаются извлекать из этого личную выгоду. Они благодарят своего за то, что принудил нашего.

-Это потому, что кое-кто из христиан неверно втолковывает главную заповедь.

-Вот как?!

-Видишь ли, мистер Том! – задержался с ответом Бобби, а Сэм засмеялся на Тома. – Сказано в Библии: «Возлюби ближнего, как самого себя». По-моему, это – мера. Как самого себя. Не больше. И любовь к самому себе не отменяется. Но и не преувеличивается.

-О, это целая программа! Но что произойдет?.. – Сэм внимательно разглядывал Бобби, словно открывая для себя нечто новое, и собирался что-то ответить, но тут, прямо во двор, въехал кофейный «Олдсмобиль» босса.

Началась стремительная перегрузка мороженого, и хлынул дождь. Но у мальчишек и девчонок денежки были заранее приготовлены. Они покупали мороженое степенно, не суетясь.

-Дисциплинированные они у тебя! – восхитился босс.

А Бобби высмотрел в толпушке своего юного приятеля и вручил ему «Супернакаут».

-За что ты ему? – встрял босс.

-Это моя порция! Уговор был...

Усилившийся дождь весело хлестал Бобби тяжелыми длинными струями. Шум разразившегося ливня сливался с шумом воды взбиваемой колесами автомобилей. Но в разрывы между клубящимися облаками ударили снопы неудержимых солнечных лучей, и тотчас – в небе и на земле – началось настоящее светопредставление.

Десятки и сотни блуждающих циклопических радуг и малышей-радужек заполонили ойкумену, превратив её в зал таинственной цветомузыки. Сияющие спектры света вспыхивали и гасли почти ежесекундно. Они то неожиданно вырастали над домами и зданиями, то набегали откуда-то из-за горизонта, то весело удалялись, то вновь сияли ни с того ни с сего под и над кронами деревьев и кустов, в брызгах и рёве непринужденно следовали за автомашинами на шоссе. И вдруг таяли прямо на глазах.

Две весёленькие радужки, прихотливо поигрывая, поселились в мелькающих спицах байка Бобби.

15.

-Боже всемогущий! – невольно остановил на дороге свой байк Бобби. – Что значат твои знаки, которые я наблюдаю беспрестанно? Господи! Ради Христа, - пусть я погряз в грехе и сомнениях, - но эта женщина, о которой я молю, - дитё, и душа её невинна перед тобой! Помилосердствуй, Господи!..

Великолепный перепляс радуг, эту возбуждающую лавину калейдоскопного света наблюдала и Натали, сидя в поезде, на подъезде к Торонто. И тотчас подумала: «Видит ли сейчас Бобби эту захватывающую игру природы?».

С прошлой весны, с той поры, когда они впервые познакомились, прошло уже больше года. Натура сильная, страстная и нетерпеливая, Натали влюбилась в этого русского парня, и уже не могла воспринимать себя отдельно от него. И – что было самым главным в их отношениях – Бобби, с его разбойным взглядом серо-стальных глаз, вызвал в её душе ностальгию, настигшую её через три поколения.

Когда Натали призналась Бобби, что она русская и что прадед её из российской Горной Шории, Бобби не удержался и закричал:

-Такого не бывает! Это редкостное совпадение! Это же такая глухомань! А мой приятель Миша Левакин тоже из Горной Шории. И даже книжки у него есть по этому сибирскому краю.

Вместе они выяснили, что ещё на окончании девятнадцатого века некто Подур, или Федор, старший сын Косяка из улуса Кодышевых, женатый на русской женщине, закупил по всему Алтаю и Горной Шории медвежьи шкуры для извозчиков Англии. В качестве посредника и для учёбы он отправил в туманный Альбион одного из своих семерых сыновей, который и стал прадедом Натали.

-Охо-хо мне! – потешался Бобби. – У моих предков затерялось именьице где-то в саратовских степях. А ты у меня, оказывается, прямо-таки наследница-богачка!..

-Чего я твоя наследница? – мило коверкая русский, теребила Натали своего милого.

-Да, вот, послушай же. Горная Шория – это уголь. Много-много угля. Но там ещё драгоценные и цветные металлы. А минералы! Там целая гора называется «Топаз». Как в Горном Бадахшане: гора «Лал» вся сложена из рубинов.

-Это все нереально – о чём ты говоришь, муходольчик мой! – смеялась Натали.

Если судить схематично, то жизнь её никак не удалась. Родилась она в Англии. Бабушка её была урождённой Кодышевой, но уже не помнящей ничего русского, а фотографии и кое-какие раритеты прошлого державшей подспудом. На вакансиях в Париже Натали познакомилась с Пьером Лефлером – квебекуанцем и художником, только входившим тогда в силу. Выйдя замуж, она переехала в Канаду и забыв о себе, стала всем для него: стряпухой и нянькой, матерью и исповедницей. Потом мужа стали преследовать постоянные головные боли, талант его зачах, и умер он от приступа инсульта, задолго до появления Бобби в её жизни. Домик, картины, которые никто не покупает, и велфер – вот всё, что осталось у Натали на тридцать восьмом году проживания в Монреале.

Но было в этой женщине несколько счастливых для Бобби особенностей. Он не любил пресных, и Натали оказалась кокетливой. Поражала её какая-то, по-солдатски, неприхотливость в одежде и пище. Она постоянно была восхищена чем-то увиденным, и жажда к жизни, переменам, путешествиям жила в ней неутолимо. Засыпала Натали мгновенно, едва захотев и, также мгновенно просыпаясь среди ночи, ясным и чистым голосом спрашивала озабоченно:

-Что случилось, наркотик мой? Ты не спишь? Тебе что-нибудь нужно подать?

Сила её характера проявлялась в житейских мелочах. Подпись её на документах заканчивалась обязательной точкой. Расставляя на столе посуду, она, словно припечатывала ее к столешнице. Собираясь поцеловать, Натали чаще всего притягивала Бобби, не давая себе труда приблизиться к нему.

-Ай нид насынг, – говаривала она. – Иксепт ю!

-Но проблема названа и она существует, – продолжал гнуть своё Бобби. – Конституцией России признаётся частная собственность. И – рано или поздно – претензии прежних и новых владельцев земель, фабрик и заводов будут как-то удовлетворены.

Когда Торопыга встретил Натали на железнодорожном вокзале, перед ним предстала крупная статная женщина с хорошо развитой грудью и крепкими бедрами. Лицо открытое, волевое; щеки округлы; полные чувственные губы колечками, и - широко распахнутые глаза, обжигающие голубым пламенем. Над гордо посаженной головой Натали высоким гребнем, словно электрические, беспокойно вздымались каштановые волосы.

-Ты знаешь, где сейчас можно найти мой сволочёнок? – спросила она Бориса по-русски, и тот понял, что учителем её был, конечно, Бобби.

Продолжала Натали по-английски:

-Он будет очень рад. Я получила бумагу о его диворсе. Мы теперь сможем пожениться по всем правилам канадских законов.

-Поздравляю! – с чувством произнес Торопыга и нарушил рядность на автостраде. – А я хочу официально назначить Бобби своим хелпером. Он настоящий крэзи! Вы будете хорошая пара.

Было далеко под вечер, когда «Олдсмобиль» босса приблизился к перекрестку Фил-стрита и авеню принцессы Даяны. Дождь к этому времени прекратился, но из-за обложных туч милые голубые сумерки мгновенно сгустились в мрачную непроницаемую тень, и босс, как и все автомобилисты, включил габариты и ближний свет. Из стереоколонок музыкально изливался знаменательный топот «Маленьких лебедей» Чайковского.

Скользящей, едва различимой тенью, приближался в это время к перекрестку и Боби на своем байке.

В хорошо знакомом ему микрорайоне национальных меньшинств двигался Бобби. Здесь он познакомился с дядюшкой Сэмом, впервые ощутив себя, как бы в родной стихии. Место тут было малонаселённое. По другую сторону вообще ни одного строения – только пустынная луговина, обрамленная высоким сетчатым забором.

Зелёный, «разрешающий» огонёк светофора по Филу предлагал автомобильной армаде двигаться, но армада затихла в глубокой пробке. Нетерпеливая Натали выскочила из авторыдвана Торопыги, заметив Бобби, приближающегося к перекрестку. И бежала она, бежала, лавируя между машинами, - любимая женщина Бобби, несостоявшаяся жена, недождавшаяся счастья. Не добежала. Неизвестный чёрный «Чероки», вымахнувший из темноты Дайаны, безжалостно ударил Бобби серединой бампера и отбросил его обмякшее тело на обочину.

Всё было кончено. Вспыхнул «зелёный» по Дайане, «Чероки» на всём газу пошёл на пустынный Филстрит, удаляясь с погашенными габаритами. Ещё одна житейски-будничная перемена светофорных огней... И только у подъезда углового дома, в негодовании, гулко топал ногами в тротуар и кричал в помертвевшем воздухе огромный седовласый негритянище:

-Стопинг! Ай ремембе ю! Стопинг! Айл кол ту полис! Ай кол ту полис!..

ЧАСТЬ ВТОРАЯ

РАЙМОНДИАНА

1.

Десять ужасных суток провёл в предсмертной агонии городской звёрёныш Бобби Котельник, запоздалый соискатель статуса беженца с недалёкого востока. Добросовестные канадские врачи по крохам, как бы заново, составили его тело и накачали мозг чужой пузырящейся кровью. Он схватил непомерные для человека дозы антишокового новокаина и морфия. Выжил-таки.

-Очнулся я свинченный, скрученный, штопаный, - бодро повествовал Бобби своим друзьям уже по весне, после пугающей монреальской зимы, когда в бездвижном воздухе безвольно валились под тяжестью льда стальные опоры высоковольтных линий электропередач.

-Перелом берцовой кости, - загибал пальцы Бобби, - два ребра. И начисто сметённые остевые отростки верхних позвонков спины. Это я, ко всему, ещё и о дорожный бордюр шибанулся. А живой остался потому, что не умирает человек, пока не выполнит своего особого предназначения на земле. Скажем, всего лишь для того, чтобы кому доброе слово сказать. Или белку покормить... О себе кто и что может сказать? Но в госпитале со мной произошло нечто невероятное, похожее на реинкарнацию. В меня словно вселился некто, живший задолго до нашего времени...

О страшном в своей жизни рассказчик сообщал друзьям без страха в голосе, потому что былые страхи - не страх, а смех. Да и попривык Бобби: судьба всегда не просто кругами ходила вокруг него - водовороты взбучивала. А краткая история предыдущей жизни славного парня Бобби Котельника такова.

В борьбе за эмигрантский кусок хлеба уличный продавец айскрима в Торонто невольно расшевелил бандитский гадюшник, и в отместку за это городские разбойники совершили на него автомобильный наезд. Если бы айскримен успел достичь перекрестка улицы Дианы и Фил-стрит на несколько секунд раньше, если бы не темь вечерняя, и, если бы не миллион других причин, великих и ничего не значащих, начиная с самого сотворения мира и до наших дней, то давняя охота Бобби на байке завершилась бы иным каким-либо странным образом. Но судьба бывшего советского инженера, интеллигента предложила ему единственный и бесповоротный вариант: вышибающий душу удар чёрного "Чероки-Широки", клиническую смерть, физические страдания и возрождение к новой жизни в совершенно новом качестве.

-Лежу... это... я в госпитале на спине, - рассказывал Бобби. - Весь организм мой, практически, перебрался в электропровода, в искусственное сердце, в дыхательную помпу, пульсирует на экранах осциллографов... И вдруг чувствую: особая легкость вступила в моё тело, и пришло нечто внезапное, похожее на озарение. Неожиданно передо мной открылась вся глубина неизведанной Галактики, её звездные хороводы светил, планет, метеоритов. Пришло ко мне необычайно чёткое осознание причинно-следственной сцепленности человеческих судеб и мельчайших космосов. Ничего без ничего не бывает. Всякое действие рождает противодействие, даже просто телодвижение. Этот особый дар проникновения в сущность вещей называется прозорливостью...

-С тобой, орёлик ты мой, такое произошло, потому что дух принцессы Дианы в тебя вселился, - высказала предположение импульсивная Натали.

-Но этого никак не может быть! - запротестовал Бобби. - Ведь мои бандитики расшибли меня за неделю до её смерти...

-А кто сказал, что переселение душ должно происходить в одночасье? Это не пересадка сердца, не так ли? - загорячилась

Натали. - Во-первых, ты - подходящий объект. Во-вторых, авария с тобой произошла на улице, названной именем принцессы. В-третьих, мы и брак регистрировали в день похорон Дианы.

Несмотря на бракосочетание, совершённое по настоянию Натали прямо в госпитале, - у Бобби тогда только одни глаза выглядывали из-под бинтов - иммиграционная служба Канады, действуя совершенно автоматически, продолжала выдавливать его из страны, как элемент нежелательный. Служба игнорировала оформленное Натали семейное спонсорство; без ответа осталось горестное, пронизанное светлой надеждой письмо женщины к министру Иммиграции; словно охваченное круговой порукой, дело Бобби на этом этапе закончилось тем, что на него был наложен арест и объявлен федеральный ненавязчивый   розыск.
Спасая любимого от беды, Натали
увезла его из Торонто в Монреаль и спрятала там от друзей и врагов в своём крохотном дуплексе.

И вот, в один из муторных дней октября, когда наши молодожены наслаждались "заслуженным отдыхом", предоставленным "вэлферным" капитализмом, вздрагивая от каждого телефонного звонка, в двери их домика неожиданно постучали. По четкости, настойчивости и требовательности стука Бобби определил: мужчина, командир общества, знает себе   цену,   не   спешит.   И   так   точно. Когда переполошившиеся хозяева открыли, наконец, перед ними предстал высокий, средних лет джентльмен в чёрном шевиотовом пальто строгого покроя, плотный телом, широколицый, с тщательно выбритым и закаменевшим подбородком. Джентльмен снял широкополую чёрную шляпу с высокой тульей и брызнули из-под неё золотисто-соломенные волосы.

-Лорд Норман, - коротко представился он. - По частному поручению к мистеру Бобби Котельнику.

-Да, это я как раз и буду , - просто ответил Бобби. –Камин, рлыз! Да вы проходите.

Гость расположился в кресле и, внимательно оглядывая

Бобби, с затаенной печалью в голосе спросил:

-Вы телевизор смотрите? Газеты читаете?

-В моём положении я только этим и занят, - усмехнулся Бобби и, хотя уже определил, кто перед ним, тем не менее полюбопытствовал. - А в чём там ваш особый, пока не высказанный интерес?

-Если это так, - с нажимом в голосе и с прославленной английской чопорностью продолжал гость, - то у вас, должно быть, сложилось своё особое мнение о причинах и обстоятельствах гибели принцессы Дианы, не так ли? В отличие от общепринятой, официальной версии... Своим участием вы могли бы помочь в организованном нами частном расследовании по делу упоминаемой нами известной особы королевской крови.

-Три вопроса, - выждав паузу, поинтересовался Бобби. - Кого вы, лорд, непосредственно представляете? Почему обратились ко мне? Какова степень моего участия в предполагаемом вами опасном предприятии?

-Во-первых, мы - это группа людей, объединившихся вокруг специально образованного для этих целей фонда, взглянул Норман прямо в глаза Бобби. - Во-вторых, вы - человек, рекомендованный королевской конной полицией города Торонто. Им, а теперь и нам, известны ваши особые заслуги в раскрытии преступлений и особые психофизические способности, проявившиеся в последнее время. Нас также устраивает, что ни вы, ни ваше имя пока "не засвечены". Это очень важно, потому что вам придётся работать на стыке разведывательных служб нескольких стран. Сами понимаете, что в наше время это трюизм: повседневное сотрудничество секретных служб госбезопасности, как бы они не назывались - обмен информацией, тотальная слежка, проведение совместных операций. Мы все - заложники второй, если не сильнейшей власти. А степень вашего участия, кстати, - стопроцентная. Мы обеспечиваем дипломатический иммунитет, помощь в любом уголке планеты, убежище, защиту... в той степени, в какой это возможно для нас.

Лорд переменил позу и подчёркнуто повторил:

-Трюизм нашего времени состоит в том, что вся наша планета превратилась в стадион для опасных игрищ руководителей различных секретных спецслужб, как бы они не назывались. Перед нами новая, невиданная ранее и незримая тайная, сокровенная и невидимая империя.

Бобби Котельник, вызванный к жизни божьим провидением из глубины безымянной человеческой массы и невольно ставший королевским мушкетёром новейшей формации, хорошо знал о чём идет речь.

2.

На другой день в дюралевом огурце "Боинга" авиакомпании "Канада - 3000", следующего вечерним рейсом "Торонто - британский аэропорт "Гатвик", славный русскоязычный парень Бобби совершил свою первую ошибку, чуть ли не стоившую ему жизни.

Билетом, который накануне передал ему Норман, Бобби предписывалось сидеть в самом хвосте самолета, и Бобби аккуратно выполнил предписание. Место было выбрано правильно - под наблюдением оказывался весь салон. Два кресла рядом пустовали. На запах кислятины, обычный для самолетов, Бобби не обращал никакого внимания. Он был доволен, был рад попутешествовать; он проверил свой счёт в банке, пополневший на четыреста тысяч баксов, он обо всем договорился с Натали, и, главное, у него был свой сногсшибательный план!

К девятнадцатому ноября Бобби предстояло посетить несколько точек на земном шаре и закончить операцию. Но почему именно эту дату назвал Бобби? В этот день один из офицеров иммиграционной службы Канады должен был взять у него и у Натали так называемое марьяж-интервью.

Будь благословенен, суровый край - Канада! Можно здесь и натерпеться всякого, но и порадоваться можно. Потому что Бобби не просто жил с Натали в её домике. Получив "депатче-ордер", а затем и полный "депорт", он валялся в госпитале, судился с иммиграционной службой в федеральном суде-корте, проиграл тяжбу и ушёл в "андеграунд", в подполье. Что на практике означало всего лишь, что скрывался он от властей в домике Натали, а для властей это являлось условным секретом полишинеля.

Под утробный гул внутри самолётного чрева Бобби размышлял о судьбах эмиграции, о её извилистых и, в сущности, прямых дорогах, офлаженных для людей без флага и без родины, как в охоте на волков, в одну сторону: через жгучие пески пустынь - в бескрайние снега тундры. В самом деле, у всякой войны – один закон: есть победители, есть побеждённые и есть пленные. "Холодная" война – не исключение из правил. Пленные – всякого рода люди: беженцы, обманутые пропагандой и увлеченные пустыми обещаниями. Словом, эмигранты...

В этот момент, вместе с ланчем на подносике, стюардесса-чаровашка, улыбаясь, подала Бобби внушительного вида пакет из серой плотной, дважды утилизированной бумаги:

-Это специально для вас, сэр.

В пакете Бобби обнаружил, перво-наперво, пистолет. Шестнадцатизарядная итальянская "Беретта" системы "Комбат" с двумя обоймами. Воронёная сталь тяжелила руку. "Комбат" это "бой", "сражение". Из такого пистолета можно вести непрерывный массированный огонь без тревожной паузы на сброс отстрелянной короткой обоймы и перезарядку. Тяжеловат, конечно. Русский семизарядный "ТТ" полегче раза в два - игрушка, но в свою зарубежную бытность Бобби всем системам предпочитал именно итальянскую "Беретту-Комбат". Легко, без напряжения, удерживал он, бывало, на стрельбах эту, более чем двухкилограммовую штуку, одной рукой. Зато отдача была минимальна, и умелый стрелок Бобби вколачивал одну пулю в другую.

В пакете стюардессы Бобби обнаружил и банковскую карточку-вездеход "Золотая Виза", и паспорт на имя канадского гражданина Раймонда Кетлера. Бобби предстояло вступить в контакты с несколькими представителями широкого арабского мира, и вместе с лордом Норманом он, как новый мушкетер, изобрёл себе новый псевдоним, постаравшись избавиться от признаков русскости и, одновременно, еврейства в его фамилии.

-В арабских странах предпочитают нечто немецкое. - горячо участвуя в изобретении псевдонима, присовокупила Натали: - Раймонд - это хорошо. "Рай" и есть "рай", а "монд" на французском означает "мир".

Тщательно ознакомившись с содержимым стюардессинного пакета, Бобби обнаружил так же пометки зелёной краской на рыльцах патронов, что указывало на особый пороховой заряд в патронах, повышающий убойную силу пули до толстющей бронебойности.

Это приятное открытие порадовало Бобби, но, после некоторого раздумья, мушкетёр без колебания вернул стюардессе доставленный ею пакет и всё содержимое пакета нетронутым, хотя, ясно было, что стюардесса была "своей", что её не подменили и не подкупили за это время.

-Ай донт нид дыс. Сэнк ю, - только и сказал ей Бобби, находясь в глубокой задумчивости.

Кто знает, размышлял он, как могли развернуться последующие события, оставь Бобби новые документы и пистолет в пакете при себе? Огнестрельное оружие свободно выносится из любого аэропорта - на выходе пассажиров не "прозванивали", и их багаж не просвечивали. Со всем этим нет проблем. Но что, если Бобби уже вычислен? Вполне возможно, что его новые и старые паспортные данные хорошо известны деятелям, уже установившим за ним или за лордом Норманом хорошо отлаженную слежку. Тогда в аэропорту не избежать ареста, обыска. И, возможно, стрельбы - из-за, якобы, оказанного вооруженного сопротивления. Ведь Лондон кишит террористами, и люди боятся их здесь нешуточно.

Поступи Бобби по-другому, и, действительно, кто знает, смог бы он по весне, благополучно выйдя из всех переделок, бросить друзьям пару вещих слов, посиживая в яблоневом саду Натали на бак-ярде - на заднем дворе:

-Все говорят, что Магадан - край тюрем, колючей проволоки и смертельного холода. А, вот взять к примеру, Лондон... Я сидел там в джейле... Но самое ужасное в Лондоне, это не его прославленные туманы, а левостороннее движение...

По глухому гофрированному переходу, смешавшись с плотным потоком пассажиров, Бобби достойно и уверенно шествовал к стойкам таможенного контроля в британском аэропорту "Гатвик". В его крепких руках отсинивал на свету бывший родной наоборотный паспорт феодальной страны, являющейся, как бы оплотом демократии американского образца в жарких широтах и уже почти принятой в Европейское сообщество. И выглядел Бобби подобающе, как белый человек: в пуховичке, в штанах из джинсы и в бахилах "канадиен стайл", с чёрным кейсом на ремешке через плечо.

-Вам туда! - вдруг резко остановила его у турникета нахмуренная дамочка в форменке, издалека приметив его приметный, наоборотный паспортишко.

Под самым потолком обширного зала для фэйс-контроля и для паспортного контроля повисали предупредительные надписи, разделяющие пассажиров на два потока, "ЕВРОПА" и "АЗИЯ". Ещё на выходе из "гофры" Бобби заметил эти указания, но не подчинился им, держался в одной струе с европейцами и на всякий случай заявил:

-Но я только что прибыл из Канады!

-Это неважно,.. - пренебрежительно поморщилась полногрудая женщина-офицер и обернулась к полисменам, скучающим без дела за её спиной: «Проводите джентльмена!»

По обставленной турникетами дороге "АЗИЯ" Бобби провели под его белые ручки. В служебном помещении-камере он был тщательно обыскан, общупан и обхлопан; кейс у него изъяли и - всё остальное, включая крохотный приборчик для обработки ногтей. Порывшись в нижнем белье, распотрошив туалетные принадлежности, не обнаружив ничего обличающего и изобличающего, приступили к тщательному и вежливому допросу.

-Вы, как Вы утверждаете - являетесь гражданином азиатской страны. Паспортами ещё каких стран Вы владеете? - торжествующе спросил его один из трёх чрезмерно загорелый господин в сером партикулярном костюме, белой сорочке и -

демократически - без галстука.

На несколько мгновений сознание Бобби как бы ретропроецировалось в далёкое и легендарное прошлое человечества. Он вдруг ощутил себя не то древним римлянином, не то стареньким евреем, стоящим во дворце Иудейского наместника в первую ночь Пасхи-Пейсаха две тысячи лет тому назад. У господина иерусалимского Пилата, подумалось Бобби, должно быть было именно такое лицо, как у этого. Послов, генерал-губернаторов, наместников и полномочных представителей подбирают именно так: узкоглазых направляют к узкоглазым, губастых - к губарикам, смугляков – к чудно загорелым, брюхастиков - к пузанам. Тогда - гармония, устанавливается полный дипломатический контакт ставленика с местными жителями.

-Что вы делали в Канаде? С какой целью прибыли в Англию? - не отставал от своей жертвы реальный Пилат. -На какой срок вы прибыли? Где предполагаете остановиться? В отеле?...

-А какие у вас есть друзья в Лондоне? -Ваше семейное положение? Женат? Тогда почему прибыли на вакейшн один?

-Любите сугубое одиночество? Иногда?

-Мы вам представим такую возможность – побыть одному, - издевательски заключил допрос англо-говорящий Пилат.

Все трое, они дружно вышли из камеры.

Томительно долго шкрябались ключи в замочной скважине стальной двери.

Угроза британского Пилата оказаться навсегда забытым в бетонном коробе глухого подвала была осуществлена. Заглянув на всякий случай во все четыре угла, Бобби принял позу "лотоса" и прикрыл глаза. Минуты две-три сидел он так и вдруг почувствовал острый удушающий запах резеды, вначале почти совсем неощутимый. Трудно было сразу определить, что это? Сильно концентрированное моющее средство для полов? Спецпрепарат для санитарно-гигиенической обработки унитазов? Но этот сладковатый запах был настолько сильным, что Бобби уже начал опасаться худшего: уж, не отравить ли его собрались?!

Закончив медитацию, Бобби резко встал. На уровне человеческого роста запах был не столь удушающ, но Бобби прошёл, всё-таки, в туалет, намочил под краном умывальника свой вишнёвый, под цвет любимого галстука, носовой платок и сделал мокрую повязку, закрыв ею рот, нос и всё лицо почти до самых глаз. Мушкетёру сделалось беспричинно весело. Но он не расслаблялся, потому что был стопроцентно уверен - скрытое за вентиляционной решёткой неусыпное электронное око ведёт за ним постоянное еженочное и ежесуточное наблюдение.

Чуть позже в просторной камере, освещаемой бело-неоновой палкой электрического света под высоким, недосягаемым потолком, появился сосед. Несмотря на лёгкое, как бы алкогольное, опьянение от навязчивого запаха резеды, Бобби тотчас сообразил, что нужно быть настороже, что, скорей всего к нему подсадили стукача, и что где-то поблизости находится искусно вмонтированный микропередатчик-"жучок". Неожиданным соседом оказался моложавый бронзоволицый юноша типа "бангладеж".

-Я гражданин Канады! Я житель Монреаля! Почему они меня задерживают?! - то и дело громко выкрикивал молодой человек, нервно и неутомимо вышагивая по широкой камере. Что тот "подсадной", Бобби понял, когда юноша для убедительности продемонстрировал ему свой канадский паспорт. Почему столь важный документ оказался у задержанного на руках? Ведь у Бобби изъяли всё-всё, до последней бумажки, а сосед строит из себя товарища по несчастью. Это была осечка и всё дальнейшее представлялось нашему герою уже неважным.

-В паспорте значится, что я был рождён в Бангладеш. Поэтому они не пускают меня в Лондон! Они утверждают, что для въезда в Англию мне следовало получить разрешение у британского консула в Канаде. Ты можешь себе представить такое? - возмущению хитреца не было предела. - Я буду жаловаться в наше посольство! Это единственный путь добиться справедливости!

Сосед ловко ввернул "наше посольство", и за этим явно проглядывало его настойчивое желание втравить Бобби в обсуждение проблемы с тем, чтобы выяснить истинный гражданский статус "этого занятного белого человека". Но о себе Бобби помалкивал: никакое в мире консульство и посольство ему не поможет. А буквально через полчаса полисмены вывели из камеры незадачливого "канадца из Бангладеш".

Почти тотчас после этого Бобби на чёрном воронке доставили в джэйл.

-Хенд ап! Руки вверх! - рявкнул на Бобби полисмен. – Повернись, остолоп и дубина!

Только что мушкетёра называли и "сэром", и "джентльменом" и вдруг всякая цивильная вежливость кончилась. Бобби повернулся по приказанию полисмена и в отгороженном синей стойкой углу затененной тюремной приёмной увидел своего "Пилата", восседающего за компом. Ещё поворот на девяносто градусов, и в хорошо натренированных руках верзилы-полисмена, проникших под самую подкладку пуховичка Бобби цвета "бордо", оказалась его заветная наличка - перетянутые резиночкой девятьсот штатовских баксов по двадцатке.

-Повернись!

Еще поворот, и пока Бобби находился спиной к стойке, два заповедных стольника мгновенно испарились под волосатой дланью протобестии-Пилата.

-Распишись! -Дерзко уставившись в глаза жертвы, подтолкнул тот по скользкому лаку стойки упакованные в целофан деньги, - здесь семьсот!

-Но, сэр. Уверяю вас, у меня было девятьсот баксов.

-Ты по-видимому забыл, не так ли?

-Нет, я твёрдо помню, сколько было.

-Ах, так! Тогда пойдем! - неожиданно появившиеся ещё два полисмена подхватили Бобби с обеих сторон. - Мы поможем тебе освежить память. Всё вспомнишь! Только забудешь, как маму твою зовут...

Дело позднее, вечернее. Стальные решётки дверей

автоматически съезжали в стороны, поднимались и опускались, как ножи гильотин, не производя при этом ни единого звука, даже урчания электродвигателей не прослушивалось. Коридоры просматривались на всю длину. От торца до торца. Окна - в чугунных узорах и обклеены сигнализацией. Тесная камера - на четверых - оказалась до отказа набитоой тремя агромадными арабами из Марокко, Туниса и Алжира.

В полутьме пугающе нависали над арабскими глазами кустистые дремуче-смолистые брови. В свете одного единственного плафона смуглые, голые по пояс лоснящиеся тела отливали восковой безжизненной желтизной. На плече у молодого алжирца лет двадцати пяти синела татуировка в виде католического распятья. Казалось бы, он - христианин. Но это исключено. Крест это ещё и всемирный опознавательный знак вора, а нательного крестика на алжирце не было. Вааще, значица, так. Это гадостная всемирная практика. После неудачного побега с "исторической родины" человека депортируют в его предполагаемые "пенаты", а здесь его, ни чем неповинного и беззащитного, бросают, как в яму со змеями, в общую камеру с исламистами. Никому не удавалось выжить от общения с ними. И смерть их жертв в тюрьмах мира страшна.

Ни о чем не спрашивая у Бобби, алжирец представился сам и представил своих сокамерников, почти никак не говоривших по-английски.. Затем, присев на прикрученную к полу железную койку, обстоятельно поведал иммигрантские истории всех присутствующих. И, наконец, приступил. По-видимому, к самому главному - к устрашающим рассказам о судьбах земляков Бобби в лондонской иммиграционной тюрьме...

-Есть тут один русский парень из Куйбышева, - поделился алжирец. - Он сидит в этом джейле уже пять месяцев. Документы иммиграционные он получил, но потерял, пришёл в иммиграцию, те проверили, а в их компьютере ничего о нём нет. Арестовали они его, пригнали сюда и держат. Он уже немного тово... - рассказчик покрутил у виска. - Есть ещё тут два болгарина и украинец из Одессы. Их тоже держат здесь пять-шесть месяцев. А ты откуда?

-Из Канады, - односложно ответил Бобби, устрашающе ударил своим мощным кулаком по стальному пруту пустующей койки, так что та заколыхалась вся, и устало растянулся на постели, недвусмысленно давая собеседникам понять, что и неначатый разговор уже окончен.

Прошло ещё какое-то короткое время и два охранника, приказав Бобби немедленно одеться, вывели его на улицу.

-Ты поедешь в другой джейл! - нашёл нужным сообщить один из них. - В Ньюгейт. Это в даунтауне.

Когда микроавтобус-воронок с Бобби внутри отправился с тюремного двора, темень была жуткая, хоть глаз коли. Над размытой лондонским туманом линией горизонта с мрачными силуэтами прямоугольных пакгаузов на фоне чуть светлеющего неба, над фантасмагорически торчащими, как безлиственный лес, индустриальными трубами ещё едва-едва протаивала полоска божьего света.

Зябко поёживаясь, Бобби внимательно наблюдал сквозь разделительную решётку за беседующими полисменами и за вихлястой, всего в две полосы, шоссейной дорогой. Усатый охранник рядом с Бобби усиленно дремал, делая головой глубокие нырки. Вдруг на очередном повороте в небольшом хвойном лесочке хлестанул по глазам сидящих в арестантском фургоне луч мощного прожектора, включенного во встречном автомобиле. Ослеплённый водитель непроизвольно выпустил руль, и микроавтобус-воронок, вильнув пару раз, завалился набок, перескочив за обочину шоссе. Раздались три пистолетных хлопка, смягченных глушителями, и всё было кончено.

-Нам нравится ваша самостоятельность, - сказал грузный господин с усами щёточкой, когда, наконец, ещё двое мужиков извлекли Бобби из-под груды автомобильного железа и освобождённый, и недавний арестант по-королевски плюхнулся на заднее сиденье, бешено стартанувшего с места "роллс-ройса".

-Во всяком случае нам не придется тратиться на оплату номера в отеле для вас, -продолжил иронично господин. -Вы славно переночевали, сберегая средства королевской казны! Держите же ваш драгоценный пакет с сокровищем!

Знакомая упаковка из серой шероховатой бумаги - та самая, что предлагала стюардесса в самолете - перекочевала к Боби. Всё как было: "Комбат" с обоймами, "Золотая Виза" и паспорт.

-Бобби Котельник исчез! - сакраментально заметил сопровождающий. - Да здравствует Раймонд Кетлер!.. Телефоны для связи остаются прежними.

3.

Египетский фараон Рамзес XI, браво - чинно явившийся как бы прямо из книги Болеслава Прусса, но не мумифицированный, а краснощёкий, да ещё с весёлым прищуром, в голубой униформе полицейского и с полной боевой выкладкой, достойно заполнял собой пространство неподалёку от особняка "Рейнбоу" на авеню Палмер в Лондоне, чуть слева от высоких чугунных ворот, оборудованных калиткой и телекамерой.

Бобби подъехал к особняку на такси и сходу попытался определить: как организована сигнальная защита периметра и самого здания. Настороженной молчаливой кукушкой тщательно всматривалась в него видеокамера компании "JVC" усовершенствованной модели TK-S25OU. И пока Бобби-Раймонд нажимал на кнопку громкоговорящей системы, встроенную в оранжевую приворотную тумбу, из глубины подсознания всплыло техническое описание TK-S25OU, где третьим пунктом - чёрным по белому говорилось: "The camera accepts 24V AC or 12V DC for easy installation in various system"...

То есть, телекамера эта ещё и легко встраивается в самые различные электронные системы. Но знает ли об этом дежурный охранник, сидящий в эту минуту возле монитора внутри затаившегося особняка? Как бы в ответ на мысли Бобби по интеркому изнутри вместо традиционного и вежливого "могу ли я вам помочь?" кто-то дерзко рявкнул на посетителя:

-Ху ар ю?

-Меня зовут Раймонд Кетлер, - ничуть не смущаясь ответил Бобби, потому что и сам бывал не менее груб. - Мне нужен ваш хозяин Али Мустафа вах-Муслим.

-Его нет дома! - щёлкнуло в интеркоме и затихло.

Окинув Бобби скользящим взглядом, полисмен в каске демонстративно отвернулся.

Ещё задолго до появления лорда Нормана в Монреале, выстроенная цепочка логических связей привела Бобби к вах-Муслиму - астрологу, предсказавшему гибель принцессы Дианы ещё в декабре 1996 года. Вот только звонить ему - значило спугнуть. Выигрыш Бобби заключался во внезапности, тем более, что он видел большую парадную машину хозяина за решёткой ограды на паркинге. Краем глаза следя за фараоном, Бобби приблизился к видеокамере и, держась рукой за ворота, поднёс к объективу горящую зажигалку.

Тотчас изнутри особняка донёсся приглушенный звук пожарного наутофона. Но это здесь, снаружи. А что за гам-тарарам творился за добротными стенами?!

Полицейский впервые за всё время с интересом посмотрел на Бобби. Из интеркома недовольно произнесли:

-Али Мустафа вах-Муслим ждет вас!

Прогремела тонкой жестью под ногами Бобби опавшая листва на аллее, пахнуло душным ароматом хризантем с увядшей клумбы, и в полутьме вестибюля двое усатых загорелых молодцов в европейских костюмах умело обшмонали Бобби.

-Плыз!- коротко приказал один из них, отступая в сторону.

Радужный дворец был одноэтажным, но с высокими овальными окнами и анфиладами комнат, разбегающихся направо и налево от центрального парадного зала, в котором оказался Бобби. Потолок зала был оформлен в виде небесного свода: на голубом фоне плавали звезды, луна и месяц вперемежку со знаками Зодиака. Тяжёлые портьеры, свисавшие почти до самого пола, также выглядели невозможно красиво - голубые с золотыми блёстками. Массивные двери из чёрного морёного дуба перекрывали входы и выходы из дворца. А телохранители у самых дверей устроили показательные представления. Не то для экзотики, не то для устрашения двое из них были экипированы под башибузуков - солдат нерегулярной армии времен Османской империи.

Наскакивая друг на друга и издавая гортанные выкрики, эти потешники потешно сражались на коротких кривых сабельках без "усов" на эфесе – на ятаганах. Ещё два охранника в японских кимоно беспрерывно размахивали нунчаками. Сверкание, мелькание, верчение, соударение. Шёлковые шальвары, саржевые тюрбаны, парчовые кафтаны...

Бобби обошёл вокруг предназначенный ему плацдарм, откинул портьеру и увидел широкую скульптурную спину Рамзеса XI на улице. На одинокой голубой оттоманке с золотой бахромой Бобби отдохновенно вытянул ноги и подумал, что впереди, возможно, соревнование по пересечённой местности Лондона, и нужно быть свежим.

Звездочёт знал, что делал: томил, мариновал, доводил клиента до нужной кондиции. Приёмы гипноза стары, как мир. Вначале испытуемого огорошивают антуражем и мистериями, потом озадачивают невнятной сверхидеей... Чуть задумался и – в сон.

Наконец, на сороковой минуте ожидания, когда и телохранители притомились, где-то далеко внутри дворца что-то скрипнуло: дверь ли, паркет, половица? А потом с мёртвым стуком распахнулись створки дубовых дверей и произведя громкое шипенье, похожее на шипение пустого канала телевизора, под голубой шатёр выкатилась голубая сфера величиной с человеческий рост. В тот момент, когда шар-сфера неподвижно замерла перед оттоманкой Бобби, из-под небесного купола стреканул стальными пулемётными блицами таинственный прожектор, задымился вонючий магний, откинулась верхняя часть шарика и, как чёртик из шкатулки, нарисовался перед визитёром сам вах-Муслим в золотом колпаке астролога.

Шарлатанство было высшего класса и вызывало восхищение своей отточенностью.

-Ты кто? - спросил звездочёт, сидящий по пояс в шаре.

-Куда приедешь, тем и будешь, - уклончиво ответил Бобби.- Я человек из той страны, которой не существует, из города, которого нет на карте.

-Бас мача бир унди,- забормотал ясновидец по-арамейски. Потом съехал на Мишну: - Я есмь Мать. Я есмь мать наказующая. Я есмь Госпожа. Я есмь искупляющий ангел...

Этот языковой конгломерат, это голубое, как бы телеэкранное свечение, это округлое, как блин, лицо дебелого астролога вызвали в памяти Бобби давно забытое, но прежде почти ежедневно виденное в советских телевизионных программах. И узнавание состоялось! В дурацкой мишуре, осыпающей колпак звездочёта, перед Бобби ломался, гнусавя и закатывая глаза, один из корифеев бывшего советского общества: когда-то блестящий журналист-международник и международный обозреватель.

-Хо-хо-хо! - подумал Бобби, - значит, жив, курилка! Перековался и перешёл на импортное содержание. А от политолога до звездочёта, как говаривал классик пролетарской литературы, короче воробьиного хвоста.

- Послушайте, уважаемый, - прервал Бобби заунывное завывание хитрована, - с каких это пор окружены вы заботой и вниманием нефтяных магнатов аравийских пустынь, островов и полуостровов?

Мужик в полусфере, прикидывавшийся тряпочным уродцем, насупился. Реакция на русский язык оказалась непредсказуемой:

-Вы из русской мафии?

-Да с чего вы взяли? - удивился Бобби.- Русской мафии, как таковой, в природе не существует. Есть лишь разрозненные желания разгоряченных людей не отстать от времени, то есть быстро разбогатеть.

-Тогда кто вы? Что вас привело ко мне?

-Мэтр... Простите, Александр Мустафаевич, - продолжал своё Бобби.- Скажите только честно, как вам тут на Западе?

Это словечка "мэтр" и давно забытое "Александр Мустафаевич" привели астролога в неописуемый восторг. Он резко выпрямился в своём шаре и рубанул патриотично, попартийному:

-Остох..ело без Родины! Вы понимаете меня? Была она у нас большая и красивая. Куда ни поедешь - везде свой был. А теперь что? Царьки, князьки, шейхи-машейхи. Противно всё это. И боль такая, никому не выскажешь...

-Комьюнита! - астролог хлопнул в ладоши. - Чаю нам! По-узбекски!

Зелёный чай в глубоких пиалах на подносике подала собеседникам молодая женщина европейского типа в белом брючном костюме и тюбетейке, отделанной бисером.

-Моя дочь, - кивнул в её сторону популярный когда-то телеведущий.- Единственная! Замуж отдам её только за русского. Большой русский медведь ещё скажет своё веское слово.

-Жаль только жить в эту пору прекрасную не придется ни мне ни тебе, - процитировал Бобби.

И попал в точку. Меланхолия так и лезла из тоскующего шестидесятилетнего человека, бывшего отличника МГИМО. Видно было, что хочется ему излить душевную горечь.

-Из вашего туманного намека мне стало ясно, что вы ленинградец, горьковчанин или куйбышевец – названий всех этих городов уже нет ни на одной карте мира. – Астролог решительно снял со своей головы надоевший колпак, и тут же сбежали, спрятались, разлетелись морщинки с его широкого лица. - Так давайте выпьем, как положено двум русским людям, оказавшимся на чужбине... Комьюнита!

Они пили стаканами. Гранёными. Но не до краев. Из таких стаканов легче пьётся огненная жидкость под названием «водка». Говорили разное, перебивая друг друга. Звездочёт закурил. И тогда Бобби перешёл к главному.

-Да, Александр Мустафаевич, вот мы, в сущности, маленькие люди, но и нам больно, когда нас выковыряли из скорлупы привычного нам бытия. А каково было принцессе Диане?

-Много чего про неё говорилось, - задумчиво протянул иллюзионист. И взрогнул, протрезвело посмотрев на Бобби.

-Видите ли, уважаемый, -решился на пояснение кагда-то

бывалый прорицатель гибели капитализма, - сегодняшний мир до самых ужасных краев наполнен экстремизмом двух народов, состоящих, между тем, в двоюродном родстве. Пролёг этот водораздел и через Британию. Есть ещё и третья сила, растерзавшая много стран и "Союз нерушимый" также. Имя этой грозной силе - национализм.

Бобби наскучили эти рассуждения лондонского астролога, ему нужны были конкретные имена исполнителей. Главные и второстепенные действующие лица. Но Али Мустафа, возбуждённый крепким напитком, безостановочно вещал, словно наговаривая на диктофон:

-Вызванный смертью прицессы Дианы мировой резонанс заставит нынешнюю британскую королеву отказаться от престола в пользу принца Чарльза, и Соединенное королевство войдет в новое тысячелетие с новым монархом, царствование которого продлится всего несколько лет. Сын Дианы, принц Уильям, сменит на престоле Чарльза. Уильям станет последним королем Великобритании, из состава которой ещё до 2025 года выйдет Северная Ирландия...

-А что, мэтр, - полюбопытствовал Бобби, когда Али Мустафа вах-Муслим разделался чуть ли не со всем миром, - какая конкретная сила или чьи овеществлённые в долларах деньги подвигнули вас дать предсказание о гибели Дианы саудовской газете "Аль-Хаят" от шестнадцатого декабря девяносто шестого года?

Излишняя точность подвела Бобби. В ответ Александр Мустафаевич взревел:

-А вас это не касается, молодой человек. Я занимаюсь астрологией как бизнесом. Всё в мире бизнес. Бизнес и всё.

-Ну, не в складчину же они с вами расплачивались? Вам известно конкретное имя и адрес? Сколько вам не хватает на прожитьё, если вы уж заговорили о бизнесе? Я вам помогу!

-Пятьдесят тонн,- продемонстрировал неплохую реакцию и капиталистическую выучку звездочёт-политолог. - Только ни-ни...

-Что за дела? Между нами. Кто?

И Али Мустафа доверительно придвинулся к Бобби.

4.

В золотую фиесту, в невидимый и вечный праздник души - в сногсшибательный Париж - Бобби прилетел всего на два дня.

Здесь наш соискатель славы и денег должен был дождаться сообщения Али-Мустафы, который выпросил себе эти два дня, чтобы замести следы пребывания Бобби в «Рейнбоу». Имя того, от кого «все ноги растут» было обещано сообщить детективу по телефону-автомату. Таким образом, Бобби решил переждать время в Париже и трудно осуждать его за такой, казалось бы, легкомысленный поступок.

Потому что, во-первых, Бобби, конечно же, хотел посмотреть Париж во что бы то ни стало. Недаром же гуляет среди русских людей отчаянное присловье: "Увидеть Париж - и умереть!" А во-вторых, не мог искатель острых ощущений и быстрых денег не осмотреть кровавое место действия, по которому он и производил расследование.

Свой скромный ночлег Бобби устроил прямо в злополучном отеле "Риц", откуда и отправилась в вечность принцесса Ди. Переполнен был отель; всякий, даже самый мелкий турист стремился сюда, хотя бы несколько часов да провести под кровлей здания, ставшего сенсацией века и самой историей.

В "Рице" Бобби первым делом осмотрел место трагедии. Вот через эти двери, отмечал неприметный сыщик, вышла в сгустившуюся вечернюю мглу хрупкая своенравная женщина - принцесса Диана, неотступно сопровождаемая другом-египтянином, богачом Даудом – сыном самого содержателя этого отеля.

За обед в ресторане возлюбленный заплатил двести тысяч долларов. Телохранитель был трезв, но шофер к тому времени опрокинул в себя не менее восьми стаканов крепкого вина, чего никогда прежде не делал, и уселся за руль. По официальной версии "Мерседес" бешено рванулся с места, якобы отрываясь от преследовавших по пятам надоедливых папараци на мотоциклах. Буквально через **250** метров распахнутый зев туннеля Альма под Сеной поглотил движущийся объект, стремящийся в район Монпарнаса.

В подземной транспортной дыре, считается, водитель не справился с управлением, и на скорости 190 километров в час машина разбилась о бетонный столб внутри туннеля. Но Бобби с самого начала не соглашался с общепринятой точкой зрения.

Слишком многое в этом деле походило на заранее спланированную и хорошо отработанную операцию, выполненную с ювелирной точностью профессионалами-убийцами высокого класса. Машина разбилась? Или её разбил водитель? Или в груду ужасающего металлолома её превратил кто-то другой, вынудив шофёра своими агрессивными действиями выполнить опасный маневр на грани жизни и смерти?

Обуреваемый такими размышлениями, Бобби углубился в туннель Альма и в жёлтом мареве огней при небольшом числе скользящих мимо автомобилей принялся внимательно исследовать мостовую. Значит, подумал Бобби, дело происходило так: впереди идущая машина резко затормозила перед чёрным "Мерседесом", и шофёр Анри ударил её сзади, после чего его автомобиль с огромной силой швырнуло на бетонные устои туннеля.

Вечером, часам к восьми Бобби спустился из своего номера в один из ресторанов "Рица", в тот, что расположен при самом входе в отель - сразу же за вестибюлем с вращающейся дверью.

Все как обычно: коричневые, словно подпаленные на жаровнях, лоснящиеся веера пальм в кадушках, столики на четверых, легкий шум, стук ножей и вилок, густой щекочущий запах восточных специй. Но едва Бобби успел сделать заказ, как из подъехавшего туристского автобуса стали втягиваться в ресторан слишком серьёзные молодые люди в чёрных "тройках" и с футлярами музыкальных инструментов различной конфигурации в натренированных мускулистых руках.

-Десять, - сосчитал Бобби. - Это за мной! - сразу определил он. И сердце его оживленно и сильно толкнулось под рёбра, как тычется в ногу охотника охотничья собака в предчувствии выстрела.

-Это по мою душу! - повторил Бобби и глубоко вдохнул в себя воздух, предвкушая ожесточённую схватку.

Меж тем, "музыканты" почти бесшумно рассаживались за столиками. Им ещё предстояло определить направление стрельбы и открыть фиброглассовые футляры.

-Бобби! -неожиданно сказал здоровенный детина-официант в белой курточке и в красной феске. - К тебе пришли!

Бобби, уже изготовившийся к бою, не поворачивая головы, зыркнул в сторону парня. Так и есть, в униформе ресторанного подавальщика перед ним собственной персоной стоял его стародавний приятель Миша Евсюков.

В уличной торговле мороженым в Торонто он себя никак не проявил. И слышно было, что уехал в Ниццу, в Иностранный легион - к "зелёным беретам".

-Что ты здесь делаешь?! - одними губами спросил Бобби.

-Работаю по найму, в основном, сторожу. Нас тут четверо из легиона. Все братья-славяне. И сейчас я буду дирижировать "оркестром". Не знал я, что они за тобой охотятся. Ты возьми на себя вон тех двоих- за ближним столиком. Остальных мы с ребятами уработаем.

Получив столь внушительную огневую поддержку, Бобби сосредоточился на окружающем. Он и до этого нисколько не сомневался в своей победе - его сердце-вещун радостно подёргивалось внутри.

Дело в том, что Бобби обладал уникальной прицельной скорострельностью. В этом плане не было на курсах по борьбе с терроризмом лучше стрелка , чем Бобби, а курсы он проходил в своё время в отдельно взятой азиатской стране. Своим пистолем "Комбат-Беретта" Бобби выделывал настоящие библейские чудеса. Ведя непрерывный огонь с перемещением на местности, между столиками в кафе или в автобусе, он выучился стрелять с обеих рук поочередно и одновременно. Он стремительно сближался с противником, не оставляя ему времени на прицеливание. Он стрелял, перекатываясь по земле, поливал через голову, не оборачиваясь на выстрел, и не прекращал вести губительный огонь, выполняя спортивное упражнение "пистолет", то есть приседание на одной ноге с вытянутой перед собой другой. Он умел "отпиливать" голову противнику на мишени и вырисовывал ему пулями сердце на груди.

Бобби самостоятельно научился "качать маятник". Этим особым умением отличались во время Великой Отечественной войны бойцы-разведчики существовавшего в те годы специального воинского подразделения "Смерш". Мастерство заключалось в раскачивании корпуса под дулом противника и своевременных уклонах от поражения смертоносным металлом.

Особенно удачливой для Бобби была учебная стрельба по террористам в кафе. Перекрывая отведённые нормативом секунды, ему удавалось всадить в каждого из десятерых террористов по две пули, причём нанизывая их одна на другую. Отличительная черта террориста в кафе - его агрессивная стойка. Ну да, прежде, чем начать стрельбу, любой стрелок должен принять устойчивую позу, а для этого широко расставить ноги. Мгновение и - нет его в живых. Потому что Бобби, например, был специально натренирован вести огонь, не вставая со стула. Причём указательный палец стрелка ложился на спусковой крючок пистолета лишь в последний момент, когда террорист оказывался на "мушке". Для того, чтобы избежать случайных выстрелов и невинных жертв.

Судя по тому, как "музыканты" рассредоточивались в зале, они не собирались вести огонь выборочно: намерение их было очевидно - уничтожить всех сидящих в ресторане, а может и сам отель. Едва смуглолицый террорист за соседним столиком вытащил из-под ног свой "фиброгласс" и взгромоздил его на столешницу, из "Комбата" Бобби ударили по ушам крупно два мощных выстрела и кровавые тряпки полетели из агрессора. Не вставая со стула, Бобби тут же сразил и другого, едва успевшего передёрнуть затвор.

В раскладе боя на каждого "официанта" из Иностранного легиона выпало всего по два террориста-"музыканта". Под как бы слаженный аккомпанемент сухих пистолетных щелчков "зелёных беретов" и громового рокота "Комбата" Бобби бесславно закончили свои счеты с жизнью неудавшиеся оркестранты.

По чётко отработанной схеме двое легионеров остались в зале, а Бобби, Миша и двое других - выметнулись на улицу в поисках автобуса, доставившего "музыкантов". Ага! Вот он! Пошёл на разворот по круговой площади, отплёвываясь автоматными очередями. Вперёд выдвинулся Миша, остальные легионеры, рассыпавшись цепью вели беспрерывный поддерживающий огонь, и тут "Комбат-Беретта" Бобби проявила себя с самой лучшей стороны.

Обоймы по шестнадцать боевых патронов с усиленным зарядом ничуть не уступали в скорострельности автоматам "Узи", бьющим по нашим отчаянным ребятам из-за тонированных до черноты стёкол автобуса. Дико взвизгивали над головой трассирующие пули, прочерчивая в вечернем воздухе длинные огненные траектории. Хлестко вскрикивал на отлёте "рикошет", кроша асфальт, парапет туннеля и стены "Рица".

Туго приходилось друзьям Бобби - слишком белые форменки официантов демаскировали их в темноте. Скрытый по пояс за парапетом, Бобби выпрямился во весь рост и, захватив пистолет обеими руками, прицелился в переднее колесо все ещё отстреливающегося автобуса. Надо воткнуть пулю строго перпендикулярно, под девяносто градусов! И Бобби выполнил эту задачу.

Оглушительно рванул передний баллон ненавистного автобуса, изрыгающего смертоносный свинец. Рвануло жуткое эхо в недоумевающих парижских кварталах. Бум! Автобус кинуло в сторону, автоматный огонь прервался, и в секунду замешательства Миша Евсюков резко продвинувшись, достиг постамента на площади и под его прикрытием всадил в невидимых ублюдков гранату-лимонку.

Ещё через секунду легионеры достреливали террористов в автобусе, отбирая у них документы.

-Пока, брат! - горячо и быстро сказал Бобби старому знакомому. – Мне пора уходить отсюда. Спасибо за помощь.

5.

-Хукасса, Кутакбашия, - дохнуло в назначенное время из-за пролива Па-де-Кале изменённым голосом астролога-политолога, и трубка телефона-автомата тут же захлебнулась короткими гудками.

Этого было достаточно. В 4 часа Бобби вылетал в Нью-Йорк. В самолёте он развернул газеты - они пестрели заголовками: "Схватка в отеле "Риц". "Кто убил террористов в отеле "Риц"? "Русская мафия сводит свои счёты в отеле "Риц"?"

В нью-йоркском аэропорту имени Джона Кеннеди, воспетом лаконичным Артуром Хейли, его ждала Натали.

-Как называется твоя прическа? - обнимая её и смеясь, спросил Бобби.

- Бон! - выпалила жена - А в переводе это "Бобби от Натали"! Я сама это придумала!

В фешенебельной просторной фотостудии, увешанной и заставленной прожекторами, с напольными вазами под малахит, авантюрную парочку встретила тридцатидвухлетняя, но всё ещё великолепная Клаудия Спонтом - недавняя королева красоты «Мисс Америка».

Бобби знал великолепную Клаудию ещё по сочинскому кинофестивалю, где тогдашняя рыжая Клавка "подвывала" в одном их вокально-инструментальных ансамблей, а Бобби "телохранировал" хорошо известную волосатую знаменитость. Не в самом Сочи, в Адлере, до изнеможения выжарившись на лупоглазом солнце они потом беззаботно кувыркались с ногами по мягким диванам в директорском номере гостиницы "Горизонт", в окна которой завистливо заглядывали лохматые пальмы и синела морская даль.

Года через три после этого Бобби встретил Клавдию в заповеднике зноя - на берегу Средиземного моря, где та, победив на конкурсе красоты, бросила мужа, вышла за другого и уехала в Штаты.

-О'кей! Выкладывай, что там у тебя! - приказала Мисс Америка. - Только в двух словах. Ко мне тут мужик один должен прийти...

-Я знаю, потому и спешу, - сказал Бобби.- Это император Хукасса - хозяин самой нищей в мире крохотной страны и самый богатейший человек во всей подлунной. Сколько он тебе даёт за шоу в его серале?

-Пять штук.

-Я даю тебе шесть и ещё две на мелкие расходы за то, чтобы ты не появлялась в Кутакбашии никогда.

-Хукасса потребует неустойку за нарушение контракта... Но мне, правда, очень не хочется вояжировать в эту Тьмутаракань. Давай, мы туда сестрицу твою пошлем?

-Нет, не так. Я мотнусь вместо тебя. А сестрица – моя жёнушка - со мной. Славно попутешествуем.

-О-о-о! Скандал! - в восторге захлопала в ладоши бесподобная Клаудия. - Шейк ар ит! (По рукам!) И состроила гримаску. - Только смотрите, чтобы вас там не освежевали заживо. Слыхала я кое-что о тех местах.

У рыжухи Клавы и у золотисто-соломенной Натали, у обеих, были васильково-пуговичные глаза - поэтому челюсть отвисла у чёрного мужика-пузана в эполетах, когда он появился на пороге гримёрной в качестве шефа службы безопасности самого императора Хукассы. Широченные эполеты, бахрома, позументы, шнуры; штаны на коротких ногах с лампасом в ладонь. Он всё-таки правильно сориентировался и поклонился Клауди, отсалютовав ей тройным верчением руки перед грудью, брюшиной и пахом. У двух грумов за спиной генерала нарисовались в целлофанах зелёный паранджовый наряд и парчовые шальвары.

-Переодевайтесь, моя королева, и через час мы должны быть в аэропорту.

Но Клауди закапризничала:

-Вы совсем не жантильны, генерал! Прежде всего вам нужно познакомиться с моей сестрой. Её зовут Натали!

Натали сделала книксен перед коротышкой, подала руку и кокетливо подмигнула ему при этом.

-Моя сестра Натали, генерал, хочет разделить со мной радость поездки и встречи с императором Хукассой, - продолжала капризную атаку Клауди. - А вам, как шефу всех разведок, я гарантирую стопроцентную, почти личную безопасность.

«А что? - подумал генерал. - Почему бы и нет?»

Дело было улажено без проволочек. Пока генерал с подручными оборачивался с паранджой для Натали, Бобби успел не только пришмаравозиться под рыжую Клауди в предназначенных для неё одеждах, но и заговорил её властным грудным голосом.

Вылетели через час на личном самолете императора, и когда приземлились в Кутакбашии, перед монреальскими супругами предстал настоящий медлительный восток, во всём его великолепии и нищете.

Сумасшедшее солнце, худые веерные пальмы, язвенно-желтые, серые, чёрные, красные бесконечные пески, сырные головки мечетей среди голубых минаретов, сахарно-белый куб императорского дворца, ишаки, верблюды и пёстрые лохмотья подданных.

Император и генералиссимус Хукасса во внешнем его оформлении был похож на плюшевого медвежонка. Смоляные его брови, изогнутые как два хоккейных крюка, росли вверх и вели себя совершенно автономно по отношению друг к другу. Будучи карликом, император постоянно драл свою крохотную головку подбородком вперед, и постоянно сытое обывательское довольство не сходило с его лица.

Раздражало Хукассу только то, что из-за своей толщины он лишен был возможности величественно закладывать руки на грудь, как Наполеон. Для "Клауди" - Бобби и её "сестрёнки" - Натали во дворце отвели роскошные сообщающиеся покои, и едва оставшись одни, разлучённые обстоятельствами супруги с жадностью набросились друг на друга.

5.

И вот, наконец, - торжественный зал для гостей, вакханалий, оргий и коллективных попоек. Очумело взыграла зурна и вслед за ней ударили тамтамы. Замелькала, зарябила в глазах паранджа. Взлетели до самого потолка визгучие дисканты и сопрано. Дородные, изжелта-чёрные бабы, бряцая монистами, бойко исполняли свой коронный танец - танец живота.

Император изредка поглядывал на рыжую Клаудию, пожирая её глазами и похотливо пыхтя, но сегодня, в день её приезда, она присутствовала в зале всего лишь как гостья, а её законтрактированный обязательный стриптиз, по установлению самого Хукассы, откладывался на завтра.

Сегодня повелитель только привел в действие тонко разработанную им систему совращения американки: вначале поразить её воображение отвоёванным у врагов роскошью и богатством и, если Клауди не согласится отдаться ему ни за как - даже за баксы, - он намеревался овладеть ею силой. Помощники в таком горяченьком деле всегда найдутся - только хлопни в ладоши.

Что же касается самих этих подручных Хукассы, то к концу празднества все они были мертвецки пьяны. В их положении ничего и не поделаешь: карлик-император любил, чтобы его приближенные напивались до чёртиков. Так вождь народов мог лучше контролировать их мысли и пьяные разговоры, так он чувствовал себя в большей безопасности от дворцовых интриг и заговоров, от посягательств на свою драгоценную жизнь.

Семеня короткими ножками и плотоядно оскаливая зубастую пасть, Хукасса торопливо ввел Клаудию в свои, охраняемые по всем углам покои. Кондишены под потолком разряжались прохладой и густым, одуряющим запахом фиалок, смешанным с одуряющим запахом анаши.

-Не пора ли нам возлечь, дорогая мисс? - трепеща от сексуального желания простонал коротышка, брюхо которого распирало от возбуждающих специй.

-Не всё так просто, дорогой император! Привёл женщину и исполнил свою нужду, - прошептал в ответ Клауди-Бобби. -За всё нужно платить... За пять минут удовольствия десятилетями беды и горя. Пришла пора заплатить за всё!

При этих словах Бобби взмахнул руками и властно приказал:

-Спать! Спа-а-ать, едрит твою переедрит в корень мать!

Император остекленело застыл, как истукан, посреди балдахиновой опочивальни и его фарфорово-белые глаза выкатились из орбит.

-Рассказывай, идолище поганое, о госпоже Диане! - Отдал своё первое приказание Бобби и нажал на кнопку портативного магнитофона.

Хукасса заговорил о том, как жёлтое золото, сверкающие алмазы и чёрная нефть позволили ему завладеть миром. Используя приёмы ползучей экспансии, он возмечтал об ещё большей, неограниченной власти. Добиться этого он намеревался через Диану, доведённую его коварством и интригами до отчаяния. Для своего удобства Хукасса подставил ей Дауда, полагая, что яблочко рано или поздно само скатится в его загребущие руки. Но Диана отказалась от всякого торга, и тогда людоед, не задумываясь, уничтожил обоих...

Далее следовали краткие сведения: имена, фамилии, даты. Записав показания императора, Бобби приказал ему следовать впереди себя.

-Спать! – непререкаемым тоном командовал он тянувшимся в струнку охранникам и солдатам на пути, и те недвижно замирали перед ним.

Притаившаяся в это время за воротами толпа людей, жаждующая возмездия за все злодеяния императора над своим народом, с безумной страстью ворвалась во дворец и в мгновение ока разметала великолепное убежище кровожадного паука-властелина.

Последовательно, один за другим взорвались на императорском дворе два российских и три американских бронетранспортёра. Скрученные ватрушки огня и дыма вздыбились над страной, возвещая святой для Кутакбашии день Революции и Окончательной Демократии.

А восемнадцатого ноября в Лондоне, почти как обычно в этом сезоне, выпал первый снег.

В египетском зале Британского музея Бобби передал сэру Норману микрозапись с последним интервью императора

Хукассы.

Джентльмен приложил диктофончик к уху и поставил машину на воспроизводство. Затем сказал:

-Дело сделано! А Диану уже не вернешь...

И передал Бобби Котельнику свежие газеты.

В одной из них, в частности, сообщалось: "Французская полиция обнаружила новый след в деле о гибели принцессы. Неизвестный красный "Фиат" протаранил чёрный "Мерседес-седан", после чего у водителя не оставалось выбора".

-Но вы с легионерами уже уничтожили этого человека, - заметил печальный Норман и добавил, указывая на другое сообщение: - а этот - наш.

Под мелким заголовком было напечатано: "В республике Бангладеш покончил с собой двадцатитрёхлетний парень, предполагается, из-за неразделенной платонической любви, так как был найден убитым с фотографией Дианы на груди."

-Он был муджахеджином, - кивнул Бобби. - Остальное тоже за вами.

-Завтра, мой друг, - напомнил Норман, - вы должны будете проходить марьяж-интервью в эмигрантской службе Торонто. А сегодня поедемте со мной!

На закрытой аудиенции в Букингемском дворце состоялась в тот день церемония присвоения Бобби Котельнику титула английского лорда.

-Вот видите, дружище! - подхватив его под руку ласково заметил сэр Норман. - Помните, я говорил, что занявшись этим делом, вы сможете обрести и ещё кое-что кроме денег?

-Безусловно! – буркнул неугомонный Бобби. - Титул английского лорда на международном рынке стоит сегодня примерно тысяч пятнадцать долларов. Мне нужен лайсенс канадской полиции на открытие офиса по частному сыску.

-А что вы скажете по поводу лайсенса на право торговли спиртным по всему королевству? Согласны? В таком случае, вот он!

Девятый вал для "Пюбели"

литературный сценарий

ИНТРОДУКЦИЯ

Фильм задуман как круэл акшэн под условным названием «Отбросы». На английском "rubbish", по-американски "trash", по-французски "La poubelle". "Урна для мусора", "помойное ведро", значит, "дрянная посудина".

Сценарист рекомендует показать эту историю как «фэнтези» - с экспрессионистскими наплывами, с синими светофильтрами и со стремительно мельтешащей сменой кинокадров.

ГЛАВНЫЕ ДЕЙСТВУЮЩИЕ ЛИЦА

Четверо молодых парней из разных республик бывшего Советского Союза впервые познакомились друг с другом в припортовой кутузке некоего французского города N. Простоватый Богдан Демьянюк из Ивано-Франковска, хитрован Володя Сербай из Молдавии, веселый, никогда неунывающий румын Антуан Черемеску и мрачноватый Иван Баблов из Тамбова. Причем, нужно учитывать, что герои «бегут» не столько от суровостей падшего коммунистического режима, сколько от бедствий, возникших на их родине в результате разрушительных действий различных сил и в поисках лучшей жизни.

ВРЕМЯ ДЕЙСТВИЯ

Если говорить о сценарном единстве «времени и действия», то происходило всё это не так давно и – недавно: почти целое поколение тому назад, то есть, это был такой исторический период, когда на месте ныне бывшего СССР возник процесс, называемый «парадом суверенитетов», но ситуация находилась в таком нестабильном состоянии, что, вот-вот, мог последовать самый неожиданный «откат». Но пограничный «замок» ослаб, и все, кто мог и обладал характером пригодным для такого дела, поперли в «Европу».

МЕСТО ДЕЙСТВИЯ

По закону единства «места действия» предлагаемая к ознакомлению история разворачивается, в широком смысле этого слова, на Земле, но начинается, весьма условно, в одном из провинциальных городков где-то на севере Франции, скорей всего, в Северной Нормандии. Здесь, у крутых берегов, беспрестанно плещутся холодные, со свинцовым отливом морские волны, размывая мягкие известняковые породы и грозно высятся скалы самой причудливой формы. То Королева-мать на престоле сидит в диадеме, то профиль Пушкина в бакендбардах высится, то лежащий на передних лапах Медведь горбится...

Город, предположительно, расположен в широком устье реки внешне похожей на Сену и как бы прорезающей всю северо-французскую низменность. Вокруг поля пшеницы, сочные зеленые пастбища, сады со стройными шпалерами яблонь. Это, пожалуй, Нормандия.

Мощная бетонная дамба защищает от волн многочисленные морские причалы, мощные сухие и плавучие доки. В дамбе предусмотрены специальные проходы, через которые юркие буксиры толкают носами перед или тянут за собой на длинных канатах океанские корабли под самыми различными флагами. На причалах порта и в пакгаузах яркими пятнами громоздятся тюки хлопка и шерсти, мешки кофе и риса, каучук, красное дерево для изготовления дорогой мебели, пряности и другие товары. Как мертвый безлиственный лес вздымаются к небу стрелы портовых кранов.

В городе имеются судоверфи, заводы и фабрики, перерабатывающие нефть и различное сырье, доставляемое в порт из глубин Европы и Азии всеми известными ныне способами транспортировки: сухопутными авто- и железными дорогами, плавучими средствами по рекам и каналам и - со всего мира - по океану. Местная промышленность не в состоянии переработать все импортное сырье и поэтому N. – всего лишь крупный перевалочный пункт, где вся жизнь горожан тесно связана с деятельностью порта. В основном, жители, включая проституток, дружно обслуживают гостей города, туристов и моряков. При этом, ни проститутки, ни контрабандисты, ни фарцовщики, ни продавцы сувениров не терпят конкуреции чужаков в их кровном деле и разделываются с ними со всей жестокостью. Один из приемов, в частности, - сдача чужаков ажанам.

Но все сказанное о городе не столь важно. Главное: в порту имеется обширный контейнерный терминал, где в строгом порядке, в несколько этажей друг на друге, как спичечные коробки, выстроены десятки тысяч разноцветных двадцати- и сорокафутовых контейнеров. В стальных прямоугольных коробках находится то, что на техническом языке называется «тарно-штучные товары», в том числе и книги различных «иностранных» издательств, среди которых (крупным планом) The Hunt for Money.

1

Звучит ёрзающий мотивчик «блатняка»:
«На палубе мартосы курили папиросы...
А бедный Чарли Чаплин окурки подбирал».

Голос за кадром: «26.09.2007. "Королевская премьера" фильма "Брик лэйн", снятого по мотивам романа о жизни иммигрантов в Лондоне, не состоится из-за отказа принца Чарльза посетить мероприятие. Пресс-служба наследника британского престола во вторник сообщила об отмене мероприятия, запланированного на 29 октября. В качестве причины указывается "напряженный рабочий график принца Чарльза". "Брик лэйн" (Brick Lane) - фильм, снятый по одноименному роману писательницы Моники...»

Вежливые и корректные, но оживлённые ажаны-бобби вводят в полицейский участок отловленных ими где-то парней в тюремное помещение и, одобрительно похлопывая их то по спине, то по плечу, успокаивающе приговаривая что-то, доводят до распахнутой двери-решётки и точно выверенными ударами опрокидывают их внутрь просторной камеры, оставляя «на свободе» под надежной охраной стальных прутьев. Последнего из своих «клиентов», упирающегося Ивана Баблова, ажаны с шумом и гомоном впихнули в широкий дверной проем и напоследок сделали ему «подсечку» - приём из ультимативного боя. Иван со всей силы грохнулся на бетонный пол, раскровянив лицо, и только тогда ажаны сняли с него наручники.

-Да пошли вы все на хуй! –хрипло вскрикивает Иван. -Мать вашу так!

Пока съемочная камера тусуется по историческим и красочным достопримечательностям города, среди коих особое место занимает игольчатый шпиль католического собора Святого Иосифа, пока видеоискатель шарит по причалам порта, в тюремной камере происходит сквернословный диалог молодых арестантов.

В результате вспыхнувшей беседы выясняются причины, по которым каждый из четверых наших героев встал на дорогу бегства из своей страны. (Никто из беседующих не бурчит, не бухтит, не мурмулит. Обостренный разговор вспыхивает, казалось бы, ни с чего и сразу на повышенных тонах).

Аргументами «за» для каждого стали обрушившиеся на советских людей голод, разруха, неуверенность в завтрашнем дне и неумение либо нежелание каждого приспосабливаться к новым условиям, в которых, по их мнению, человек вынужден не жить, а выживать. Бежали не от передела собственности, а от беспредела политических и уголовных «отморозков». Потому что, если удалить идиоматический смысл со слова «перестройка», то получится контрреволюция. Более шустрые людишки соображали еще более убедительно: на кой хрен нужно снова что-то строить, например, «народный капитализм», если уже есть готовые: респектабельные страны с устоявшимся социально-экономическим строем под еще более грозным названием «империализм»?

Арестанты рассказывают друг другу о том, кто и как добрался в этот город или случайно попал сюда, а также кто и на чём попался. Володю Сербая сняли с парома-ферри английские бобби по ту сторону Ла-Манша, отдубасили как следует и выдворили туда откуда он появился – во Францию. Низкорослый шустряк-Антуан Черемеску засыпался на краже в супермаркете. Богдана Демьянюка из Ивано-Франковска взяли в момент оптовой продажи им партии «командирских» часов еще советского производства. Иван Баблов хмуро отмалчивался.

Четыре арестанта, четыре судьбы, четыре рассказа. По зрительскому ощущению телевизионного времени показ излагаемых арестантами историй может занимать сколько угодно времени. Вплоть до бесконечности. Каковы эти повествования? Самые различные. О таких рассказах должен бы повествовать господин Александр Кабаков. Потому что, как предсказатель катастрофы, он, должно быть, и хорошо осведомлен о причинах самой катастрофы (или о ее источниках). Но могу и я. (Сериал в этом месте может превратиться и в трогательные семейные идиллии, и в слезливую драму, и в трагедию с показом красивейших девок мира, со стрельбой и погоней, что привлечет к телеэкрану самых непохожих друг на друга телезрителей с различными вкусами).

Например, вот, в кратком изложении житейская история двадцатипятилетнего Володи Сербая. Брошенное в «придорожном» родильном доме дитя от болгарской мамы и цыгана, Володя был усыновлен бездетной парой молдаванки и украинца из глухого колхозного селения под Кишиневом, отслужил свое в Советской армии, через год был мобилизован Молдавией на войну с Приднестровьем. После фронтового ранения был награжден и ударился в бега. Во Франции, убедившись в невозможности стать гражданином этой счастливой страны, завербовался во Французский Иностранный легион, обещавший гражданство через пять лет. Пребывая в рядах «зеленых беретов» Володя понял, что «береты» ничего кроме смерти никогда не получают, он нарушил возложенные на себя по ошибке обязательства и драпанул от грозившей ему расправы в Англию. Откуда, после предварительного внушения «по зубам», был изгнан обратно во Францию...

Так как ни у одного из арестованных не оказалось никаких документов, то полисмены и иммиграционные власти города лицом к лицу столкнулись с острой, если не сказать неразрешимой проблемой. Что делать? По закону, нежелательных иммигрантов следовало депортировать туда, откуда они без спросу пожаловали. Но этих парней было швырнуть некуда без нарушения закона, потому что не было «бумаг», содержащих хотя бы крохи сведений, позволивших бы идентифицировать беглецов. Единственно: все говорили на русском, даже румын Черемеску, и в городе этот быстро сложившийся квартет тут же назвали «эти русские».

«Русские» при этом уже довольно сносно балабонили по-французски, вернее, бегло изъяснялись на звукоподражательной помеси сразу нескольких языков, подкрепляя свои слова ожесточенной жестикуляцией и непременным русским матом. Особо разговорчивым по живости своего характера и по самой природе румынского языка оказался Тони. Вообще, ребята были грамотными, не меньше как со средним образованием, только хитроватый молдованин Володя Сербай был трактористом с неполным восьмилетним. А русак-тамбовец Иван Баблов – бывший учитель географии, молчавший лучше всех, тем не менее, быстрее всех поднаторел в прочтении французских и других иностранных бумаг.

Впрочем, для полицаев и для работников иммиграционной службы неожиданные «нелегалы» были далеко не первыми здесь, и власти знали как поступать... Одна из баб-ажанок, трудившаяся при кутузке, как бы по дружбе посоветовала арестантам перебраться через Атлантический океан в более зажиточные и более лояльные к беженцам страны. Такие, как Америка или Канада.

-Вот, блядь такая! –не преминул философски заметить Володя Сербай. –Раньше в эмигрантских песенках воспевались жаркие страны, а теперь дорога только в страны чуть ли не вечной зимы. Всё, обложили, офлажили! Как волков. Только в одну сторону...

-Да нет, хорошо бы в Канаду! –засветился невыразимым счастьем на лице Богдан Демьянюк из Ивано-Франковска. –У меня там, в Канаде, дядя живет. Еще с шестидесятых годов.

-Нет, - врезался Тони, -в Америку надёжнее. Там, говорили мне земляки, если не получишь никакого ё... беженского статуса, то можно всю жизнь безбедно прожить и без него.

-Я в своём выборе страны исхожу из другого посыла, - прогудел грамотей Иван Баблов, постепенно загораясь. –

Продолжается борьба за передел мира, за сферы влияния, за сырьевые рынки, за рынки сбыта и за дешёвую рабочую силу. Это самое означает, что Америка противостоит моей родине, и я не хочу участвовать в этой разборке. Я ни на чьей стороне. Я нейтрален.

-Это похоже, как мне рассказывали наши румынские старики, -вновь встрял Тони. – Перед немецкими фашистами в конце войны тоже стоял вопрос выбора. Или озверело сражаться до конца на русском фронте, чтобы не загудеть в Сибирь. Или сразу сдаваться американцам, чтобы попасть в солнечную Флориду.

-Вот именно, похоже! – подчеркнул Иван с твердостью в голосе. А Канада традиционно всегда была нейтральной страной. Даже неважно, что входит в содружество под эгидой английской короны и что у них даже нет президента. Канадский премьер-министр Трюдо был лучшим другом Советского Союза. Играя на противоречиях, он добился много свобод для своей страны. В шестидесятые годы канадцы учредили свой национальный флаг и запели свой гимн.

-Умение народа зажиточно жить невозможно осудить! – заявил Баблов, помолчав. –Сегодняшняя Канада – это то чего удалось добиться их умному правительству, развивая и укрепляя теорию мирного сосуществования, на которой настаивали пропагандисты СССР, не имея на то ни ума, ни таланта, ни возможностей,.. ни подходящего народа. Long live Canada!

-Ну, и куда ты навострил свои лыжи? – вмешался вдруг молчавший до сих пор молдаванин Володя Сербай. Его, малограмотного, по-видимому, захватили рассуждения Ивана.

-Я - набегавшийся по голоной земле тамбовский волк, - резко заявил Иван. – Но у меня пока есть ещё выбор. Моё сегодняшнее предпочтение – Канада.

-Да, Канада самая зажиточная страна мира.- поддержал

тамбовца украинец Богдан. -Даже зажиточнее Америки. На каждого жителя по четыре автомобиля! Я бы там сало с салом ел! Только хуй туда доберёшься, до той Канады...

Вмешалась ажаниха, стоящая всё это время, прислонившись к косяку и напряжённо вникающая в горячую перепалку арестантов.

-Вы, значит, выбираете себе новую родину. Да это проще простого! – подсказала ажаниха. – На контейнерном терминале в порту есть мужик... Он помогает «устроиться» на любой корабль. Только, сами понимаете, не членом экипажа и не забесплатно...

Тони Чемереску понял её слова и подтвердил:

-Эта пиздронша-ажаниха правду сказала. Я тоже самое еще в Румынии слышал. Надо во внутрь какого-нибудь контейнера забраться. Но страшно, ведь. Моряки могут нас просто убить и сбросить наши трупы за борт. Или живьём... - сразу за борт. «В набежавшую волну». По приказу капитана.

-В любом случае, -авторитетно заявил Иван Баблов, -если хочешь в благостные зажиточные страны, нужно сначала в контейнер головой.

Префект припортового отделения полиции, по внешности отдаленно напоминающий знаменитого французского актера Луи де Фенеса, выдал каждому из арестантов бумажные удостоверения личности с правом находиться на территории, условно, Франции по две недели, после чего нежелательным элементам предписывалось как бы испариться, исчезнуть или (что наиболее правильнее) самодепортироваться из страны.

В этом самом месте главные действующие лица телесериала впервые предстают перед зрителем и читателем, что называется в полный рост. Они – в различных позах – неровной шеренгой стоят перед столом префекта.

Заводила, бузила и проныра – это дерганный сорока двух годков или близко к этому приблатненный брюнет с ухватками вора в законе Антуан Чемереску. Неотразима его похожесть на квебекского артиста Игоря Овадиса каким он предстает в рекламе журнала Du Montreal: в клетчатой кепочке, с помятой физиономией человека, уставшего скрываться от полисменов, с коротко подстриженными усиками. Иным его и представить невозможно. Он выслушивает префекта с подчеркнутым вниманием, как бы ловя каждое его слово.

Иван Баблов – высок, рус, грузен телом, с жестким выражением лица, с оплывшими плечами и с глубокими «интелигентными» залысинами, что абсолютно контрастно со всем его мрачноватым обликом. В Тамбове Иван был советским учителем, преподавал географию, водил детишек в турпоходв, а в годы перестройки... Он стоит теперь в шеренге задержанных, сложив на груди руки и – от нечего делать – поигрывает бицепсами. Это как бы я сам, автор сценария. Был интеллигентным чеком, обращался к людям на «вы», дамам ручку целовал – стал умным, неуловимым киллером, чистюлей Иваном Бабловым, если не западло. Но я выжил и, вот, really («рыли»-реально), я продолжаю свой полуфантастический рассказ.

Молдаванин Володя Сербай – красавчег. Он молод, загорел, хорошо сложен, густые девичьи брови дугой и вразлет, взгляд открытый, доверительный, но в теле уже угадываются почетные очертания будущего цыганского барона. Парень добродушно рассматривает префекта, ничуть не вслушиваясь в его пламенные речи.

Богдан Демьянюк – может быть какого угодно возраста и роста. Главное отличие: он крепок, с цепким взглядом. Он белоголов, постоянно вертит в руках расческу, часто причёсывается, но две-три волосинки в виде хохолка постоянно вспархивают на его макушке. В кабинете префекта Богдан стоит цепко, как бы вросши в пол или как бы готовясь к прыжку.

(Все четверо «русских» одеты стандартно. Они в кожаных куртках и в джинсах. Лица «русских» и других персонажей при этом подаются на экране искаженными слишком близким приближением камеры, «наездами», с жесткими складками вокруг рта и морщинами на лбах. Сумасшедшие стрижки на головах парней и плохая выбритость на щеках и подбородках происходит от их самострижек и бритья наугад, без зеркала).

Каждый из чужаков получил по тридцать франков одноразовой помощи и, покинув тюремные стены, «русские» искатели лучшей доли тут же устремились к порту, к вожделенному контейнерному причалу...

Лейтмотивом или как ремейк в этой заключительной части сериала звучат песни из советского кинофильма "Нормандия-Неман", сшибаются самолеты вперемешку с ностальгическими кинокадрами времен Второй мировой войны о всеобщей и горячей дружбе народов.

2.

Сериал №2 открывается очередным блатняком:
«За ту ли блядскую свободу,
За нашу светлую мечту...»

По дороге к порту компания «русских», вызывая удивление прохожих своим бродяжническим видом, завернула в хорошо знакомый Антуану супермаркет. Как назывался этот «магазз»? Режиссер имеет право не демонстрировать вывеску. Да не будет он обвинен в негативной рекламе!

При участии бесстрашного и угрюмого Ивана Баблова в сочетании с веселым и находчивым Тони и в результате манипуляции с магнитной лейблой на кухонной сковороде и кипишем у турникета на выходе блатная компания обзавелась «свободным» от оплаты цейсовским биноклем. Тони при этом подошел к задержавшему его на днях охранику и в продолжение возникшего знакомства горделиво сунул ему под нос свой французский аус-вайс на две недели.

Желанный контейнерный терминал располагался далеко за городом и на отшибе самого порта. Парни запаслись провиантом и залегли на пыльной высотке поросшей дикой травой и горькой полынью. Отсюда окрывалась обширная панорама порта и причалы для рагрузки-погрузки контейнерных ёмкостей, с особой тшательностью туго обнесенные по периметру охранной металлической сеткой с колючкой по верхнему краю высоченных столбов.

У ребят был свой план. Автор плана - Богдан Демьянюк из Ивано-Франковска. Он «афганец», крутой суверенетист Западной Украины и сторонник открытых действий.

-Ночью. Прорезаем сетку, врываемся на территорию, срываем пломбы на любом контейнере какой нам понравится, баррикадируемся, и хуй им когда взять нас живыми! Ни одна курва францевта не сможет достать нас! – изложил Богдан свои строгие взгляды на жизнь.

На вожделенном ими контейнерном причале в это время идет своя интенсивная, непонятная для непосвященных и, как бы тайная жизнь. На четырех высоких паучьих стальных и членистых ногах в два этажа суетятся и носятся по причалу как безумные десятка два разноцветных портовых погрузчиков типа «Пайнер», похожих на некие гигантские полуразумные космические существа-роботы из Star Wars. Столько же обычных погрузчиков с пневматическими «вилами» и движутся по рельсам между рядами краны с эректированными стрелами. Краны и «обычники» снимают контейнеры с верхних этажей, ставят их на портовый асфальт.

Время от времени «Пайнеры», раскорячившись, кобелём на суку, наезжают-наскакивают на беспомощные коробки контейнеров специальными захватами намертво схватывают свою добычу и подтягивают ее под брюхо. После этого «Пайнеры» на высокой скорости мчатся-катятся на своих колесиках в другое место, оставляют там свои трофеи, а другие «обычники» и портовые краны на рельсах составляют контейнеры в новые штабеля. Чаще всего «Пайнеры» прямо с грузом проворно забегают по горизонтально откинутым от кормы аппарелям в чрево какого-нибудь стоящего на швартовке мощного океанского судна и выскакивают оттуда освобожденные и как бы радостные.

Вся эта неразбериха сопровождается какофонией зверских звуков, издаваемых погрузочными машинами. «Пайнеры» оглашенно кричат незнакомыми на земле пронзительными космическими звуками, и далеко окрест разносятся их победные и торжествующие выкрики... А часть контейнеров тут же грузятся на трейлеры и на траки, после чего те один за другим выкатывают из ворот порта.

На третий день коллективных наблюдений за системой безопасности контейнерного терминала и горячих обсуждений деталей предстоящих плановых мероприятий бурно галдящие «русские» были прерваны неожиданным возгласом:

-Да вы чё, придурки, совсем того, а?! Надо же хотя бы приблизительно знать куда, в какую страну контейнер отправляется!

-А они, что, не все в Канаду? -не успев осмотреть неожиданного собеседника, буркнул Богдан Демьянюк.

-Вставайте и топайте отсюда, башибузники! Нечего вам тута делать. Пока в полицию не попали! — резко возразил возникший за спиной наблюдателей низкорослый незнакомец в желтой, как яичный желток, докерской каске. И примирительно вопросил: -Вы, наверное, русские будете?

-Ну, русские, - промямлил Володя Сербай, взмахнув девичьими ресницами. —А ты-то кто будешь, если так чисто, почти без акцента говоришь?

-Я этот - шипшандлер. Снабженец, значит. Я обязан говорить на нескольких языках. И тоже, как и вы, мог бы родиться русским да бабушка моя еще в давние годы оттуда слиняла... Но как вас не узнать?! Вот вы и ходите один за другим, как в строю. И ступаете твёрдо с пятки на носок, словно шаг печатаете. И хохолки у вас на макушках. Да и вообще, сердцем чую,.. – Парень призадумался и через секунду добавил: -Зовут меня Жак! Вам надо супервайзера искать. Он один знает по компьютеру куда какой контейнер идет. Да супервайзер и говорить-то с вами напрямую не захочет.

-А ты?! – в лоб вопросил парня Черемеску. – С нами пойдёшь?

Парень делано захохотал:

-Мне это уже ни к чему. Но если хотите, я за вас с супервайзером переговорю... Вот, давайте, завтра же точно в полдень встретимся на этом месте. А я за это время переговорю. По рукам, камарадос?

Томительной чередой, один за другим тянулись тягостные дни, проходила одна встреча с шипшандлером за другой, срок действия «ксивы» у «русских» давно истёк.

-Да они просто раскручивают нас, как лохов! – психовал Баблов. –Я этому Жаку ни на сколько не верю. Подставной он!

Наконец появился Жак.

-Значитца так, (здесь мне, как автору, нужно ввести массу ненормативной лексики) - сказал Жак. – В запасе вы должны иметь отвертку, пилку по металлу, молоток и ручную дрель, заряженную сверлом. Запас продуктов - не менее, чем на неделю. Штук пятьдесят свежих пластиковых пакетов из супермаркета. По двести «евро» для супервайзера и по сотне для меня. Идёт?

-Да где столько «зелени» взять? –взвизгнул Тони.

-Посмотрите вокруг. Вам ведь все равно за океан сваливать!

-Тогда так!–строго заметил вмешавшийся Иван. – Деньги на бочку и – сразу в контейнер.

-По рукам! – в предчувствии наживы возбужденно воскликнул Жак.

-А пакеты зачем?! – выкрикнул вслед уходящему Жаку Богдан.

И гомерическим хохотом закатился Жак:

-Потом узнаете!.. Для говна!..

3.

В самом начале третьего сериала звучит благородная Седьмая (Ленинградская) или Блокадная, или Героическая симфония Дмитрия Шостаковича. Это произведение часто сравнивают с документальными произведениями о войне, называют «хроникой», «документом» — настолько точно передает она дух событий. И вместе с тем, эта музыка поражает не только непосредственностью впечатлений, но и глубиной мысли. Схватку советского народа с фашизмом Шостакович раскрыл как борьбу двух миров: мира созидания, творчества, разума и - мира разрушения и жестокости; Человека и - цивилизованного варвара; добра и зла.

Первая часть (Allegretto) написана в сонатной форме. Она звучит у струнных инструментов в тональности до мажор. С русскими «богатырскими» темами главную партию седьмой симфонии Шостаковича сближают размашистые, раскачивающиеся интонации, тяжеловатые унисоны.

Вслед за главной партией звучит лирическая побочная (в тональности соль мажор).

Тихая и даже как будто застенчивая в выражении чувств музыка глубоко искренна. Прозрачно изложение, чисты инструментальные краски. Мелодия у скрипок, а фон — покачивающаяся фигура у альтов и виолончелей. В конце побочной партии звучат соло флейты пикколо и засурдиненной скрипки. Мелодия словно струится и растворяется в тишине. Так заканчивается экспозиция, раскрывшая деятельный и разумный, мужественный и лирический, мир.

Далее идет знаменитый эпизод фашистского нашествия, потрясающая картина вторжения разрушительной силы.

Еще звучит последний «мирный» аккорд экспозиции, когда издалека доносится дробь военного барабана. На фоне ее возникает странная тема — аккуратная, симметричная (ходу на квинту вверх отвечает ход на кварту вниз), отрывистая. Как будто движутся марионетки.

«Советский» граф Алексей Толстой назвал эту музыку «пляской ученых крыс под дудку крысолова».

Примитивность интонаций в теме фашистского нашествия сочетается с «квадратным» маршевым ритмом: вначале эта тема кажется не столько угрожающей, сколько пошлой и тупой. Но в развитии постепенно раскрывается ее страшная сущность. Покорные воле крысолова, крысы-роботы вступают в бой. Марионеточный шаг превращается в движение механического чудовища, растаптывающего на своем пути все живое.

Эпизод нашествия построен в форме вариаций на одну мелодически неизменную тему (в тональности ми-бемоль мажор). Постоянной остается и барабанная дробь, все усиливающаяся к концу. Меняются от вариации к вариации оркестровые тембры, регистры, плотность фактуры, динамика, присоединяются новые полифонические голоса.

При помощи всех этих средств и расхищается характер темы. Вариаций - одиннадцать...

Символически, изображаемое в этой части телесериала утро, является как бы утром двадцать первого июня 1941 года. Аквамарин утреннего неба ясен до прозрачности и вдруг, все пространство небес мрачнеет, заполняясь черной тучей фашистских «мессеров» и «фоккеров», эшелонами по пятьдесят выныривающими из-за розовеющего горизонта.

В это тревожное утро Володя Сербай в одиночку «брал», условно говоря «французский», банк.

Этот красавец-парень, рядовой солдат трёх армий, хоть и выглядел отчаянным бойцом, был в то же время, что называется, «шушвалью» по старинному определению воинского устава Петра Великого. Случайное дитя неизвестных родителей, он, как правило, служил в хозяйственном взводе, по снабжению, и чётко знал своё дело – колотил денежку во всех армиях, где бы ему ни приходилось пребывать.

В ходе дружеского «базара» с составлением плана ограбления и с выяснением «кому, куда, и как» Володя рассказал, что ему более чем кому-либо известна схема расположения банка и его подсобных помещений. Он признался, что после получения тридцати франков из рук префекта, он открывал личный банковский счет в этом хранилище человеческих сокровищ и успел хорошо рассмотреть там всё. Свои денежки Володя с расчетом на возвращение предусмотрительно положил на закрытый счет - под проценты.

Под благовидным предлогом хитроватый» как матрос-кошка, Володя Сербай вызвался осуществить ограбление банка в одиночку, чтобы, как он объяснил, не подвергать товарищей и их общее дело ненужному риску.

Печатными буквами бывший тракторист накропал записку: «Это ограбление. У меня есть оружие. Пожалуйста, 1200 евро на стол». Чётко: по триста евро на брата по уговору с шипшандлером и ничего лишнего, чтобы можно было хоть как-то оправдываться в суде в случае провала операции.

В запланированный утренний час отделение банка было пустынно. Мелкие торговцы еще не успели наторговать «кэш», например, продацы сувениров и мороженого, чтобы оприходывать «нал». А «деловая активность» крупных дельцов начиналась здесь, как правило, ближе к полудню. Однако, когда неузнаваемо наряженный под маляра и в шерстяной маске с прорезями для глаз Володя Сербай появился в зале для клиентов, то в его записке значилась совсем иная сумма: «Пожалуйста, 7200 евро на стол». Володя не просто косой черточкой по «единице» увеличил требуемую сумму, но и сам начислил себе «процент за работу».

И вот в сумерки, когда в городе во всю мощь воют разгонные сирены полицейских машин, «русские» акционеры вновь на своей наблюдательной высотке. Ребята пролежали здесь весь день, заранее выйдя на «исходную точку». По периметру контейнерного причала то и дело шарят прожектора береговой охраны; слепящие лучи сверкающими ножами колят и пронзают ночную темь; по общему правилу «сгущения красок» и для колорита в общую картину изображаемого события можно добавить дождь, гром и молнию, сопутствующие, как правило, страхам, волнениям и душевных смятений героев; довольный шипшандлер Жак получает франки, упаковывая их по карманам; ребята стоят вокруг с черными гарбичными мешками, наполненными до половины их «личными» вещами.

Крадучись (по законам детективного жанра это может продолжаться бесконечно долго), шипшандлер Жак ведет своих подопечных вдоль периметра, указывает проход, проделанный кем-то в металлической сетке, подлезает первым, после долгого кружения между коробками контейнеров, с лязгом открывает дверь одного, только ему известного стального убежища в нижнем ряду.

-Всё! – торжественно восклицает Жак.– А ля пиздец! Сидите тихо. Попадётесь, в любом случае не выступайте, не залупайтесь. Помните: ласковое теляти двух маток сосёт. И, даст Б-г, может быть, уцелеете... Гибче надо быть в наше стрёмное время, гипче!

-Ты нас как слепых котят в мешок затолкал и ещё и учит! – подступил к Жаку Тони Чемереску.- Ты хоть скажи, куда мы приплывём?

-Да в Монреаль!

-А что это?

-Большой такой город почти в центре Канады. Там когда-то Международная выставка была и Олимпийские игры проходили.

-Уууу! –с сомнением прогудел Тони. – Прямо в контейнере и - в самый центр. Из проходных пешек сразу в дамки. Чё, самолётом, да?

Зачем самолётом? –Удивился Жак. И хохотнул: – Монреаль это город-порт и одновременно остров в русле круто судоходной реки имени знаменитого вашего палача Святого Лаврентия Павловича Берия.

-Ааа,.. Ну!

-Только не забывайте, язык, на котором общаются жители Монреаля предпочтительно французский. Там не принято курить находу и плевать на тротуары.

4.

Тут: «На позиции девушка провожала бойца...»

Три дня и три ночи, затаив дыхание, беглецы бесшумно пролежали в контейнере, стоящем на причале, опасаясь издать малейший звук. Зато зритель в это время с интересом наблюдает происходящие пертурбации со знакомым и приметным им своей нарядной раскраской «ящиком». Вот, дрожжа от животного вожделения всеми своими резиновыми шлангами пневматики, на спичечный коробок контейнера наскакивает гигантский паук «Пайнера». Подсосал его под себя, как некое жалкое насекомое, или подгреб, как мощный кобель мелкую сучонку и кинулся в сторону, побежал, унося добычу и завывая от сладострастия и неземного счастья. Вот знакомый контейнер взгромоздили на второй этаж в штабеле, вот сняли и перебросили в следующий ряд. И так далее...

Что в это время происходит внутри самого «нашего» контейнера? В сущности, ничего.

У них, так же как и многих других нелегалов во всём мире, через некоторое время закончатся запасы воды и пищи. Но пока ребята бесстрашны, презирают смерть и, откровенно говоря, не дорожат своей жизнью. Перемещения контейнера, толчки и броски нисколько не волнуют их; они опасаются одного – быть обнаруженными. Ведь за ними, кроме всего, потянулся теперь еще и длиннющий хвост ограбления банка с отягчающим обстояткельством - угроза жизни с использованием оружия.

Женщин в контейнере нет, но психологическая ситуация в нём и без женщин складывается непросто: «пюбель», они и есть «la poubelle» - мусорное ведро. Или ведро с мусором, с отходами.

А на кораблетем временем вызревает зловещий бунт...

Беглецам досталась старая, загаженая «калоша» судоходного класса «река-море» под каким-то сумбурным флагом, возможно, и не существующей страны. Как правило, такие уродцы под звучными именами типа Morning Star, застрахованные на большие суммы и готовые затонуть в первый же более или менее подходящий шторм, бродят по морям под флагом Либерии, а операторами у них является какая-нибудь подставная британская или испанская компания, как например, Zodiac Maritime Ангелы Ltd.

Обшарпанный по бортам, с бака и с кормы, драный сухогруз

был настоящей «Пюбелью» и «Погибелью». К такому случаю хорошо подходит мудрая английская поговорка: «Дырявому кораблю любой шторм опасен». Под перевозку контейнеров это судно переделали лет двадцать тому назад. Трюма Morning Star были наполнены насыпным грузом, а контейнеры в четыре этажа закреплялись на верхней палубе, что значительно ухудшало и без того почти утраченные им судоходные качества. Такие, как скорость, манёвренность и, в особености, остойчивость. Что представляло серьёзную угрозу для жизни членов экипажа: при малейшей морской качке теплоход мог переворачиваться вверх килем. Но регистрационный класс у этого каботажного судна класса «река-море» с органиченным районом плавания лишь в прибрежной зоне был не то куплен, не то подделан, и на исходе своих ходовых качеств Morning Star смело отправлялся в свое первое плавание через суровую Северную Атлантику.

Контейнер для четвертых потенциальных эмигрантов-иммигрантов достался двадцатифутовый, что наполовину меньше соракафутового. Тарно-штучным товаром, каким была почти до верху заполнена стальная ёмкость, оказалась типографская продукция. На то и сюрреализм! Папчки плотно перевязанных книг какого-то русскоязычного автора Нагрома Ядолова под названием The Hunt for Money Immigrant`s Detectiv заполняли почти всё пространство контейнера, и первые трое суток на причале беглецам пришлось пролежать, вытянувшись в струнку, под самым потолком, но, оказавшись на судне, они, обливаясь потом, потихоньку откопали середину и там можно было, скучившись, хотя бы сидеть.

Главной бедой в положении беглецов оказалась не жара, не страх замкнутого пространства, не страх перед неизвестностью и не ограниченность в пище, а испражнения. Большую нужду мужики справляли, отползая в угол контейнера, в пластиковые мешки, захваченные с собой по совету Жака, мочиться пришлось прямо на лощёные обложки книжной продукции. Но запах! Но отвратительная физиология испражнений!.. Со всеми призвуками. О, грубость животного начала в человеках! Если предположить, что Б-г сотворил человека по своему подобию, то получается, что пукает он громом с молнией. Добродушно взглянет на землю, благостно осенённый ласковыми барашками белых кучевых облаков, затем повернётся темной волоснёй грозовых туч да как жахнет! И «пубелью» оказывается весь мир. Но пахнет свежо, говорят, озоном.

Контейнерные затворники коротали время за рассказами о своей жизни и о своих странных похождениях, когда они, будучи мирными жителями, вынуждены были во время «перестройки» вести ожесточённую борьбу за кусок хлеба и за свои жизни. Иногда, подсвечивая фонариком, они читали The Hunt for Money – "Охота за деньгами» на русском языке.

До тех пор, пока набравшийся печальных мыслей из описываемого опыта жизни героев книги за рубежом Иван Баблов не воскликнул:

-А я тогда, вааще, не понимаю. Если весь мир – бардак. Зачем тогда все наши мучения?! Если так, то лучше на родине умереть... Там тоже бардак. Но всё-таки свой, любимый.

5.

В этой части звучит страстный лейтмотив песни «Очи черные, очи страстные!»

Капитаном «Пюбеля» Morning Star, то есть «Утренняя звезда», был маленький, седой и психованный сорокавосьмилетний румын Илиеску, и в экипаже, набранном со всего света, его называли попросту Илья. Из всех крепких напитков мира, какие капитан перепробовал за время своих долгих морских плаваний, он предпочитал родную «Сливянку». Этой «Сливянки» в громоздких литровых бутылях у него были неисчерпаемые запасы. Хоть залейся! Кроме излюбленной им «Сливянки» капитан, пользуясь своим непререкаемым правом, взял с собой в рейс за океан ещё и свою вертлявую молодую жену-кокетку, включив её в судовую роль в качестве дневальной. Звали жену Марыська.

Экипаж судна состоял из пятнадцати человек людей разных национальностей - жутких морских волков-профессионалов и в обязанности дневальной входило прибирать в их каютах, в часы, когда моряки находились на вахте.

Марыська упаивала своего глупенького муженька-капитана родной «Сливянкой», лихо, смехом отдавалась ему и отправлялась на работу. За вахту она зарабатывала бешеные деньги, поочередно отдаваясь морякам за деньги, прятала свою добычу в одной из спасательных шлюпок, нависающих по бортам судна, и возвращалась к своему ещё не проспавшемуся муженьку. Потом Марыське понравилось устраивать оргии в капитанской каюте, в присутствии палубных матросов, вызывая их к капитану для уборки. Или заставляя их подавать пищу прямо в постель. Матросы пыхтели, но крепились, а Марыська. якобы случайно, во время секса с мужем то откинет голой ногой полог, закрывающий кровать, то задницу выставит, то страстно всрикивает и завывает якобы от счастья.

Дальше – больше. Капитан Илиеску не появлялся в ходовой рубке с самого выхода Morning Star из европейскогно порта и его место на мостике заняла блудливая Марыська. Штурмана недовольно поглядывали на разбитную женщину, понимали, что капитан подобрал её где-то в портовом кабаке, но вынуждены были терпеливо сносить её глупые рассуждения, и хозяйские распоряжения, и указания. А она хотела одного: влезть в постель ещё и к штурманам и очистить и их карманы.

И вот, грянул шторм, ураган, циклон и тайфун вместе взятые

- 147 -

- типа всемирного апокалипсиса. Бардак в умах и апокалипсис в природе! Да такой, что даже пьяный капитан выполз, наконец, на капитанский мостик из своей постели. Мутными белёсыми бельмами бессмысленно пялился он в мутную стену зелёной мятущейся воды, вздымающейся перед ветровым стеклом, и с каждым новым ударом рассверепевшего океана всем своим существом чувствовал и понимал, что дело идёт к концу.

-Держать курс по волне! – только и приказал он вахтенному матросу у штурвала.

Но океан бил, молотил и сокрушал попавшее в его лапы крохотное судёнышко и с бортов, и в «скулу», и обрушивался с кормы . Morning Star получил порядочный крен на правый борт, и было ясно, что где-то ниже ватерлинии он получил пробоину или просто-напросто лопнул корпус, но попасть в трюма корабля, осмотреть его изнутри и произвести замеры поступающей воды было невозможно, потому что палубные контейнеры крепились прямо на многотонных крышках-люках трюмов. Полагаясь на свой опыт, капитан перебросил питьевую воду из левых танков судна в правые, но её оказалось недостаточно, чтобы уравновесить контейнеровоз. Крен стремительно нарастал.

-Будем давать СОС? –нарушая морскую этику, первым нетерпеливо спросил у капитана штурман. –Мэй дэй?

-Рано ещё, - буркнул капитан, недобро взглянув на штурмана.

Когда капитан в очередной раз оторвался от резиновой тубы едва фосфорисцирущего жёлтым бананом экрана корабельного радара, чтобы взглянуть на действительность, он уидел как под очередным ударом океанской волны на передней палубе развалились, подобно детским игрушечным домикам, его двадцатифутовые контейнеры. Вытаращив глаза, он увидел затем, как у одного из сверзшихся из верхнего ряда контейнеров распахнулась сорванная при падении дверь и вместе с содержимым контейнера на палубу вывалились четыре извивающихся человеческих тела.

Судорожно цепляясь за углы сорванных с найтовых контейнеров и друг за друга, Антуан Чемереску, Иван Баблов, Богдан Демьянюк и Володя Сербай, силились удержаться на палубе, преодолевая беспощадные удары океана и злобные смывные течения воды, утягивающие людей за борт.

Капитан взвизгнул:

-Команде аврал! Всех на корму!

И бросился в свою каюту, к сейфу, где хранил пистолет.

Когда капитан Илиеску появился на корме судна в тесном свободном пространстве между контейнерами и планширом, океан чуть сбросил скорость и силу своих убийственных волн-оборотов, нелегалы были спасены экипажем, схвачены, связаны и поставлены лицом к судовой надстройке, спиной – к зелёным завихрениям бушующей пучине за бортом.

Помахивая воронёным браунингом, капитан орал:

-Всех – за борт! Ни у кого из нас нет выбора. Если мы доставим этих громил к причалу, на судно будет наложен штраф в таком размере, что каждый моряк, каждый член экипажа должен будет выложить по пять тысяч долларов из своего кармана!

-Но это всё, что мы заработаем в рейсе! – буркнул один из штурманов.

-Вот именно! –вновь визганул капитан, преодолевая шум, призводимый штормовым ветром и взбросами морской волны .

–Таковы таможенные правила. А вы что думали? Права человека, свобода передвижения, право выбора места жительства?! Всё это всего лишь тщательно завуалированная демагогия, под которой кроется крупное международное надувательство. Расплачиваться придётся всем нам!

-Выбирайте! Если мы оставим всё как есть, фак зем, то и я, и вы,- голосом раздавленной крысы продолжал верещать капитан, обращаясь к штурманам, - полностью утратите ваш морской престиж, и вас никто уже и никогда не возьмёт ни на какую морскую работу!

Экипаж угрюмо молчал, созерцая связанных четверых, зверовато обросших парней у кормового планшира. Они даже и не казались людьми, а какими-то выродками, явившимися с того света.

-Но, может, мы хотя бы освободим им руки или дадим шлюпку? – с сомнением спросил маслопупый моторист.

-Идиот! – в очередной раз взвизгнул капитан. –Хочешь отправиться вместе с ними за борт?

В этот момент на Morning Star, на «Пюбель» накатывается девятый вал - самая гиблая волна этого сюрреалистического шторма.

Обьектив кинокамеры, захлёбывается жидкой бутылочной зеленью, телеэкран гаснет, бегут титры бродкаста.

Монреаль, 2008 г.

НА

ФЛАЕРСАХ

ПОВЕСТЬ

ВСТУПЛЕНИЕ

Публикация этой моей повести "На флаерсах" отдельными главами, в двухнедельной русскоязычной газете «Монреаль-Торонто» успешно для читателей начавшаяся, было давным-давно, несколько лет тому назад в периодике монреальской русскоязычной пррессы, неожиданно для них и для автора прервалась редакторами по настоянию сговорившихся владельцев флаерсных компаний. Рыльце в пуху, им не нравится быть в центре всеобщего внимания, и они до сих пор продолжают нарушать канадские законы налогобложения и оплачивают непомерный труд несчастных камелотов во-первых, наличкой, а во-вторых, ниже установленного правительством уровня заработной платы.

Люди, вышедшщие из дикого капитализма, люди дикого менталитета и диких нравов, появившиеся в стране высшей стадии капитализма, пытаются навязать свое шкурническое мировосприятие и понимание мира окружающим, забывая хорошую русскую пословицу: "Жадный теряет дважды..."

Согнув полунищих русско-язычных редакторов - держателей так называемой "печатной площади" - угрозой бойкотировать их издания в части обьявлений, они полагают, что "заткнут фонтан". Полуграмотная ограниченность мешает им избрать какие-либо другие пути помимо силового давления. А тем не менее в стародавние времена люди бизнеса платили писателю и журналисту бешеные деньги за появление их имен не в рекламе, за одно упоминание о них в прессе, в литературном произведении. Потому что какие у них надежды остаться в памяти людской? Да никаких, если только не прославиться особой жестокостью.

Они добились своего. Повесть эта - плод моего одинокого, надрывного и непосильного труда, написана бессонными ночами вопреки недомоганиям, в ущерб моему здоровью после дневной и тяжкой борьбы за хлеб насущный. А не писать о правде жизни я физически не могу, потому что мой специфический дар, загруженный в меня Б-гом, как особая программа в некий компьютер, беспрестанно беспокоит меня и ищет выхода. И пусть не сетуют: жанр неоконченной повести – жанр эмигрантского повествования.

С самого возникновения преграды в публикации повести я увидел три пути донесения ее до читателя. Первое: перевод ее на английский или французский язык - тем понравится скандал в русской общине. Второе: отстраненное издание повести в любом другом городе Канады или России. Третье: выход повести отдельной книгой. Здесь ли там ли - без разницы.

Итак, я публикую это произведение на собственный страх и риск, на свои собственные деньги, оставшись на старости в глубоком одиночестве, единственно из любви к истории, истине, к художественному слову и в надежде на читательское одобрение.

ХОЖДЕНИЕ ПО ЛАШИНУ

Неказистого на вид и нетвёрдо ступающего пожилого мужичонку лет пятидесяти   доставила к месту сбора флаеристов на метро «Вандом» его жена...

Ласково улыбаясь, она вела своего крохотного мужика под локоток, и мужик с видимым удовольствием принимал заботы жены.

В липучих молочно-белых языках утренней поземки   босс уидел эту парочку издалека.

-Вашему мужу сколько лет? – сходу полюбопытствовал он с неудовольствием.

-А какое это имеет значение? – уклоняясь от прямого ответа, сбивчиво заговорила уже немолодая женщина, упакованная в тяжёлое зимнее пальто. -- Вы писали в объявлении, что требуются «энергичные люди»... Он энергичный. Вы бы только послушали, как он рассуждает!

-У каждого возраста своя энергия, - афористически буркнул босс. – Вы, что, тоже с нами поедете?

-А как вы думаете? – из приятного и доброго на вид человека женщина мгновенно превратилась в шипящую кобру с картофельным носом. -- Сегодня   тридцать первое декабря! Надо же новогодний стол приготовить. Ёлку я нарядила.   А стол? Кто мне его будет готовить? Вы, что ли? А сколько вы платите? Пять долларов в час?! Это ниже установленного минимума! Чеком или наличными? Ага, наличными. А нам нужно чеком. Месяца через полтора? Тогда сегодня платите больше. Что? Зато идентификейшн не требуется? Да пропадите вы со своим идентификейшеном. Я – ситизен!

-А супруг ваш? – врубился, наконец, босс.

-А что супруг, что супруг? Я за него получать буду. Скажите лучше, сколько часов работать? Как придётся? Ну, это в обычные дни. Понятно. А сегодня предпраздничный... Значит, короче!

Мужичонка стоял всё это время поодаль, тихо улыбаясь чему-то своему. И вдруг произнёс:

-Вандом, фантом, палиндром.

-Странный он у вас какой-то. Не то пьяный, не то с похмелья,.. – полувопросительно протянул босс.

-Да нормальный он! – всплеснула руками женщина. – Просто он давно на улице не был. И отощал немного без мяса. Потому что кормушечный фуд - одна химия, гидропон. Вам бы такое, не приведи Господь!

Дребезжащий железом мини-ван типа «Росинант» в очередной раз недовольно фыркнул на перегазовке, смуглолицый шофер - татарин выставился из кабины и проорал в мельтешащееся пространство:

-Ка-энчай бэ-азар! Врэ-эмя!

Кряхтя и энергично так, еле-помалу, мужичонка вполз в откаченную дверь мини-вана, и тот, зарычав, сразу же отвалился от тротуара. Перекрытая прежде кузовом и теперь освобождённая белесая муть настырного ветра стремительно вырвала выбившуюся из-под чёрного ёжика шали на женщине соломенную прядку волос и яростно затеребила её, но женщина, совершенно не змечая случившегося беспорядка на голове и смешно топоча ногами по серым городским сугробам, долго и отчаянно махала своей короткой ручонкой вслед удалявшемуся автомобилю.

Мужичонка внутри устроился смотреть в лобовое стекло сидя, спустив ноги в летних кроссовках на подножку, хотя разносчики (носильщики или доставщики) в мини-ване вольготно полёживали на стальном рубчатом полу, кое-где прикрытом яично-тухлыми обрывками несвежего картона. Лиц в полутьме было не разглядеть. Просто: плотная, словно спрессованная, тяжело дышащая человеческая масса.

Вот, с пассажирского сиденья рядом с водителем, всем корпусом повернулся дебелый босс к своим «людям» и, никому в частности, сообщил:

-Ходить будем по Лашину, а потом, возможно, в Дорвале...

-Не устраивай сквозняк, Андрюха! – прервал его здоровенный парнюга в добротном тёмно-синем комбинезоне, видимо, старожил флаерсной поноски. – Дорвал – это, надо понимать -- шабашка...

-А я ничего такого не сказал! -- перевёл взгляд Андрюха. – После обеда получите по доллару. И должничок тут у нас завёлся. Помните, Юру? Второй раз без предупреждения на работу не выходит. В кассе за ним восемьдесят «гусиков» числится. Делим на всех – поровну. Получается, после обеда за семь долларов ходить будете...

-«Ходить» это не только древне-еврейское выражение, но и целое понятие! – неожиданно для всех отреагировал на происходящее мужичонка. И, никак не заботясь о внимании к себе, продолжал:

-Ты с кем ходишь? – спрашивали, порой, в древности, ещё в досократовскую эпоху.

-Я? С Аароном! А ты с кем?

-Я – мытарь. Я хожу с Иоанном.

-А, может, лучше ходить с Иисусом?..

Учитель, проповедник или философ шёл, глаголя о чем-нибудь, от селения к селению, по горным тропам, по песку между дюнами, кормясь на подаяния, побираясь, попрошайничая у окрестного народа. А паства, или слушатели, или ученики, или,.. как хотите, так и называйте их, извивающейся цепочкой тянулись за ним. И было их: иногда сотня, иногда несколько сотен, а то и тысяча.

-Если учителя пробивало вдруг речь держать,- продолжалось полубормотание мужичка,- то учитель задерживался на вершине какого-нибудь холма и оттуда оборачивался к народу. В такие моменты молчаливая паства всегда оказывалась внизу, а он, величественный, -- на возвышении. Так принято было издревле. И существует такой порядок до сих пор: мавзолеи, трибуны, кафедры и эстрады.

А на ночлеге или на привале учитель, обычно, ничего не говорил -- отдыхал, афоризмы оригинальные или притчи какие для народа изобретал. Или обыденное что-нибудь. Или почести принимал. Либо гнали его взашей палкой. Главное – умел он молчать сосредоточенно. Кстати, обратите внимание: у некоторых людей от природы лица такие вдумчивые, а в голове – звон от пустоты. Но... «Тихо! Чапай думает!». Потому и нет за древними проповедниками никаких более или менее достоверных записей. Говорят, «не сохранились». А по мне, так их и не было. Потому что на ходу ничего не застенографируешь и не запишешь. Да и не расслышишь-то ничего толком.

-Что, что учитель сказал? – за шумом песчаной бури спрашивали люди друг друга в задних рядах.

- Иоан-то? Да сказал, что он не главный нонече.

-А кто, кто тогда?

-Грит, ещё кто-то должен быть. За ним...

И в России такое с Библии повелось. Говорят: «Я с Клавкой уже второй год хожу», «Я с тобой ходить не буду»...

-Да ты, батя, случаем не заговариваешься? – встрял мордатый парень-старожил, не без усилия справившись с охватившим его чарующим оцепенением. --Откуда ты всё это знаешь? А зовут-то тебя как?

-Лёва, меня зовут. Из книг я всё это вычитал, не веришь?

-Лектором, что ли, был по атеистической пропаганде?

-Да нет, я всю жизнь на заводе Козицкого токарил. У нас, в Ленинграде. В командировках времени хватало. Да и так...

-А-а-а! Рабочий-аристократ. Ну, это другое дело!

-Вот, Мишка, и будешь ходить с дядей Лёвой, - вмешался молчавший до сих пор Андрюха-босс. -- Всё дяде объяснишь про нашу работу и передовой опыт передашь. Домой ведь скоро тебе, в родную Пензу?

-Да хрена ли мне в этой Пензе?!

-Ну, как же? – не унимался босс. – Домишко собирался заново перекрыть, унитаз фарфоровый на огороде поставить,.. да и в футбол поиграть...

-Смотри, Андрюха! – лениво пригрозил Мишка боссу. – Не посчитаюсь, что ты хозяин. Так отдубасю!

Как раз в этом месте на шоссе мини-ван крепко тряхнуло от снежной утрамбованной лепёшки, и флаеристы, до тех пор напряженно вслушивавшиеся в тонко продуманную словесную месть босса, с облегчением хохотнули.

И с каким-то непонятным изумлением, как будто узнавая нечто, воззрился наш странный мужичонка на смелого парня.

После полутора часов езды, во время погрузки у психованно развёрстых дверей помещения-сортировки, дядя Лёва устроился первым в голове «китайского конвейера», старательно подкидывая над тротуаром тридцати килограммовые упаковки местной газеты «Suburban». Он был оживлен и весел.

Молодцом продержался маленький Лёва до самого обеда, где-то часов до двух. В пик общего перекуса, прямо в кузове мини-вана, босс проговорил:

-Дядя Лёва! Мы, вообще, тех, кто в первый же день ломается, за мужчин не считаем. Но если ты сегодня и не продержишься даже, мы тебя всё равно в книгу рекордов Гиннесса занесём. Как самого старейшего флаериста в мире. Сколько ж тебе лет?

-Полных? Пятьдесят шесть. А сколько километров в день вы проходите? – с отдышкой ответил старенький новичок, в то же время с упоением втягивая в себя потрясший его запах копчёной колбасы и пупырчатых огурчиков из чужих «тормозков».

-Да не так уж много, двадцать-двадцать пять.

Главное дело, о чём умолчал босс, было не в ходьбе. Заиндевевшие лестницы, ступени веранд и окоченелые косогоры, смертельные зеркала под снегом, сам снег под ногами и в виде метели – в лицо. Тропинки между домами приходилось торить, утопая в плотных наносах почти по колена.

В первый раз дядя Лёва опрокинулся на спину, когда уже совсем завечерело. Не устояв на ослабших и разъезжающихся ногах, он сверзся со ступеней двухэтажного особняка на косогоре, взбрыкнув в воздухе заледенелыми кроссовками, после чего тело его беспомощно грохнулось о полированный до паркетного блеска промёрзлый мрамор.

Упал он удачно – на перевесившую его тяжелую оранжевую сумку, набитую «Сабурбаном», и она смягчила падение. Только немного замозжило в локте от удара. Лёва быстро встал, поправил «оранж» и отряхнулся, незаметно и с опаской оглядываясь, не заметил ли кто?

-Ну, как, Лёва, осваиваетесь? – участливо поинтересовался босс, как раз выкатившийся из потока машин на шоссе в чернявом и вёртком «Таурусе».

-Каторга! – бодро воскликнул в ответ пожилой малыш. Крохотное лицо его с торчащими из под лыжной шапочки ушами гнома при этом радостно осветилось. – Настоящая каторга. Достоевщина какая-то. Каждый богат и беден по-своему...

-Экипировка у вас не совсем подходящая. В следующий раз я подберу вам что надо. – И отъехал босс.

Потом Лёва с молодым своим напарником, следуя по параллельным сторонам улицы, вышли на широкий перекрёсток какой-то «рю» с непонятной по названию «авеню», к заготовленной здесь новой партии флаерсов и уже припорошенной снежным просом. Они дружно помочились на открытом со всех сторон и хорошо просматриваемом пространстве. Снег, пронзаемый мощной Мишкиной струей, дымящейся на морозе, кофейно коричневел и едва-едва прожёлтывал от Лёвиной.

-Лёва, почему ты говоришь «каторга»? – поинтересовалась молодость, не прекращая струить. – Мне, например, нормально. Не хочешь или не можешь – никто ведь тебя не заставляет...

-Это как посмотреть, Миша, - внимательно взглядывая куда-то в ухо собеседнику, растерянно пробурчал мужичонка. Лучше всякой дактилоскопии конфигурация уха говорила ему о прямом родстве.

-А чё ты из Ленинграда уехал? – не отставал молодой. – Припухла плесень, что ли?

-Да все мы, каждый по-разному, а от одной беды уехали! – философически изрек дядя Лёва. – Началась перестройка. Завод закрылся. Всех посократили, уволили. Семья у меня была... особая. Я ведь уже семь лет в бегах. На ближнем востоке побывал, развёлся. Теперь, вот, уже четвертый год от властей скрываюсь, тяну на гуманитарную. Женщина мне попалась хорошая: кормит, одевает, обувает. Сижу взаперти, шороха тараканьего боюсь... Что-то покачивать меня стало, видимо, вестибулярка отказывает. Иногда заговариваюсь. А куда я на работу пойду - без социального номера? Вот, сказали, что на флаерсах всякая шантрапа, как и я, лямку тянет...

Тут Лёва замолчал и полюбопытствовал, вроде бы ненароком:

-А ты? Семья-то у тебя есть: жена, дети, родители?

-Холостой я ещё! – недовольно отмахнулся Миша. – Мамка есть. А вот отцу, если б встретить его, я бы накостылял...

-Бросил, что ли?

-Да где бросил?! – широким жестом, запахивая молнию на ширинке, заорал вдруг Мишка. – Приделал меня и сбежал! Командировочный какой-то... Убил бы, если бы под руку попался.

Получилось так, что они беспрестанно ходили уже часов десять. По Лашину, потом -- по Дорвалю. И снова – по Лашину.

Время переездов оплате не подлежит.

Здесь, у места очередной заправки-оправки, ждало разносчиков небольшое новшество. Когда богатырь Мишка отгреб руками порошу с новой закладки флаерсов, он обнаружил там дополнительные кипы «Канадиенс тайерс» и ещё по одной сумке-оранж на каждого. Мишка непроизвольно крякнул. Потом снова крякнул, взваливая на себя флаерсы:

-Ничего! Сортировать будем на ходу: слева «Сабурбан», справа «Канадиенс». Вкладываем маленькое в большое... И рисуем сквозняк отсюда! К Новому году босс бутылку поставит. Я знаю, так уже было.

-А как маму твою зовут? – совсем, казалось бы, не по делу спросил дядя Лёва, подседая под сумки.

-Люба! – удивленно ответил Мишка. И добавил

непроизвольно: -Тебе помочь?

Теперь, с двумя сумками поклажи наперекрест, странный Лёва был похож на юного клошара времён французской буржуазной революции. Или – на некоего обстоятельного канадского семьянина. Тот, на экранах телевизоров, всегда после «шопинга» выходит из дверей «супермаркета», амплитудно раскачиваясь под грузом уикэндовских приобретений.

Если бы Лёва мог, он бы напрягся ещё на пару часов хождения. Но сил у него уже не оставалось. Используя свои узкие плечи в качестве коромысла, он свешивал «переметные сумы» с обеих сторон и, потихоньку запинаясь, перетаскивался от строения к строению, где и бросал их. Покопавшись затем негнущимися пальцами в холодной сгущёнке сумок, Лёва складывал флаерсы и, чувствуя временное облегчение, двигался по снежному насту, то и дело проваливаясь, тотально настигая почтовые ящики, где бы они ни находились: на заднем дворе, на втором или на третьем этаже, за деланными колоннами или за мраморными маршами с перилами и без.

Часов в одиннадцать, уже в полной ночной темноте, изредка прокалываемой вспышками новогодних блёсток из окон, маленький дядя Лёва неожиданно упал. Он исчез из поля зрения Мишки на одном из переходов, оказавшись на продуваемом со всех сторон пустыре между широкими поместьями на прибрежном бульваре Святого Жозефа, у самого начала незамерзающих Лашинских порогов.

Какое-то время Мишка ещё подождал напарника, но тот долго не появлялся. Чертыхаясь про себя, Мишка нехотя пошел в ту сторону и в темноте чуть не споткнулся о дядю Лёву.

Глубокий монреальский сугроб стал последним прибежищем бывшего высоко квалифицированного токаря из бывшего Ленинграда. Ещё не веря себе, Мишка перевернул дядю Лёву на спину и увидел его страшное лицо, искажённое гримассой боли и залитое чернильной синевой.

-Ты что, ты что, дядя? – в испуге запричитал Мишка. – Очнись!

Лёва попытался встать, но спина его конвульсино выгнулась

и он инстинктивно схватился за грудь, словно его кто ударил изнутри.

-Знаешь, Миша, -- прохрипел он. – Я тебя по всему свету искал. Потому что ты сын мой. Я только не думал, что ты такой большой вырос...

По заключению паталагоанатомов дядя Лёва умер от инфаркта.

КАМЕЛОТ

1.

Мордатого Серёгу из Тамбова все «на флаерсах» считали дурновастым. И было за что.

Работали тут инкогнито, АйДи не требовалось, каким именем ни назовись -- все будет хорошо. В дни получки происходили комичные сценки.

-Витя! – восклицал босс. – А кто это тут у нас назывался Витей? Ага, это ты! Получи свои полсотенки.

В этих затаённых обстоятельствах мордатый Серёга был неадекватно откровенен. Крепкий тамбовский мужик, отдалённо напоминающий красного, крутозаваренного врастопырку тихоокеанского краба, он искренне-возмущённо и даже как бы с обидчивым удивлением излагал горькую и трагедийную историю своего беженства из России. Со многими подробностями. Всем вместе и каждому в отдельности.

-Помашь, шёлковый шнурочек накинули на шею и спрашивают: «Где деньги? Где мани спрятал?». Хотели отпустить. А какие мани? У меня ж семья: отец, мать, жена, двое детей. Их тоже кормить надо? Надо! Ну, отмотался я от них, сбрендил, правда, немного и – в зарубеж. От страха такого!

От сурового испытания, какое, несомненно, пережил Сергей,

немудрено сбрендить. Хотя, впрочем, беженские истории тут разные рассказывают, порой и пострашнее. Легенды! Как это называется в иммиграционных документах Канады.

Но Серёгина история, благодаря провинциальной сердечности её излагателя, выглядела убедительно и правдоподобно.

В родном Тамбове слыл Серёга неплохим авто-слесарем, завёл гаражик на пять подъёмников, домишко двухэтажный втихаря выстроил, почти за городом, на тихой Железнодорожной улице. Жил неплохо, пока на него не "наехали". А в Монреале приглянулась бывшему мастеровому заколачивать деньгу на разноске флаерсов.

И то сказать: флаеристы в Монреале в постоянном спросе. Почётная это здесь профессия! Едва появишься в конце улицы, а тебя тут будто всем только и не хватало; ждут-пождут, выглядывают, льнут к окнам, привечают любезно «Са ва?» или «Хау ар ю дуинг?».

Второе: флаерист – это свободная профессия. Как есть «художники» и -- «свободные художники». Не хочешь идти, устал или обстоятельства не позволяют – не надо, не ходи. Никто тебе не тренькает, только предупреди босса. И ничего объяснять или придумывать не спрашивается. Сказал что не выйдешь и – «гуляй рванина от рубля и выше!».

Размечталось мордатому Серёге сложить неплохой канадский велфер с наличкой, получаемой на флаерсах. С прицелом на будущее. Гаражик потом в рент взять. Для начала. И не здесь, заштатном Монреале, а другом городе, побольше, скажем, в Торонто.

Было в новом житейском занятии бывшего тамбовского обитателя и ещё одно нечто такое, что превращало разноску флаерсов в увлекательное дело. Нравилось Серёге просто "ходить", думая о чем-нибудь постороннем, далеком отсюда, ходить, посвистывая, а то и напевая слегка. В конце недели получил "мани" и -- голова не болит.

У всех тех, кто "сердцем прикипел" к этому простому, но тяжёлому делу, есть, по-видимому, нечто общее. Крепкие ноги и жилистые ягодицы. Потому-то и существует в монреальском народе неофициальное и, по-своему, весьма почётное название флаеристов. "Камелот"! -- кличут между собой, за глаза, добродушные местные жители таких отчаянных мужиков, что беззаботно идут, расхристанные, то по жаркой, то по промёрзлой дороге, от дома к дому, попыхивая, попукивая да посвистывая.

"Шевалье" – это дворянин, готовый выступить под командой сенешаля на защиту своего босса-суверена с оружием и своей лошадью, а "камелот" – это безлошадный рыцарь.

Прототип сэра Камелота -- из мифов глухого для нас средневековья, -- воспетый великим англо-шотландцем Теннисоном, был членом Круглого стола короля Артура и был влеком по жизни и обуреваем фикс-идеей: добраться до святой чаши Грааля, отбить у неверных церковь Гроба Господня в Джерусалеме. А потому -- в качестве тренировки: рыцарские турниры. То с пикой наперевес, то с мечом взамашку, то с какой-нибудь прекрасной дамой... В конце концов, Камелот является основателем одноименной столицы королевства Артура и название её нынче используется экзальтированными людьми для представления о некоем идеально обустроенном городе и обществе на земле.

Вглядимся, для упрочения образа, в чёткую английскую графику этого славного имени - Camelot. Латинские литеры "L" и "t" торжественно и победно возвышаются над общим строем тесно сплочённых букв, как бы символизируя собой рыцарскую пику и рукоятку меча какого-нибудь отъявленного крестоносца.

И за всем этим так и чудится звучащий в отдалении переливчатый бой колоколов во время рыцарских ристалищ, звон боевых литавр, ржание коней, железный хруст рыцарской аммуниции, громкое полоскание штандартов на ветру и эфирное веяние цветных шифонных платочков с гербами, снятых с белоснежных шеек знаменитых дам и водружённых на отвершия расхаживающего строями и скачущего воинства.

2.

Месяцев семь или восемь отходил русский флаерист по нарядным, почти круглый год празднично иллюминированным улицам и закоулкам Монреаля, меняя боссов и флаерсные компании, завёл он себе личную сумку-поноску, став настоящим собачливым профессионалом. Близилось осуществление заморской мечты Сергея насчет собственного гаражика. Но зима в том году пришла тревожная, сухая и безснежная, а потом и совсем захужела, поставив пределы не только планам, но и самому существованию человеческому.

Без снега в 1998 году отсправляли монреальцы местный жутковатый праздник Халоувин, яркий Жуаё Ноэль; Новогодний карнавал тоже прошёл без снега, на голом заскорузлом от наледи асфальте. И держалось тогда в атмосфере какое-то постоянное, неясно ощутимое людьми нервное напряжение. Пошла Нинья – губительный циклон от берегов Южной Америки. Потом оказалось, что и комета Галлея – с цикличностью в семьдесят лет – приблизилась к Земле. В результате воспалённо-малиновым светом мерцало по ночам лицо разорённого, беззвёздного неба, как будто странная болезнь под названием «рожа» поразила его.

В самый канун описываемых событий случилась у Серёги беда.

Позвонили из далекого Тамбова. Мужской, незнакомый голос наигранно-добродушно спросил:

-Это ты, што ль, Серёга?

-Ну, я, допустим.

-Возьми ручку или карандаш – запиши адресок.

Сергей торопливо записал и спрашивает:

-На хрена адрес-то?

-Вышли,.. -- мужик значительно помолчал, -- тыщонок пятьдесят. Зелёными, желательно.

-Да ты кто такой? – вспылил Сергей. – Сбрендил, что ли?

-Не "ты", а "вы"! Мы много не просим. Мы тут дочку твою обортали...

И отбой, и гудки, и курковая осечка на том, на дальнем конце телефонной линии.

3.

В глубоком похмельном бреду проснулся на следующее утро отчаявшийся флаерист, пробуждённый грубой металлической трелью привезённого с собой будильника ещё советского производства. Вчера он обречённо распотрошил свою скромную заначку, хватанул прямо из "горла" Смирновской от могавков и упал почти замертво, чтобы не думать много. Проснулся и – снова перед его глазами предстала пятнадцатилетняя красавица-дочка Оля в руках закоренелых бандитов где-нибудь в подполе, в погребе или в подвале..

Едва светало. Легкий парок изо рта подсказывал: за ночь заметно похолодало в аппартаменте. Машинально, ещё в темноте, потрогал Серёга железные ребра "хитинга" и резко одёрнул руку от мертвяще холодного металла. Пощёлкал выключателем – люстра под потолком не вспыхнула привычно; не сработал ни один электрический прибор. «Хана!» – подумал Серёга, как бы подводя итог всему своему и всей цивилизации.

Он запалил давно припасённую свечу; в неверном, колеблющемся свете свечи оделся, не умываясь. Кольчужка добротного свитера из толстой японской шерсти с отчекрыженными рукавами не просохла с вечера, брошенная без присмотру. Она неприятно холодила тело , а вместе с меховым кепи свалился на тамбовца медный шлем звенящей головной боли и жгучей тоски.

Сергей успокаивал себя, тщательно посчитал накопленные деньги и принял решение одолжить у кого-нибудь недостающую бешеную сумму, отдать бандитам выкуп и выручить дочку-заложницу, а денежный заём отработать потом на любых кабальных условиях.

Опаздывая на работу и всё ещё не веря ни в какие напасти, мордатый и настырный Серёга наощупь, но стремительно скатился по тёмной лестнице с третьего этажа, вырвался из темноты на простор улицы и помертвело притих.

Перед ним разверзлась дьявольская красота.

4.

Всё, что с вечера было живым, стало мёртвым. Накануне прошёл дождь и облитые им оледенелые и закаменевшие изваяния неузнаваемых древоподобных растений и кустов растленно разбрелись по всему городу. С крыш, деревьев, столбов и балконов угрожающе свешивалось, пучилось и ползло по земле блескучее мутное тесто льда, поглощая всё новые и новые плацдармы, площади, территории.

Великое оледенение царило в испуганном городе. И великая тишина! Зловредный лёд скрадывал звуки, не слышно было ни шума трафика по дорогам, ни людского говора, ни воробьёв, ни посвиста ветра за углом. В глухой многослойный панцирь заковала в тот год природа старинное каменное поселение разноплеменных людей на вулканическом острове у подножья горы Монт-Рояль. И давила мать-природа, давила на психику, пугая и в тоже время чаруя людей обаянием своей сверхестественной силы и произвола.

Рядом, справа в Серёгином доме, тут же на улице Бурет, рухнул прямо на козырек соседнего подъезда усталый столетний тополь, сломавшись в полствола под многотонной ледяной массой. Половина бетонного козырька тоже обрушилась. И так всё это и лежало на закованном в лёд сером асфапьте, словно моля о помощи. Серёга повёл глазами: чутко проглядывал из малиновой горячечной мглы, захватившей всё небо, угловатый силуэт тяжелокаменного кафедрала Святого Жозефа.

Флаерист сделал первый осторожный шаг в это утро, как тут же, стремительно и яростно обрушился на него мощный торс ещё одного окоченелого тополя. Флаерист инстинктивно, по-звериному, отпрыгнул на середину улицы и оглянулся. Неподалеку от него, откуда-то сверху, отчаянно хлестанул по мостовой обмёрзший и лопнувший, как гитарная струна, стожильный, в руку толщиной, бронированный кабель. Вот, совсем не пружиня, мёртво ударилась о земь мощная ветвь чёрнолистного клёна. Вот подломилась гладкоствольная европейская берёза. Вот ещё тополь! Ещё!

Вдруг вдали, в направлении Сан Жозефа, куда и глаз-то едва доставал, медленно накренилась, переламываясь и корёжась, как в адском пламени, заиндевевшая стальная опора высоковольтной линии электропередач. Канонадно ухали смертоносные сосули, вакхальной лавиной ссыпаясь с деревьев. И всё также зловеще и молчаливо полыхал на месте бывшего привычного неба грозный огонь как бы некоего рожистого воспаления, озаряя окрестности тревожным светом всемирной трагедии.

Ощущение у Серёги было таким, будто не ко времени вернулся он в свой дом, а некие грабители-невидимки, прямо на глазах хозяина, шаг за шагом, методически, продолжают свой бандитский разбой.

С телефона-автомата в метро "Пламондон", за квотер, Серёга первым делом позвонил своей верной иммигрантской подружке.

-Это я, мужик твойный! –пытаясь шутить, сказал он в трубку. – Ты это... смотри, тово. Никуда из дому лучше не выходи сегодня. Очень склизко на улице.

-А чё это ты позвонил вдруг? – недоумевала подружка по поводу столь раннего звонка.

-Да я же сказал: склизко на улице. Никогда такого не было... Так что, ты тово, не ходи в школу на свой французский и к бабке на подработку тоже не ходи.

5.

В этот день на явочном месте русских флаеристов собралась всего лишь половина команды. И встал вопрос: ходить или не ходить? Серёга точно бы не пошел. После тамбовского шнурочка это был второй раз в его жизни, когда он по-настоящему испугался. Но Оля, любимая доченька , в руках у подонков!.. Трудные деньги отца стали сегодня её жизнью.

Решение вопроса «ходить или не ходить» зависело от хозяина, но так совпало, что ещё в самом начале января, сразу после Нового года, на «холидэйс», верховный босс разносчиков мотнулся на Кубу отдохнуть со своим семейством, оставив за себя на хозяйстве одного из своих ловких бригадиров. И, как это обычно бывает при смене ситуаций, всезнающий и пронырливый в обычной жизни помощник босса оказался неспособным принять самостоятельное решение в экстремальных условиях.

-Филипинцы сегодня не идут, -- выкрикнул кто-то из команды.

-Латиносы тоже забили на это дело, -- буркнул другой.

-У филипинцев флаерсы с утра завозятся! Их ещё нет! И, может быть, их вообще не доставят! – завопил бригадир. – А у нас они уже с вечера лежат! Мы обязаны разнести их! Или я у всех деньги удержу. Из отработанных!

-А ну-ка, -- грозно прикрикнул на него мордатый Серёга. – Выключи борзометр! У людей в домах света нет и горячей воды нет. В шопах и супермаркетах тоже самое. Кому они нужны, твои флаерсы, если по скидкам покупать негде? Выбросить их в гарбич – спокойней будет. И не забывай, у нас тоже семьи есть. А ну как случится что с ними или с кем из нас? Кто будет отвечать, ты, что ли? Да и команда у нас маленькая...

-Тогда сегодня будете ходить до самой ночи. Двенадцать часов! По десять долларов в час! – поманил ходоков безумный бригадир. - За один раз сто сорок четыре доллара! Как с куста!

-Мы столько не проходим в таком темпе, – пробубнил футболист Мишка, здоровенный молодой мужик из Пензы.

-А можете ходить хоть до завтрашнего утра, – довольно заржал бригадир. – Все деньги ваши! Двести сорок получится!

Напарник в этот день попался Серёге шибко грамотный. Хоть и высокий, но сухопарый, телом крепкий, несмотря, что зяблик. В золочёных очёчках , в клетчатой кепчонке с помпончиком, шейка тоненькая. Сказал, что новичок, но ходит легко и быстро. Все время впереди Серёги по своей стороне шпарит.

-Как зовут-то тебя? -- полюбопытствовл было Серёга.

-Много будешь знать – быстро состаришься, а значит умрёшь рано, -- ни чуть не стесняясь своей грубости, ответил новичок.

Потом они долго не разговаривали. Да и не до болобонства было: то и смотри зашибет тебя чем-нибудь оледенелым сверху или рухнушим сбоку.

Опасные деревья, обросшие за ночь гладким, сверкающим льдом, флаеристы обходили стороной, а если какое стояло на пути, то флаеристы задерживали шаг, присматривались да примеривались и затем сколь возможно стремительней преодолевали простреливаемое сосульками пространство.

Однажды лишь, разбирая по сумкам очередной ворох флаерсов, сваленных бригадиром у обочины дороги, Серёга не удержался поделиться своим наблюдением:

-Наши-то деревья покрепче будут! Выстояли бы!

-Дурак ты, а не патриот! -- злобно отреагировал напарник. – Наши русские деревья только на взгляд дуроломов такие же как и в Канаде. Но это только на взгляд. Потому что они, конечно, одних семейств, но разных видов.

-Ты, наверно, еврей? - только и пискнул в ответ Серёга.

-Ну, да! А ты-то как догадался?

-Много знаешь!

-Да уж! - тряхнул помпончиком сухопарый. - Этого не отнять.

После флаеристы снова долго не разговаривали, занятые остервенелым старанием не скопытиться на гиблом льду под ногами, и тем, что, едва заслышав лёгкое ещё похрустывание над головой, давали пугливого стрекача из-под деревьев.

6.

Где-то в пять вечера, далеко после перерыва, Серёга заметно сдал. Для флаерсного ледяного дела надо бы родиться гигантом. Или гением нижних конечностей со специально тренированными паховыми мышцами. Притомившись, да в темноте, казалось бы уже опытный Серёга совершил грубую ошибку. Вскарабкавшись по обледенелой лестнице на третий этаж, чтобы вбросить флаерсы на маршевую площадку, он не заметил здесь знака, запрещающего паблисаки.

Жильцы этого злобного аппартамента оказались большими ловчилами. Как и определенная категория некоторых других жителей Монреаля. Якобы уставшие от флаерсов, они платят муниципалитету небольшую мзду за право повесить знак запрета на своей территории. После этого они подвешивают свою ловушку-знак, порой, величиной с горошину так, что новичок, а в темноте и опытный, но усталый флаерист не сразу разлядит его. Кое-кто из жильцов прикрепляет свой знак-кормилец всякий день в новом месте: то под дверью, то на столбике веранды, а то и на фронтоне.

Сгоряча вкатывает флаерист свой поносок в почтовый ящик или рядом , а хозяева такого дьявольского дома хвать пёстрого змеёныша и тотчас либо супервайзеру звонят, либо с радостью усаживаются за стол строчить заявление в муниципальный суд-корт.

За действиями простых, казалось бы, любителей порядка кроется прямая выгода. Полтысячи долларов наличкой и "не отходя от кассы" готов платить супервайзер жалобщикам, чтобы только не допустить дело до суда. Единственно потому, что требования суда представлять полный финансовый отчет о деятельности компании.

А проштрафившемуся флаеристу -- никакой получки, штраф и, безусловно, – гон. В этом случае вновь следует двойная выгода для расчётливых жалобщиков: новичок-флаерист обязательно ошибётся. Значит, снова халявные «мани».

7.

Когда чуть позже «шибко грамотный» и безымянный напарник мордатого Сергея вышел на угол, он застал нашего Камелота без разбору сидящим прямо в сугробе, под оледенелым кривым сооружением, отдалённо напоминающем теперь тополь пирамидальный.

-Ты французский или английский знаешь? – убито спросил Сергей.

-Не задавай вопросов, дурак! – вновь огрызнулся напарник. – Дело излагай.

-Да какое дело? Прокол у меня. Флаерсы под запрещающий знак положил.

-Ну, так забери.

-Хрена с два заберёшь. Я ещё с крыльца не сошёл, баба какая-то из-за двери выкатилась, будто ждала, и -- хвать всю кипу! Я
стучать! Так мужик вывалился. «Полис!» – кричит. –«Полис!». Вот я и спрашиваю тебя: «Говоришь на каком-нибудь ихнем?» Ради Бога прошу, -- взмолился Сергей, -- сходи к ним, поговори. Может отдадут? Всё ведь у меня из-за этого к чёрту летит.

-То-то! – строго нахмурился «шибко грамотный». – Бога вспомнил! Да ты знаешь, какой день сегодня? Рождество Христово, еврейского сына Божьего. По православному календарю! А природа -- в ведении самого Бога. Вот он и посылает ледяное знамение. – Помолчал и добавил: -- Только истолковать всё это трудно… И некому.

Резко повернувшись, он зашагал к злополучному дому прямо по целине, а Сергей затравленно и обречёно смотрел за напарником как тот смело и сильно бороздит ногами снежную целину.

В это время хряснуло что-то в заледенелом тополе, под которым притулился Сергей; в одно неуловимое мгновение верхушка дерева молчаливо отделилась от ствола и в шуме и блеске взрывающихся сосулек саданулась о сидящего человека.

8.

Как рассказывают досужие монреальские люди, мордатого Серёгу зашибло тогда не до смерти. Он сильно пострадал, лежал в госпитале, не стал «ходить» на флаерсы и навсегда потерял остаток разумности, подавшись в какую-то замкнутую религиозную общину.

А может ещё и оттого, что в глухом подвале далёкого Тамбова бандиты изнасиловали, а потом исполосовали ножами пятнадцатилетнюю дочь Серёги, красавицу Олю, не дождавшись многотысячного выкупа в назначенный срок.

СУМКИН СЫН

Штурм злополучной высотки позади последнего тупика домов по выезду с Иль-Перро чаще всего происходил под занавес и тихая операция по её захвату выполнялась обычно двумя бойцами из тех, кто к концу дня был ещё способен двигаться. А иногда, не выявив ни «свежаков», ни добровольцев и, жалеючи подчинённых, командор брал с собой шофёра и ходил на это важное дело самостоятельно.

Он знал: там, наверху, откупив землю, построили свои новые особняки два разбогатевших на флаерсном деле супервайзера. С недавних пор, как пара горных орлов, воспарили они в вышине, над взятым на контроль микрорайоном, визуально и с помощью оптики наблюдая за работой разносчиков на его улицах.

Разумеется, флаерсы в домах супервайзеров, как таковые, были ненужны этим людям. Всего лишь: от разносчиков они требовали неукоснительного, идеального выполнения своих обязанностей, но эта дополнительная мука в окончании дня, выпадавшая по прихоти контролёров на долю уже уработанных флаеристов, раздражала неимоверно.

В тот день, возвращаясь в Монреаль по глубоким заснеженным колеям дачного острова, красный кирпич камьона двигался мягко и убаюкивающе, словно по вате. Истомлённая к вечеру братва внутри фургона полегла пластом и обстановка складывалась неважнецкая: бойцы вконец понурились, пряча глаза от босса. Несколько бодрее других выглядел «Борода» и высокий сухопарый парень лет тридцати пяти с крепкими собачьими челюстями, удивительно похожий и на бывшего зэка, и на зонного политработника одновременно.

«Бороде» было уже за пятьдесят с хвостиком; на флаерсах он был впервые; ходил тяжело, но характер, как выяснилось, имел злобный, несговорчивый. В один из переездов в фургоне на новый маршрут «Борода», казалось бы, ни с того ни с сего, чуть ли не с кулаками набросился на того бывалого бойца, что, наоборот, выбрит до синевы и - не то «зэк», не то сотрудник исправительно-трудовой колонии.

Наткнувшись в фургоне на стеклянную большую бутылку с изображением рогатой бычьей башки «Борода» поинтересовался:

-Это пиво, что ли?

-Пей, пей! –съязвил вдруг «Политработник». –Это моча!

-Ах ты, сволочь! –бешено заорал «Борода» и, сдёрнув глухие тёмные очки с диоптрием, обнажил под ними битую-перебитую переносицу. --Я десять лет назад вымелся из Союза, чтобы не видеть таких тухлых рож, как у тебя! Знаю я ваш рабоче-крестьянский юмор и культурку общения. Ты откуда взялся тут, падла?!

-Кто падла?

-Ты падла! А что?

-Зарежу! – завизжал «Политработник».

-Убью! –судорожно сжал в руке пивную бутылку «Борода»...

Днём, из опасения чрезвычайных происшествий, босс ни разу не поставил этих двух задиристых мужиков на один маршрут. Но теперь, вечером, у него просто не оставалось выбора: оба хоть и выглядели утомленными, но посвежее других бойцов. И, поиграв желваками на скулах, командор нехотя указал на них:

-Сегодня пойдешь ты! И ты!.. Выходи!

Двое долго вываливались из надышанного тепла камьона и тут же пропали, как и не были, в густой мельтешне взметённого снега.

-Условно меня зовут Витя! — воткнул себе в грудь указательный палец сухопарый зек-политработник. —Наша задача выползти вон на ту горку и забросать паблисаками два отдельно стоящих дома... Их не видно за крутизной , но они там!

Бородатый напарник покрутил головой, соображая.

-А я Рокфеллер! – рассмеялся он своей давней придумке. И миролюбиво добавил: — Аборигены часто спрашивают меня: «Ты ведь на родину вернулся, не так ли?».

Иль-Перро (по-французски это выглядит так: Île-Perrot) означает в переводе остров имени Жюля Перро, который давным-давно был уроженцем счастливой Франции, был танцором и хореографом и в содружестве с Жаном Коралли в 1841 году поставил знаменитый балет « Жизель» на музыку Адольфа Адама .

Для нашего повествования, в целом, эти сведения являются некоторым «архитектурным излишеством». Так же, как совершенно несущественно для жителей, скажем, монреальского даунтауна, что остров этот находится прямо-таки у чёрта на куличках. На дорогу туда со всеми шоссейными пробками уходит не менее полутора часов. Да обратно столько же. И есть здесь ещё долгий опасный мост над иссиня-чёрной, словно лакированной, водой с белыми клыками ледяных заберегов, связывающий норд-вестовский угол острова Монреаль с Иль-Перро.

Года два тому назад в этой и подобной ей Тьмутаракании начали функционировать первые русские бизнесы по разноске флаерсов. Бывшие советские инженеры, механики и программисты -- исторически обусловленные голоштанцы и голодрипанцы -- немало побегали и походили по этим отдаленным местам, сгибаясь в подбрюшине под тяжестью флаерсных мешков и паблисаков. Научившись толково звукоподражать местной речи, разжившись знанием и опытом, они -- где вскладчину, а где и одной семьей – выкупили, взяли на подряд или же в рент флаерсные дела.

Эти гористые и труднодосягаемые места достались русским из-за их дешевизны. Теперь, подкопив деньжат, «наши» двинулись на Кот-де-Неж, в Кот-Сан-Люк, их наёмные работники бродят с рекламой пиццы и ресторанного фуда аж по даунтауну!

Не знаю, есть ли где ещё в Канаде или в Северной Америке кроме как у нас, в Монреале, такая благодатная для иммигрантов без профессии форма заработка и форма торговой рекламы в виде разноски «флаерсов» по домам? В Торонто, по крайней мере, такого не заведено. Расстояния там умопомрачительные: один квартал обойти – восемь километров кругаля дать! Много не находишься. А наш городишко маленький, своеобразный -- всего на два миллиона жителей. И в связи с бурно-кипящей рекламной деятельностью на его улицах вспоминается незабвенный В. Высоцкий. Помните?.. «Ходят слухи по ушам, а беззубые старухи их разно-о-осят по домам!».

Тут надо сказать, что разноска флаерсов – занятие, отнюдь, не для старух и не для стариков. Потому что для такого дела надо обладать стальными жилами и, кроме всего, национальным характером. Ну, скажем, на сельскохозяйственных работах, таких, как сбор клубники, отличаются в скорости и аккуратности китайцы. Малоазийцы хорошо приспособлены для беспробудного сиденья в лавках, называемых здесь депанёрами. А русские люди – исконные ходоки. Из одного края поля в другое во время пахоты или жатвы. Из России – в Индию. К Ленину. К живому. А потом и к Мавзолею. Целеустремленность в нас заложена генетически. И даже оправданность усилий не обязательна.

На чём зиждится политика флаерсной рекламы? На тонко выявленных изъянах человеческой психики. Ежедневно и еженедельно с ярких листов бумаги, превосходно исполненных полиграфически, вам предлагают скидку на некоторые товары в строго регламентированные дни. И это действительно так. Правда, никому и никогда не докопаться в причинах скидок. Пересортица ли, сниженное качество или затоваривание? Представляется ясным главное – затащить вас в шоп, супермаркет или магазин. Будьте уверены: без дополнительной покупки вы не уйдете. Что и требовалось доказать. Потому что в другие дни эти же товары реализуются по завышенной стоимости. Средняя цена для торговца и складывается из дней скидок и дней завышения.

Флаерсы печатаются у нас в городе миллионными тиражами, немалые деньги на их изготовление предусматривают в своих бюджетах монреальские дельцы всех калибров. Выходит, оправдывает себя этот непривычный для нас вид рекламы!

-Пингвины они, что ли? Я имею в виду потребителей, – осторожно переставляя ноги по вихлястой дороге и вслух разглагольствуя обо всём этом, справлялся любознательный Борода у Вити. – Не понимают что ли механизма их обольщения?

-Может и понимают, – раздумчиво ответствовал Витя. – Да куда они денутся? С самолёта, который уже в воздухе?

Flyer, кстати, по-английски очень многозначительное слово. Это и лётчик, и быстроходная машина, и быстроногое животное. В разговорном жанре: честолюбивый человек. Для прояснения смысла слова «флаерс» более подходит fly – муха и fly-paper – липкая бумага от мух. Скорее всего, «для мух». Потому что после упрощения этого последнего словосочетания и рождается fly-er. Множественное число «flyers».

Более прямодушны в этом смысле и неиспорчены потомки весёлых американских первопроходцев-французов, издавна обитающие в канадской провинции Квебек. Поноску разносчиков они называют «паблисаком». То есть, «мешок с публикациями». И ничего больше, никаких хитростей.

Вообще, всё это флаерсное дело выглядит вполне благопристойно и благочинно: и волки сыты, и овцы целы. Другое дело, когда иммигрант ночами и днями, как проклятый, идёт-бредёт, скользя и спотыкаясь, по улицам во все глаза наблюдающего за ним чужого города.

Время от времени иммигрантом овладевает ощущение жгучей безысходности и ничем неостановимой жизненной катастрофы, происходящей с ним. Это не кино, где крутят долгие мансы о падениях самолётов в горах или в тундре, и о том, как потерпевшие крушение пилоты и пассажиры совместными усилиями успешно борются за выживание. В их ожесточенной борьбе эти несчастные люди ведомы животворной нитью надежды на то, что кошмар крушения когда-либо да закончится для них... А у иммигранта-разносчика даже с самым крепким телом такая надежда может быть лишь умозрительна.

Заползая по шоссе на оледенелую и заснеженную горку среди взрытой бульдозерами и безобразно обнаженной бурой земли, бородатый Рокфеллер по наивности новичка не переставал удивлятся тому странному образу жизни, который ведут жильцы этих двух невидимых и «отдельно стоящих» домов. Потому что путь наверх был один-единственный: по крутому шоссе на автомобиле. Пешком люди к тем домам никогда не хаживали. Дня два тому назад была оттепель, потом подморозило и каверзный чёрный лед выстилал теперь всю ширину пути, высовываясь из-под снега.

-Марихуану они что ли, там, на отшибе, выращивают? – отдирая сосульки с заиндевевшей бороды, поинтересовался Рокфеллер.

-Да пошел ты! – взвизгнул Витя, выкарабкиваясь на четвереньках.

И вдруг полетел вниз, в облаке серебристой колющей пыли, странно изгибаясь, ритмично и резко взмахивая руками, совсем не хуже, чем в балете какого-нибудь современного месье Перро, а то и самого Адама.

«Сволочь, разве такой поможет когда?» –вытягивая свое тело наверх по вспаханной им борозде и понимая, что без посторонней помощи ему не обойтись, думал Витя. –«Идёт себе и посмеивается!»

После горячей схватки в дневном фургоне он ничего хорошего не ожидал от напарника. Бывший военный лётчик из части, расформированной во время перестройки, Витя повидал, наконец, людей на гражданке и огорчился душой. «Волки, кругом одни двуногие волки!» – пришел он к выводу. Оттого и уехал с родины.

Последний бросок наверх был для него особенно опасен. Сорвёшься – и вновь полетишь на острые камни или угодишь на кол, до времени скрытый пушистым снегом. Но когда Витя поднял голову, то увидел бородатое лицо своего ненавистного напарника. У того, видимо, были свои понятия о чести и о благородстве. Лежа на животе над краем обрыва, царапая и срывая вкровь пальцы о лёд, сам едва на весу, Борода подавал Вите свою пустую сумку на длинной лямке с привязанным к ней поясным ремнем. Терпеливо и настойчиво, подбадривая себя матом, вытягивал Борода Витю из обрыва и помог ему встать на ноги.

-Давай не пойдем? – в сердцах предложил он после всего этого. -- Люди они, по всему видать, богатые. Зачем им флаерсы? Вот придем, а там написано «запрещено для паблисаков».

-Не баклань! – рыкнул Витя. –Тебя зачем сюда привезли, сумкин ты сын? Вот и иди!

На вершине холма ледяная дорога раздвоялась и ниспадающая волна запахов донесла до флаеристов щекочущий аромат жареного мяса и острых специй.

-Тебе налево, а мне направо, -скомандовал Витя.

-Нет уж! Ты налево, а я направо! Может, там лучше?

-Не дави понты! В натуре! –вновь по-боевому сузились глаза у Вити. –Надоел ты мне со своими примочками. Иди куда хочешь!

Когда Борода подобрался, наконец, к особняку, доставшемуся ему по собственной настырности, то оказалось, что особнячок этот не простой, а двухэтажный. Один письменный ящик в нём располагался внизу, ко второму – по обязательному служебному предписанию -- флаеристу следовало вскользить по наружной винтовой лестнице.

Борода растерянно оглянулся и увидел вдали постройку в один этаж с маячившей там в свете освещённого крыльца одинокой фигурой Вити. Очень двусмысленно хмыкнул тут Борода, осознав горькую ошибку в своём выборе и приятную -- в оценке характера Вити. Предлагая свой расклад тот, видимо, хотел облегчить жизнь перестарка Бороды. Или, безотносительно, брал на себя наиболее тяжелую часть задания, как, по его военным понятиям, и должно поступать наставнику по отношению к новичку.

Но делать Бороде было нечего. Стараясь пунктуально выполнить предписанные флаеристу обязанности, он сделал-таки отчаянную попытку оседлать лестничную площадку второго этажа, поскользнулся на льду и, чертыхаясь, крепко пересчитал ступеньки всей своей задницей.

Минут пять после этого, оставив мысль взобраться наверх и стоя внизу, флаерист безуспешно подбрасывал свёрнутые им в трубку яркие «пейперсы», стараясь, если не вложить в почтовый ящик, то хотя бы зашвырнуть их на верхнее крыльцо через перила. Однако «пейпы» для такого действия оказались слишком лёгкими, настоящий замах у Бороды не получался из-за тяжёлой, сковывающей движения одежды, и подброшенные им «пейпы» издевательски планировали над головой, но, входя в пике, глубоко вонзались в наметённые сугробы.

-А хрен с ним! – вслух проговорил Рокфеллер и с облегчением сунул свою поноску в уже заполненный им почтовый ящик внизу.

Тут же перед ним распахнулась наотмашь дубовая рама двери в доме, и в потоке света из холла предстал перед флаеристом бровастый мужик-латинос.

-Ты! -небрежно ткнул он в сторону растерявшегося Бороды. – Завтра ты можешь не выходить на работу. Как твое имя, чтобы сказать твоему боссу?

-Да кто ты такой? – с полуоборота завёлся «Борода». –И что тебе от меня надо?

-Я – супервайзер!

-Ну и что? Я не знаю, что это такое! Да не пошёл бы ты куда подальше!

-Послушайте, мсье! --неожиданно мягко вступил в словесную перепалку подоспевший Витя.-- Я подошел сюда, чтобы помочь этому пожилому человеку доставить флаерсы на Ваш второй этаж. Он устал. И он новичок. Но я бы обязательно сделал это! И потом, Вы неправы, поспешив наказать его. Этот человек только что вытащил меня из-под обрыва, когда я упал туда всего несколько минут назад.

-Я не об этом, --как старому знакомому, более миролюбиво

сказал супервайзер.—Как его имя, я спрашиваю.

-Рокфеллер!

-Это же не русская фамилия? – удивился латинос. – Ты что, домой вернулся, не так ли?

-Совсем недавно! –хмыкнул хитроумный Борода.

-А почему раньше не приезжал?

-Раньше я никак не мог.

-Тогда держи! –раскрыл свой лопатник латинос и широким жестом вручил деланному Рокфеллеру «красненькую». – Поздравляю тебя с прибытием в Канаду!

С покоренной ими горы флаеристы спускались весело, по-детски скатываясь на задах.

-Пропьем! Обязательно пропьем! – ликовал маленькую победу Борода-Рокфеллер. В недавнем прошлом был он редким в советской школе учителем русского языка – мужчиной и ещё многого не зыбыл за годы двойной иммиграции. – Как говаривали в старой России: «Рубль на водку – два на похмелку!»

-Да уж! –поддержал его лётчик. И, завершая конфликтную ситуацию дня, пояснил: – И пива попьем. У нас в полку, если хорошо, всегда говорили «это – моча»!

МАМА МИЯ, ПИЗЗА!

1.

Девятого января 1998 года (начиная с пятого, с официально постановленной даты старта) шли четвёртые сутки Великого Обледенения Монреаля.

Местные синоптики и учёные-историки тут же окрестили экстремальное действие атмосферы как «ice-storm».

Они знали о чём говорили, но русским иммигрантам, даже и ленинградцам, такое глобальное, жестокое и каверзное по своей сути явление природы было совершенно незнакомо. С пятого января одиннадцать сантиметров ледяного дождя опрокинулось с божьих небес на Монреаль и его окрестности. Около четырёх миллионов людей, в основном жителей провинции Квебек, оказалось заложниками бесшумно подкравшейся стихии. Под многотонной массой наросшего льда, медленно и как бы нехотя, а потом всё быстрее и стремительней сверзались наземь стальные опоры линий высоковольтных электропередач, бесчувственно, как гробы повапленные, валились столбы, деревья, антенны. Цивилизация, как оказалось, висела всего лишь на тонких нитях электропроводов, и город -- дом за домом, квартал за кварталом -- погружался во мрак, и уныние, продолжавшиеся в целом ни меньше ни больше, а тридцать три дня и тридцать три ночи.

В этот день в промёрзшем и заиндевевшем по углам блочном апартаменте на авеню Эдуард Монпети лежали в постели, пережидая беду, господин Борода и его испытанная подружка иммигрантской жизни, несравненная Эстерка. Для крепости они сгоняли в депанёр, взяли вина, перекусили мёрзлым хлебом, разрубленным топором, и теперь наша милая парочка, трижды вдетая в свитера, в пальто и куртки, в вязанных зимних шапочках, четырежды укрытая одеялом, покрывалом, накидкой с дивана и вязаным корчиневым пледом, походила на пестроцветных кикимор, каких иногда представляют в фильмах-сказаках весёлые кинематографисты.

–И что это за судьба наша такая эмигрантская?! – обескураженно бурчал Борода, и белесый пар из его рта носился по «бедруму» небесным скачущим облаком. –Там бандиты, передел и беспредел, в другом месте слишком жарко, а здесь чересчур холодно. Гоняют нас бестолку по белу свету. А лучшие места на Земле давно заняты...

За наглухо закупоренными льдом окнами, подминая под себя людей и автомашины, с глухим каменным стуком бухались на тротуары и поперёк дорог оледенелые деревья. И сказывалась при этом какая-то необъяснимая закономерность: под непомерным ледяным грузом первыми немотно бухались тополя, затем орешник, а вслед за ними рушились берёзы и знаменитые канадские клёны.

Темно-зелёные бугорки туи, прибитый к земле бархатисто-колючий стелющийся сланик, пики шелковистого тиса, мохнатые ели и даже средиземноморские сосны-пинии – все хвойные держались дольше лиственных и широколиственных пород. Закованные в ледяные панцири, «хвойники» застыли чудовищными малахитовыми изваяниями сумасшедшего скульптора, облитые искрящимся хрусталём и сверкучими бриллиантами. Такое, пожалуй, видел только однажды и только один человек – уральский мастер ажурных каменных дел Данила, оказавшийся на чужбине, в гостях у Хозяйки Медной Горы.

-Вот, - вздохнул Борода, - всё это из-за пагубного влияния Эль-Ниньо!

На что Эстерка с удивлением воззрилась на своего мужика.

-В переводе с испанского слово это означает «Христос-младенец», -- легко откликнулся тот.

-Про Христа никто ничего не говорил до этого! – заметила Эстерка.

-В сущности, тут и сказать нечего,- не отрывая взгляда от морозных окон, отреагировал бывший учитель советской школы господин Борода. -- Это всего лишь тёплое поверхностное течение в восточной части Тихого океана. Где-то, у берегов Эквадора и Перу. Правда, «Эль-Ниньо» это ещё и название одного из трёх кораблей в составе крошечной флотилии Христофора Колумба, отправившегося на поиски новых путей. Странно, что течение это зарождается и развивается эпизодически, с колебанием от двух до семи лет. Чаще летом, при прохождении циклонов у экватора. Причины этого губительного атмосферного явления, моя прекрасная подружка, к сожалению, до сих пор не выяснены.

Он пошныркал своей правой ногой под одеялом. Весь год до этого Борода был «флаеристом» и варикозные голени его ног болезненно опухли, раскоряченные ступни превратились в ошмётки кровоточащего мяса, и всё более явственней проступала в пояснице непонятно с чего взявшаяся колющая боль и ломота.

Стянув шерстяной носок, Борода осмотрел ущерб, нанесённый ему флаерсным трудом. На пятках и пальцах ног бросались в глаза свежие алые лоскуты засукровевшего саднящего мяса, лихорадочно пульсирующего сквозь белые прорехи сношенной кожи. Кое-где подсохшая на выходах кровь цвета жжёной вишнёвой косточки один к одному походила на проржавленное смазочное масло, обычно истекающее из разбитого картера автомобильного двигателя.

Ко всевозможным ухищрениям прибегал флаерист, пытаясь более комфортно устроить каждодневное двенадцатичасовое пребывание на ногах да под немалой тяжестью, чтобы сберечь силы до конца смены и быть готовым наутро к следующей. От ушибов при падениях он придумал, например, наколенники и налокотники из поролона, которые подшил изнутри своего спецкомбинезона. После чего он стал как бы рыцарем наизнанку...

Смягчающую толстую прокладку подложил Борода и под ягодицы. Нечто вроде памперса. Или пояса невинности. И тут ему в сообразительности нельзя было отказать. Зима, снег кругом, идёшь, идёшь и присесть некуда, хоть бы и на секунду. А с памперсом то ли раздолье! Хочешь в сугроб садись, хочешь -- на каменные ступени. Ни промочки, ни простуды не будет. Защищено, как говорится, государством.

Всеобщее бедствие обернулось для Бороды необходимой передышкой в труде, и его тело блаженствовало, оказавшись в покое.

-Тем не менее,-- словно вспоминая давно забытую лекцию, продолжал Борода,-- течению Эль-Ниньо приписывают появление опустошительных ураганов, обвиняют его в том, что оно оказывает неблагоприятное воздействие на урожаи. Достоверно отмечается, что в период прохождения Эль-Ниньо массы анчоусов уходят в более холодные воды, нанося тем самым ущерб местному рыболовству.

-Кто такие анчоусы? - быстренько встряла Эстерка Прекрасная.

-Рыба такая! Типа хамсы, кильки или ряпушки. Но ты послушай, какое поразительное несогласование в датах! Впервые теплое течение Эль-Ниньо ученые заметили в 1972 году, а обледенение в Монреале уже было однажды в 1961-м. Оно продолжалось целых два дня. Мы с тобой, по-видимому, пойдем на рекорд!

-Да холодно ведь! - не согласилась побивать рекорды Эстерка. –Может в шелтер пойдем?! Катька говорила, что там всех принимают. Даже тех, у кого никакого статуса нет.

-Холодно, голодно и до дому далеко,-- заметил Борода и продложил: -- А убежище не для нас. Места там, поди, для стариков да детей и то не хватает!

-Тогда давай конкурс проведём. Кто больше песен знает на тему «дерево» и «огонь». Например: «Бьется в тесной печурке огонь, На поленьях смола, как слеза!..».

Эстерка стартовала высоко-высоко, но Борода подхватил низкой октавой и очень ладно у них получилось, громко и отчётливо. Белые клубы пара от их пенья заполнили заледенелую комнату.

-А вот ещё одна, помнишь?—воскликнула без перехода Эстерка. – «Землянка наша в три наката с сосной, сгоревшею над ней», помнишь?

Вместе у них снова получилось легко и красиво, без вранья и даже очень к случаю.

Они исполнили ещё три или четыре песни из выбираемой ими серии как вдруг в дверь их апартамента сильно постучали. Хористы примолкли, а из тёмного коридора требовательно донеслось:

-Опен ап зэ дор! Немедленно! Это полиция!

Полисмены ввалились в аппартамент вместе с помпьерами-пожарниками.

-Собирайтесь! -- хмуро сказал старший из них на французском языке, смешно шевеля усами под жёлтой каской. –Есть приказ муниципалитета. Он для всех одинаков. Поедете в шелтер!

-Они говорят, --перевела Эстерка, -- что мы одни в доме остались, и что они услышали как мы поем.

-В убежище, –сказал Борода, -- одни старики да инвалиды. Мы не поедем – незачем место занимать за зря. Что мы, нерусские какие?

-Нет, мы не поедем! – перевела на французский Эстерка Разумная. -- Мы что, нерусские какие, что ли? Трудностей не видали? Я, вот, родилась в Сибири!

Слегка пораженный эмоциональным напором пожилой парочки старший помпьер как бы отпрянул от них, особенно от этого, от бородатого – ну, вылитый медведь. Пожарная каска при этом съехала у помпьера на затылок и над рыжими усами обнаружились водянистые выпуклые глаза.

-А, так вы - русские! Из Сибири? Не хотите в шелтер? Маленькие дети есть? Нет? Тогда: Ариведерче! Это всё скоро должно кончиться.

Вся пожарно-полицейская команда загремела сапожищами вниз по лестнице.

-Эти русские – молодцы, настоящие «крэзи»! – заметил младший пожарник. – Им всегда нужно что-нибудь преодолевать. Хоть они и джю.

-Какая разница! – буркнул пожилой. – Это ведь русские джю. В мире есть арабские джю, американские и другие. Это «колена». И каждая как особая нация. А не одна, как ошибочно принято считать. Как, скажем, мы же говорим «франко-канадцы». Они только не осознают этого и вождя у них нет. Арабские джю – «сефарды». А мы не французы, мы -«квебекуа» и у нас, вот, хоть Люсьен Бушар есть!

Ближе к вечеру в мёрзлом апартаменте Бороды и Эстерки на третьем этаже зазвонил телефон.

-А что там наша «Борода» поделывает? – поинтересовался младший сын Эстерки, студент. – Отдыхает, потому что никто не работает? Песни поет? Потом допоет! Есть прекрасная возможность вставить ногу в пиццерию! Никто сейчас не хочет ходить, а флаерсы там крохотные: тысяча штук в кармане умещается. Четыре часа разноски – двадцать долларов! Сейчас тяжело, зато летом, представляешь, какой кайф будет?! Ходи себе по солнышку, да семечки пощёлкивай!

2.

В те дни в нижнем городе Монреаля - в даунтауне, рядом со станцией метро «Гай-Конкордия», бойко, в четыре руки, изготавливали итальянскую пиццу выходцы из древней Персии, то есть нынешнего Ирана. «Мама мия, пицца!» -- было начертано над их полуподвалом. Электричество в пиццерию ещё поступало, и эти два пугающе-бровастых мужика с густыми воинственными усищами клепали своё острое печево так, что только «мама мия!». И «дым багровый» клубами воздымался здесь прямо к небесам.

В ситуации, когда люди не могли приготовить себе пищу в домашних условиях, а рестораны, кафе и всё другое подобное «общественное питание» позакрывалось, трудящиеся иранцы надеялись хорошо заработать на пицце и благодарили своего аллаха за счастливый случай, которого можно ждать всю жизнь и никогда не дождаться.

К ним-то и пришли Борода и Эстерка. В борьбе за лучшую жизнь.

Эстерка ни за что не хотела отставать от своего «господина». Она считала, что в эту трудную минуту не имеет никакого права лишить мужа своей нравственной и физической поддержки; он, сраженный её решительностью, никак не мог найти убедительные слова, чтобы заставить её задержаться дома, да и само по себе было опасно оставаться дома.

Наконец Эстерка сломила сопротивление Бороды, настырно и привередливо заявив ему:

-А мне мой доктор советовал чаще бывать на свежем воздухе!

На скользком льду, когда кажется, что Господь Бог в одночасье излил на дорогу сразу для всех и на каждого по бочке лампадного масла, Бороде приходилось поддерживать Эстерку. А та, не желая быть обузой «господину», то и дело отдёргивала от него свой локоть. И притом при всяком нетвердом шаге Бороды сторожко подхватывала его за руку.

Все эти суетливые манипуляции создавали дополнительные трудности в их передвижении. Борода психовал, справедливо полагая, что один он бы в два раза быстрее справился бы с флаерсами. Несколько раз ему пришлось объяснять, а то и перекладывать флаерсы, положенные женой под знак запрета. Он учил её ещё при подходе к дому или к подъезду различать такие знаки, но Эстерка не отставала и не сдавалась и, основываясь на своих здоровых инстинктах, по-своему прозорливо обеспечивала сохранность и безопасность Бороды.

Так они дружно и двигалась в зияющей темноте остылого воздуха, в совершенно обезлюдевшем ледяном пространсте города.

Где-то в одиннадцатом часу вечера, когда наша иммигрантская парочка, скользя ногами и поддерживая друг друга, переползала через авеню Святого Жака неподалеку от метро «Lionel-Groulx», на них наскочил, вынырнув из-за угла, полицейский автомобиль. Полисмены охотились на мародёров, шарящих по брошенным квартирам, магазинам и офисам, оставшимся без охранной сигнализации.

-Lie down! Лежать! Не двигаться! Кто такие? – держась за пистолет, грозно вопросил выскочивший из «кара» полисмен.

-Мы русские! – ответствовала Эстерка. Оба они с Бородой старательно растянулись на мостовой в свете автомобильных фар. - Мы флаерсы носим!

-Покажите ваши флаерсы, давайте ваши «АйДи»! Лежать!

Потом потребовались медицинские карточки с фотографиями подозреваемых в мародёрстве.

-Встать! Руки на голову!

Как два осенних бобра, нахохлившись, полисмены надолго засели в «каре» за компьютером. У задержанных оказались простые антисоветские фамилии — «Троцкий» и «Каменева». У знающего кое-что человека они вызывали определённые ассоциации...

-Помнишь ли ты «Дядюшку Джо», малыш? – вопросил седой пузастый ветеран-полисмен у черноволосого и молодого.

-Не помню, но знаю.

-Я не понимаю, -- бормотал квебекуанской скороговоркой старший полисмен, совершенно, по-видимому, не заботясь, слышат его задержанные или нет. – Я не пониимаю, почему эти русские джю не хотят жить в России! «Дядюшка Джо» ничего плохого им не сделал и оказался мудрым: он первым в человеческой истории, как государственный деятель, официально выделил своим евреям территорию для проживания.

-Он сам был джю, – вводя очередной код в компьютер, заметил младший. -- Но они не считают его своим. Да, а ещё они говорят, что эта территория, которую он им выделил, не пригодна для проживания.

-Не знаю, я там был однажды у сына своего
друга. С отцом познакомились на Одере в конце Второй мировой войны.Там очень живописные места. Китайский лимонник, аралии...   Во всяком случае белые люди   там

чувствуют себя гораздо лучше, чем в пустыне.

-Это их семейное дело, -- прервал молодой.– А что мы с бородатым мужиком будем делать? По компьютерным данным он ещё три месяца тому назад должен был депортироваться из Канады.

–Это муж мой, – вмешалась Эстерка и тут её присутствие на разноске флаерсов оказалось предчувствованным и совершенно оправданным. – Мы ждём решения марьяж-интервью.

-Ну-ка, ты! – скомандовал молодой. –Полезай в машину!

-Вау, да зачем он нам нужен? – заметил старший напарник. – Кому надо, тот пусть и разбирается . У нас совсем другое задание. Кстати, у них, у русских , недавно было Рождество Христово. Этого достаточно: мы проверили мужика и отпустим...

-Ладно, Мери Кристмас! – брякнул из окна молодой.

Они отъехали, буксанув, и младший добавил: -- Хорошо бы позвонить в электродепартамент, да вырубить электричество у этой, как её там... «Мама мия, пицца» -- итальянская курвица. Экономить надо! И нечего людей мучить. Думаешь, хозяева им заплатят?

Когда «усталые, но довольные», на заплетающихся ногах, Борода и Эстерка добрались до пиццерии на углу авеню Мизанёв и Гай-Конкордия, та была темна и закрыта. Тьмой окутало и расположенную здесь станцию метро.

Потом долго, через весь почти город, на подъём, по западному склону горы Монт-Рояль прошла в тот памятный для них день наша «русская тройка», взрывая ногами тяжёлые снега, под которыми таился всё тот же гибельный лёд.

Непроизвольные стоны боли и усталости они всю дорогу подавляли весёлыми песнями. Например, «По долинам и по взгорьям шла дивизия вперед»... И непременно вот эту: «Пара гнедых, запряжённых зарёю...»

РАЗБОРКА

Во второй декаде января, как после грозного боя, на улицах Монреаля ещё громоздились тяжёлые ледяные надолбы, ещё корчились на паркингах покорёженные упавшими деревьями легковушки и мини-ваны, ещё не во все дома поступил свет, питьевая вода, ещё кое-где молчал телефон, а уже по всему городу пошли разборки. В церквах, в спортивных залах и других подходящих по площади общественных помещениях, начиная с восемнадцатого, происходила выдача денежных пособий пострадавшим гражданам. Оба правительства -- федеральное и провинциально-квебекское -- объявили, что выплата компенсаций бизнесменам состоится позже. После совещания о том, кому и в каких размерах.

В попытке получить "это" дважды и трижды за деньгами ринулись все. Добровольцы на выдачах рьяно отбояривались от настырно плачущих, взывающих и потрясающих. Потому что не главное иметь, скопить, сколотить или сгоношить каким-то образом деньги. Главное: удержать их в кулаке, зажать в потной ладошке, в жмени, то есть, сохранить при себе.

Остап Ибрагимович Бендер, благо, что сугубо книжный персонаж, а тоже нечто подобное советовал окружающим. Несмотря на молодой ещё свой возраст, он по-своему прозорливо отмечал, что едва у кого-нибудь скапливаются хоть какие-то денежные знаки, как на них тут же находится тысяча и один соискатель. От вымогателей, шантажистов, грабителей, ментов и гавементов до любимых, подруг, друзей, ближних и дальних родственников. "Работаешь один, -- писал Николай Алекссеевич Некрасов ещё в позапрошлом веке,-- а чуть работа кончена, глядишь, стоят три дольщика: бог, царь и господин".

--Делиться надо, господа! -- прямо в лицо новым олигархам выпалил в справедливом гневе уже в наше время один новый президент самой большой и недурственно богатой, но отдельно, как всегда, взятой страны. --Налоги платить надо!

И в прошлом-то, почти ничего не читая кроме технической литературы и не умея философически сопоставлять факты, ни о какой такой глобальной утробной борьбе за деньги в обществе никогда не подозревала верная эмигрантская подружка Бороды, весёлая и несравненная Эстерка. Она знала одно: каждый богат по-своему. Кому доллара не хватает для поддержания жизни, а кому полмиллиона.

-По одёжке протягивай ножки, - чаще всего в своей жизни руководствовалась эта голубоглазая женщина старинным нравственным уроком северных славян.

Изо всех сил, отчаянно, не теряя присутствия духа, боролась она за поддержание сносного уровня своей жизни в канадской эмиграции.

А как тут его поддержишь? Вдвоем с Бородой они тянули жизнь на один велфер. Потому что, кто на спонсорстве -- тому фиг с два! Велфер канадский -- крохотный, как фиговый или тот же кленовый листочек; его величина никак несоизмерима с текущими затратами жизни. Квартира, обогрев её, горячая вода, электричество или газ для кухонной плиты, телефон, общественный транспорт, питание, одежда, обувь, лекарста, очки или зубы, зубная щётка и паста, дезодорант для туалета -- где и каких денег напасёшься на самое необходимое?

Ко всему, осталось у Бороды "проклятое наследие социализма" - его закоренелая привычка к хорошей жизни, которую здесь можно смело назвать дурной привычкой. Как всякий алкоголик на бытовом уровне, приёмный муженек Эстерки время от времени испытывал нужду в вине или в водочке, курил табак, предпочтитая сигареты "Мальборо", и потреблял кофе. Не то что бы алкоголь или кофе " так-таки очень дорогие" здесь, а не по карману. И время от времени мужик ощущал острую патологическую потребность в ароматном слегка наркотическом напитке и каком-нибудь опьяняюшем снадобье.

Эстерка с ног сбилась, гоняясь по кормушкам, запасаясь провизией на двоих едоков. А там: прелая капуста, посиневший потейто, обмётанные сизыми всполохами гидропонных растворов, насквозь прохимиченные броколи, пастернаки, сельдереи, томейто -- сплошной вежетэйбел! И ни грамульки животной белковой массы -- ни мяса, ни рыбы, необходимых для построения и обновления страждущих клеток человеческого тела.

Борода не имел федерального разрешения на право работы в Канаде, поскольку его документы вот уже полгода находились в стадии рассмотрения. Точнее, его пребывание в Канаде сначала даже было объявлено нежелательным; был дан ход ордеру на арест, а потом уже местный официоз кое-как приступил к рассмотрению дела. То есть, Борода, конечно, мог работать, но исключительно на тех предприятиях, где владельцы в целях "личного процветания и корыстного обогащения" используют каторжный труд нелегальных иммигрантов. Однако при уровне официальной безработицы в тринадцать процентов по всему Квебеку, никем немеряный, он в Монреале у нелегалов, в то время достигал, пожалуй, все пятьдесят. При этом на подпольных предприятиях, избегающих выплату налогов, трудились дети самых разных народов; наружу их замкнутых сообществ информация не просачивалась, а своих нелегальных предприятий у русских иммигрантов тогда ещё не было. Исключая, вот, компании по доставке флаерсов.

На официальных и на чёрных биржах труда отказывались от настойчивых предложений Бороды нещадно поэксплуатировать его в качестве рабочей силы.

Никогда неунывающий, по-шукшински энергичный, приуныл было Борода без работы и только увидел он скромную кляузу в одной из самопальных русских козеток-газеток о возникшей у кого-то срочной потребности в толковых людях разносить флаерсы, как его тут же и отвела по адресу, поддерживая под белу ручку калачиком, заботливая Эстера.

Бороде, как нелегально проживающему, отказали даже в пособии за пережитое стихийное бедствие. Он только помог жене в этом стыдном занятии стоять в длинных, напряженно молчащих очередях, где выдавали шестьдесят долларов на нос.

У владельца флаерсной компании тоже была своя муторная правда и своя жуткая иммигрантская предыстория. Именем он был Богдан, а по прозвищу Богдыхан. Инженер-компьютерщик в прошлом и безнадежный соискатель высокого статуса беженца в Канаде, он, после отказа по страшной формулировке "за недоверием", с женой-бухгалтершей и двумя детишками на руках ушёл тайными тропами от насильственной депортации за кордон, в Америку. Полтора года промаялся там, вернулся, ещё год носил флаерсы у "латиносов"; у них он и арендовал, а позже и перекупил подпольную компанию.

Нужно быть в страшном отчаянии или быть отчаянно храбрым до безумия человеком, чтобы решиться на такой самостоятельный шаг. Одним словом, устал человек и улепётнул на Новый год со всей семьей отдохнутть на Кубу. А тут - беда! Стихийное бедствие! Январское всеобщее оледенение и нецивильное падение электричества в глубоко процивилизованном Монреале.

2.

Нет, не нам, ничего не делающим, судить о том, кто прав, а кто виноват в конфликте между хозяином и работником, между Богдыханом и Бородой. Слишком велики "ножницы" между планами-мечтами и суровой действительностью.

Всё дело в том, что Борода отходил-таки на флаерсах первые два дня в начале январской экзекуции, какую милая мать-природа устроила над людьми. Падая на подлом покатом льду, он отколотил себе локти на руках и порвал вдрабадан паховую мышцу. Чувствовал: ходить невмоготу, отлежаться бы надо. Эстерка только и обмолвилась:

--Правильно говорят, будешь трудиться -- заработаешь столько, что потом на лекартства не хватит!

В случившемся отсутствии самого босса Борода позвонил заместителю босса. У того в доме ещё держалось электричество, телерепондёр функционировал и прихворнувший флаерист оставил свой бедственный мессаж.

Целый день потом Борода и Эстера не отходили от телефона, чтобы получить подтверждение своему сообщению, но так и не дождались.

Когда в день выдачи получки Борода явился за отработанным, помошник босса напряжённо заявил:

-Ты должен фирме за неявку на работу ровно столько сколько заработал. Никаких мессажей от тебя я не получал, и никаких денег тебе не положено.

-Этого не может быть! - не веря в происходящее, воскликнул Борода. - На что же я жить буду?! Отдай мои деньги!

-Ничего не знаю. Вот приедет босс - с ним и разбирайся.

Босс вернулся через неделю и ещё неделю не появлялся в этом вертепе льда, упавших деревьев, оборванных проводов и бумажных флаерсов, повисших на плечах разносчиков.

Потихоньку распаляясь, ежедневно по два три раза звонил Борода боссу, но "трубка зачем-то не бралась". Однажды, наконец, Богдыхан отбрякнулся:

-Как помощник сказал - так и будет! О случившемся забудь, а если хочешь работать - приходи.

Этой надменной грубости и несправедливости Борода не смог снести. С вечера он наслушался - как зарядился - приблатнённых песен Александра Шафутинского, Ивана Кучина и Михаила Круга, вместе взятых. А как же! "Мой друг откинулся в шалмане, со всей силы напоровшись на мой, на острый финский нож"! И рано утром, пока Эстера спала, Борода потихоньку выскользнул из дома.

В редеющей утренней мгле на одной из городских площадок "Ультрамара", у молчаливого белого фургона и молчаливопридушенной толпушки мужиков, Борода кинулся на помощника босса, пытаясь захватить его предательское горло руками. Мгновенно из толпы выделилась темная фигура наёмника, сделала выпад правой под оголённые ребра нападавшего, и Борода свалися на лёд, окрашивая его своей бурнокипящей яростной кровью.

От ужаса и страха перед полицейскими и судебными разборками мужики-флаеристы тут же попрыгали в фургон, мгновенно испарившийся с паркинговой площадки.

Так пришёл закономерный каюк ещё одному интеллигенту далёкого теперь нам прошлого. Бай!

*

ПРИЮТ СВ. НИКОЛАЯ

ПОВЕСТЬ

*

По записным книжкам А.Блока

*****

1.

Под вечер – мокрая метель. Их много будет. За сто с лишним лет вперед.

Метель, но снег падал и тут же таял. Покачиваясь и смачно сплевывая себе под ноги, одиноко толокся в подворотне большого доходного дома на Офицерской дворник Михей.

–Господи, ты, боже мой! Шлепетень-то какая! – обескураженно бормотал он.

Михей был из тверских, в Питер прибыл недавно и все вспоминал родные места, где если зима – так зима, а лето – так лето. Каждой весной теперь пухла перед деревенским мужичком от ледяной натуги грязная питерская речонка Пряжка. За ней столбилась двухэтажная махина городской бани и кровавели засукровевшим красным кирпичом мощные корпуса чугунно-литейного завода. Чуть левее – белесый параллелепипед почтовой конюшни, а справа – сквозь зачернелые ветви старинных лип и ветел - тускло просвечивала белой известью ограда приюта «Всех скорбящих», его серые стены и высокая крыша.

Пьяному Михею почудилось вдруг, что представший перед ним городской пейзаж чья-то сумасшедшая выдумка, как заливное, выставленное в витрине бакалейной лавки напротив, где желе – это и есть мокрая метель, поглотившая все вокруг до самого неба.

Дом напротив с бакалейной лавкой внизу почти точно такой же, как и дом Михея. Однообразной чередой бежали по фасаду окна и среди низкорослых других строений дом как бы вздымался надо всем одним чудовищным каменным аккордом урбанизму.

Этим грозным аккордом на берегу тихой Пряжки внезапно обрывался и обрывается ныне буйный набег на природу большого толстокаменного города Петербурга-Петрограда-Ленинграда. И вновь Петербурга. Перд глазами жильцов какого-нибудь пятого этажа распахивалась и распахивается широчайшая панорама, то бледного, как поганка, то загадочно притуманенного, то ослепительно сверкающего неба и каждый постоялец в эти моменты чувствует себя потрясенным кораблекрушением моряком, спасшимся и выброшенным ревущей волной на голые скалы.

Воображаемое море как бы отступило от берега и осталось где-то далеко внизу. Как моряк отставший от своего корабля проводит свое свободное время и тверяк Михей, глазея на вечный прздник Офицерской: на шикарные уличные витрины, мчащихся лихачей, на разодетых барышень в колясках, на неповоротливых ломовиков, на шляюшихся взад-назад юродивых и золоторотцев. Уже несколько лет подряд разглядывает Михей изумленный на всю оставшуюся жизнь окружившей его неожиданной роскошью и комфортом, соблазняется сердцем т презирает себя за побеждающий его соблазн, когда при виде серенького низкого неба над головой безотчетно затоскует его сердце по тверятине. Нечто подобное происходило с Михеем и в этот день. Совсем уже собрался он спрятаться от тоски и скуки в свою каморку под лестницей да хорошенько дерябнуть, как вдруг заметил он одинокого прохожего, бредущего согнувшись сквозь мутную завесу мокрой метели.

–Э-э-э-ге! –удивился Михей, всматриваясь. –Да это ж барин из дома напротив. Который уж раз! И ходит, и ходит в такую-то непогодь...

И тут же Михей выступил из-под арки.

–Шлепетень-то какая, а,барин?!

Подошедший не тотчас понял, переспросил:

-О чем ты говоришь, братец?

-Да я к тому, что не надобно ли вам чего?

-Нет, милый, ненадобно.

Теперь барин был отчетливо различим. Драповое пальто с мягким воротником из гладкого меха, серая шляпа с высокой тульей. Выделялась некоторая желтизна собеседника да в быстром блеске его узких и чуть выпуклых глаз сквозила лихорадочная возбужденность.

–Послушай-ка, братец,- неожиданно обратился барин к

Михею,- не знаешь ли точно: дома сейчас Актриса Любовь Андреевна Дельмас?

-Тут, а то как жеть! Занедаром тута!- обрадовался собеседнику дворник.

–Так не скажешь ли, как пройти?

-Вот тута. Вот здеся, - засуетился дворник, тыча рукой куда-то в темную квадрат внутреннего дворика, - по черной лестнице!

-Да ты что, братец? Как можно!

Михею казалось, что именно с черного хода должен был пойти барин – так необычно все было, но заметив, что барин уходит и, боясь потерять удачно обретенного собеседника, он крикнул:

- Так и уйдете, барин? Не проведаете?

Барин неожиданно вернулся и вручил Михею две красненькие «катеринки».

- Вот тебе за хорошую службу.

Михей остолбенел, а молодой человек медленно, как и пришел, вновь пересек Офицерскую, и, остановившись возле углового подьезда, обернулся, подставив разгоряченное лицо колючкам разбушевавшейся стихии.

«Как блаженно и глупо сегодня, -подумал он.- Давно не было со мной ничего подобного. Ничего не понимаю. Но будет еще что-то, так не кончится!».

2.

Они взяли Сторожа на закате дня, до краев залитого жгучим зноем Иудейской пустыни. Сторож спал в своем кабинете под вентилятором, лежа на диване нагишом. До ночной смены оставалось еще полчаса.

Три фирменных автомобиля с надписью «Миштара» и бронированный, обгаженый потеками «додж» с зарешеченными окнами и с пулеметом вверху.

Дверь пала под ударами чугунной болванки. Навалились вчетвером; до хруста вывернули руки в плечах, в локтевом суставе и в кистях, захлестнув запястья рубчатым фибропластом. Брызнула кровь. Сторож закричал. Его сбросили на серый пол из мраморной крошки.

- Где твой пистоле?

Из положения лежа он кивнул на книжные полки, совсем недавно выструганные им своими руками и облицованные «под вишню». На полках должно было вольготно расположиться полное собрание сочинений Сторожа в десяти томах и в коленкоровом переплете под «орех».

3.

Запрокинув голову, он смотрел вверх и прямо перед ним – на противоположной стороне Офицерской, зажглось под самой крышей, загорелось высокое окно.

Повторимы весны, зимы, лето и осень, повторимы зори – утренние бледные и вечерние – кроваво-красные, и уже не одна заря освещала это окно... Иногда, чаще в сумерки, там играла на кабинетном рояле и пела романсы своим нищким и грустным голосом странная женщина, красивая и стремительная. Особенно хорошо получалось у нее «Для берегов отчизны дальной...».

Два или три раза, он – Александр Блок – русский поэт и театрал, видел эту женщину на сцене и наблюдал ее четкий силуэт в этом доме на кружеве гтор, и однажды под осень, когда еще полыхали огромные августовские зори, охватывая все небо, он видел ее на балконе. И вот сегодня, он понял, его сразила любовь...

Александр резко повернулся и шагнул в подьезд. Треугольные усы швейцара поползли вверх. Это был вышколеный швейцар и всякого повидал в этом богатом доме, но не смог сдержаться, чтобы не выказать изумления. Жилец квартиры 27, всегда корректный и подчеркнуто любезный, сеогдня как мальчишка, через одну ступеньку взбежал вверх по лестнице, не взяв лифта.

4.

- Вставай, зэвель! – пинали Сторожа миштарэсовцы. Сдерживая стоны, Сторож перевалился туда-сюда и не смог. Два мерзопакостных ублюдка схватили его за вывернутые руки, вздернули вверх, как вздергивают коровью тушу крюками.
Сторожа закричал.

5.

Ничем неоправданным казались теперь Блоку многие месяцы, прожитые в каком-то душевном оцепенении. Правда, еще с осени предчувствовал он тяжелую зиму. И не ошибся. В те дни он писал:
«Куда ни повернись, все ветер...
Как тошно жить на белом свете, -
Бормочешь, лужу обходя;
Собака под ноги суется,
Калоши сыщика блестят...
И встретившись лицом с прохожим,
Ему бы в рожу наплевал,
Когда б желания того же
   В его лице не прочитал...»

Еще вчера было так. Едва прошла ночь – позвонила какая-то дама. Она вот уже два дня после чтения его стихов – вы подумайте: целых два дня! – «грезила» о нем.
-Александр! Это вы, Александр?! – полнилась телефонная трубка томным голосом. – Я безумно, безумно люблю вас!

Сразу же после завтрака явилась сводная сестра по отцу Ангелина. Болтала о подругах, с подробными биографическими сведениями, как принято в захолустье: «Вышла замуж, чахотка, муж офмицер...» Рассказывала, что занимается верховой ездой, ездит «по-мужски», с каким-то артиллеристом и бегает на балы во второй бригаде. Руссо, по ее мнению, опасная революционная величина...

-Мама сказала, -тараторила Ангелина, - что, если в «ниве» - Леонид Андреев, то она не станет читать «Ниву». И подлинно, Сашечка, ты только вникни, лучше уж «Исторический вестник» читать, чем этого противного Андреева.
-Блок неожиданно резко для него ответил: Ты очень изменилась, Ангелина!! Ты даже не замечаешь: жизнь идет своим путем и загоняет мокриц во все более и более зловонные ямы.

Ангелина ушла, а ее место занял, словно давно ожидал, стоя за дверью, господин Терещенко – молодой капиталист, заводчик, работодатель – владелец издательства «Сирин!, будущий член Временного правительства. Большой и угловатый, неспешно перебирая сочными губами, Терещенко обстоятельно повыествовал о том, как они с писателем Алексеем Михайловичем Ремезовым были в Москве, поговорив о студии Станиславского, перешел затем вдруг на разговор вообще и с внезапной горячностью заявил:
-Никогда не был галломаном! Никогда! И не буду!

6.

С руками, вывернутыми за спиной, Сторож не мог выпрямиться. Он находился в унизительном положении. Буквой «Г». Или - «раком».
- Очки! Мои очки!
- Где?
- Там, на столике...
Пучеглазый полуараб-мерзавец швырнул профессорские очки Сторожа в тонкой золоченой оправе на пол и тиранул кованым ботинком американского образца.

Хряснуло и заскрипело.

7.

...Терещенко долго убеждал Блока поверить ему в том, что он думает, что все, что может, дает ему исключительно искусство. Еще при нем забежал на минутку Женя, Женечка Иванов, милый Женечка, гениальность которого проявлялась в обыденной жизни больше, чем в его писаниях. Забежал он, передал привет от матери, да и остался. А в середине дня позвонили два стихотворца, отрекомендовались поклонниками Пушкина и принесли свои книжки с тучей эпиграфов.

Вновь какая-то дама...

Под звон телефона посыльный от нее подавал надушенный конверт и розы. «РОЗЫ ПОСТАВЬТЕ НА СТОЛ...» - было в конверте.

Потом звонили из книжного магазина; звонил Щеголев; Мгебров; звонил Копельман...

Отстаивая свои взгляды, Блок писал статью об отношении искусства к газете, задумывал еще одну – о религии и литературе. Но в голове потерянно блуждали слова: «Или я заблудился в тумане? Или – кто-нибудь шутит со мной?..» И тоскливо думалось: «Когда же я буду свободен, наконец, чтобы наложить на себя руки?»

Никогда еще он не чувствовал себя таким усталым как в эту зиму. Надоели декаденты, пытающиеся жить с закрытыми глазами, с их малоосмысленным сюсюканьем. И потом, он оказался совершенно одинок.

8.

К парадному подъезду шестиподъездного дома сбежалась толпа: соседи из окружающих хайскребов и уличные зеваки. Говор тугой, как надрывное харканье или последний задушенный хрип. Миштарэсовцы выволокли Сторожа гольем. Толпа примолкла. В толпе присутствовали женщины и вид мужчины в одних плавках оскорблял их.

9.

В эту зиму решительно переменилась жена Александра, Люба, урожденная Менделеева, которую он постоянно называл прежде «Маленькой». Вечерами она то в кинематографе, то в «Бродячей собаке», то на каком-нибудь очередном «маскераде». Завывала поземка, шуршали по водостокам тихие дождевые метели; он одиноко сидел в огромном и оттого особенно пустынном кабинете и его мучили воспоминания. Всплывало в памяти родовое гнездо Шахматово, вековые березы перед усадьбой, словно колонны античного храма, знойные луга и очень многое, связанное с ними: любовь, восторг души, желания.

Тогда, в юности, хотелось сверхслов и сверхобьятий. «Я ХОЧУ ТОГО, ЧТО БУДЕТ!» - ликовало все в нем. Но так получалось: он шел навстречу, а она – Маленькая – оставалась неподвижной.

Он путался в словах и мыслях, говорил глупости, душа заливалась какой-то горячей волной...

Она молчала, как Белая лебедь.

И вдруг – страшно редко, но было же это! – тонкое слово, легкий шепот, движение, быть может, мимолетная дрожь.

Он шел через луга на решительное обьяснение с ней, а на случай отказа в кармане пиджака лежала записка: «В МОЕЙ СМЕРТИ ПРОШУ НИКОГО НЕ ВИНИТЬ...»

Всплыла в памяти и последняя сцена. Люба с китайским кольцом – «на счастье» - с лягушонком, подаренным ей кем-то, ему неизвестным. Вечером они пьют чай, и она молчит, как затворница, давшая обет.

Он первым прервал молчанку.

- Люба, мне нужно, наконец, поговорить с тобой.

- О чем?

- О тебе и обо мне, - чуть резче, чем следовало, начал он. – Положение наше неестественно и длить его – значит погружать себя в сон.

Она сказала:

- Я боюсь тебя.

- А я – тебя. Сначала Анрдей Белый, которого я, вероятно, ненавижу. Потом господа Чулков и какая-то уж совсем мелочь – Ауслендер – от которых меня как раз тошнит теперь. Потом «хулиган из Тьмутаракани» - актеришко, главное. Теперь не знаю, кто... Все это нужно кончить!

Она вздрогнула.

- Я приму сказанное к сведению. Но сейчас, умоляю, отпусти в Житомир. Ему нужно, нужно помочь! Я прошу тебя, ради бога, отпусти...

10.

- Эй, надо его накрыть! – харкнул на подчиненного некто из менгаэлей.

Шествие задержалось.

Шестерка сбегал в дом и вынес на улицу азиатский халат-архалук Сторожа с широкими карманами, сотканный как бы из цветной арбузной «махры».

Шестерка бросил халат на согбенную спину Сторожа и издевательства продолжились.

11.

Одиноко в огромном кабинете. Грустно смотрит на хозяина малахитовая пепельница-такс с рубиновыми глазками. Грустно за окнами, где таинственно и обреченно падает на землю вербный снег. Оттого что он падает так, еще ощутимее величие мира, раздробленность и взаимосвязанность всего его частей, взаимослияние и несоединимость.

Ощущение вечности и незыблемости мироздания вызывало

у Блока еще одно воспоминание.

Как-то возвращался он пешком с Васильевского. По губчатому льду со снежницами перебрел он через Неву. На углу Английского проспекта и Мойки, над ажурной решеткой дворца – странные среди зимы – реяли шоколадные листья старого дуба. И вдруг, пронзительно, на левом берегу Пряжки сквозь мятущиеся, червленого серебра ветви лип как бы засветился золоченый куполок часовенки Николая-чудотворца. Там, в вечереющем полумраке, копошились черные таинственные фигурки. С искаженными страдальческими лицами они исступленно припадали к иконе, крестились и, стоя по колена в жидкой истоптанной грязи, всем телом тянулись к небу, запрокидывая головы.

12.

Сторожа бросили в миштарэсовскую машину лицом вниз. В отделении его выволокли в глухой внутренний дворик. Подальше от глаз. Из-за рук, скованных до непереносимой боли, он стоял в унизительной позе полусогнувшись. Миштарэсовцев повыскакивало штук десять-пятнадцать. -Бейте его, пинайте – он русский! – выкрикнул плюгавый Камеди, и подпрыгнув, первым нанес удар ногой в пах.

13.

Гулко стучат по прыгающему деревянному настилу Бердова моста через Пряжку колеса ломовиков. Густо пахнет древесными опилками и сеном...

Подумалось: «Боже! Как смиренная Русь даже в этом своем самом европейском городе! Какой великий пример – пример умаления перед судьбой, которая осмысленна, как человеческая. И как она в то же время величественна! Он, Блок, много пережил и был участником нескольких, стремительно сменивших друг друга эпох русской жизни. От дней войны и дней свободы девятьсот пятого года словно багровые отсветы залегли в его лицу. И ради России он вот уже сколько неисчислимых лет тяжело и надрывно несет свой нелегкий поэтический крест. Не потому ли, случалось, ему подавали пол-руки, а стоящим рядом всю руку?

Он шел, а вдали под фонарем чернела толпа; по хрусткому снегу двое городовых вели по руку чкеловека спокойно кричащего:

- Иисусе, сын божий, помилуй мя!

14.

- Нет, я не буду! – сказал один как бы чуть белее прочих. С широким и припухлым лицом прибалта.

- Почему? Это же русский! – зло переспросил Камеди. – Бей его. Они ведь били там наших!

-Никто там наших не бил. Мы жили лучше других. И заправляли всем. Они тут все врут! А этот тем более неспособен бить кого бы то ни было.

-Ты хочешь, чтобы и тебя отпиздили-отметелили? Но «прибалт» отвернулся и отошел. Он понимал: этих ему не удержать.

15.

Отпустило только в самом конце февраля. Закончились тоскливые – допоздна – прогулки по ночному огнистому городу. Днем со Стрелки видны парщие вдали аэропланы. Но теперь Блок редко выходил из дому. Не тяжесть встречь с чужими и ненужными людьми депжала его взаперти. Писались новые стихи, переделывались старые. В них еще довольно было горечи и душевной боли, но скоро, скоро проглянет солнце...

Об истоках этого очередного творческого взлета мужа и желания работать догадывалась «Маленькая». Помимо своей воли она способствовала тому.

Как-то взяли билеты в Музыкальную драму. Давали «Кармен». Они сидели с мужем в партере. Исполнители показались «Маленькой» так себе, и опера, как она считала, вышла пустой и холодной. Не то Александр. Краешком глаза «Маленькая» следила за мужем и странным казалось ей, что происходило с ним.

Вяло и неловко прошел он на место, сидел неподвижно, сдержанно улыбаясь. Даже не взглянул в программку. И только когда медленно уплыл вверх занавес, что-то в лице его неузнаваемо изменилось.

В партере – ночь. Близко-близко черный нагрудник Кармен, ее бледное лицо и прядь режуще-медных волос, низко спадающая на высокий лоб. Нельзя дышать в родившейся из музыки тишине, которая как бы и не тишина вовсе. Почти в упор блещет сердитый взор бесцветных глаз Кармен. В них вызов гордости и презренье, а в нервных руках и плечах – почти пугающая чуткость.

Одиноко прислушивался Блок к буре музыки, бушевавшей вокруг и постпенно поднимавшийся нем, какой-то давно забытой и как бы опять новой. Что-то влекло поэта сквозь груду скопившейся грусти и бездну печальных дней вновь к земле, к природе, снова к чистоте, к жизни. Не в лице ли вот этой, до жуткости прекрасной Кармен увидел он все это? Жадно всматривался Блок в видение на сцене, и «Маленькая» не узнавала мужа. Смутное сожаление вкрадывалось в ее душу. А Блок, совершенно забывшись, ловил малейшее движение, взгляд, слово Кармен. И злился, и ревновал, что не к ней идет влюбленный Эскамильо, не она возьмется за тесьму, чтобы убавить ставший ненужным свет и что не блеснет жемчужный ряд ее зубов несчастному Хосе.

Глазами художника постигал поэт тонкую глубину действия, восторгался сложной игрой актрисы, которая была сама Кармен. В ослепительном сиянии ее плеч он замечал старинную женственность; в голосе обнаруживал глубины верности, лежащие в ней и что-то незнакомое, возможность счастья, что ли? Чего-то забытого людьми, нее только им одним, но и всеми христианами, превыше всего ставящими крестную муку.

В антракте Блок лихорадочно развернул программку. В ней значилось – Андереева-Дельмас.

Он вышел в фойе покурить. Две пышнотелые дамы переговаривались.

- Полуфранцуженка, -сообщала одна.
- Да-да! – согласно кивала другая.
- Муж – артистик какой-то...
- Генерал – муж, генерал...
- Только что из Парижа...

Блок неистово работал. Казалось, он забыл о виденном, об опере. Но бурное волнение уже неспешно вливалось в его душу, будоража, как молодое вино. Вскоре он стал думать о женщине, которую он видел изркедка из своего кабинета в окнах дома напротив. Она чем-то неуловимо напоминала ему Кармен. А затем живое воображение Александра слило эти два образа в один безраздельно. И произошло это в памятный день мокрой метели...

Еще с утра в квартиру Блоков на Офицерской позвонила мать Александра и сообщила, что взяла для них билеты в Музыкальную драму. Но разочарованная однажды Люба отказалась от опреы, ушла с кем-то слушать Шаляпина. Блока вдруг охватила страшная тревога.

Целый день он торопился, собираясь вечером, разбрызгал слишком много духов, вышел из дому рано и все таки опоздал. Уже началось. Увертюра оказалась пропущенной; уже солдаты появились на сцене, но Хозе еще не было. Блок ждал Кармен. Вот вышел и Хосе – тот же, что и в прошлый раз. Вышла Микаэла – та же. Вот уже далжна была появиться Она, но вместо нее вышла какая-то коротконогая рабская подражательница Кармен. И в довершение всего рядом садится какой-то прыщавый офицер, громко и бесцеремонно болтающий.

- Паршивый хам! – взрывается Александр.

Уже не тревога – предчувствие непоправимой беды

захлестывает сердце. ЕЕ нет, и стремительно растет желание что-то немедленно делать, предпринять – не сидеть сложа руки.

В антракте, протискавшись сквозь толпу, Блок спрашивает у пожилой барышни – служительницы театра:

- Что же не Дельмас играет сегодня? Будет ли она еще занята в опере?

- Нет, - отвечает та, - Дельмас больше не служит у нас. Да она здесь, в театре, только что говорила со мной...

Чувствуя, что теряет голову, Александр торопливо курит и ищет Ее среди публики. Ее нет. Он снова спрашивает барышню:

- Сударыня, а не покажите ли вы мне Дельмас?

Барышня мило улыбается, идет в партер.

- Да вот она, смотрит сюда.

Молодая женщина в лиловом платье, мечтательная и стремительная, с поднятым лицом, широко открытыми глазами и пышными темно-рыжими волосами одиноко сидела в ресле. Ближайшим проходом Блок устремляется к ней и встречает суровый отчужденный взгляд...

На свое место Блоку идти далеко – он решает остаться, сел почти рядом, чтобы видеть ее. Бледная, недоверчивая, сегодня Она казалась Александрк недосягаемой. Но вскоре женская чуткость дала себя знать. Она – женщина; в ней – бездны. Что-то необьяснимое творилось и с ней – время от времени она оглядывалась на него.

Снова антракт – она тотчас уходит...

Блок отыскал ее у входа за кулисы.

Она стояла у колонн и что-то спрашивала у высокого молодого человека, по-видимому, актера. Блоку послышалось, что спрашивают о нем. Подумалось: «Боже мой, есть же во мне интересность какая-нибудь – более, чем опереточная, чем вообще актерская?»

Волнуясь и постоянно одергивая сюртук, он приблизился. Да, говорилось о нем.

-Это – Александр Блок. Помните, «Снежная маска», «Прекрасная дама»? Хотите, познакомлю? Глаза у него чудные

– фиолетовые ваисльки.

Дельмас смутилась, взмахнула руками и ушла почти бегом, вскрикнув:

-Не хочу! Не хочу!

Блок решился подойти к ней, но тут на пути встали знакомые: Сергей Штейн, мадам Ростовцева с лорнеткой и разговорами. Внезапно погасили свет, началось вступление к четвертому акту. Блок ждал Ее, но Ее не было. Как бешенный выскочил он на улицу, оставив томиться на сцене бездарную Ее подражательницу.

Слепила глаза метель; он шел за Ней; мимо скользили другие женщины, и в сумерках нельзя было отличить их лица от богородичных ликов на городских церквах. Вдруг – на углу – черная толпа, свистки городовых.

Дельмас исчезла в подъезде хорошо знакомого ему дома на его Офицерской, а впереди еще долго шли, жестикулируя, двое глухонемых. Один – в заношенном тулупчике и стоптанных башмаках, с надменным лицом, с подчеркнуто резкими скобами бакенбардов. Он что-то внушал другому глухонемому, что-то, возможно, гениальное. И от этой чужой немоты прозрачно вливалась в сердце печальная красота вступающей в город ночи, ее метельная кротость...

16.

-Господи, Иисусе, бог мой и старший брат! Вот и дожил я до времени, обозначенном твоими пророками. «И живые будут завидовать мертвым».

Господи, Иисусе, воля твоя, я завидую мертвым, но зачем ты позволяешь им творить беззаконие и расправу? Почему не остановишь мое сердце? Зачем оно все еще бьется, как будто и нет этих нечеловеческих испытаний? Как будто, не может простое человеческое сердце остановиться, переполнившись загустевшей кровью. И почему сознание мое до сих пор не замутилось, все еще брезжит? Почему ты, господи, до сих пор не отнял мой разум? Так дай же мне выжить, Господи! Не для того, чтобы жить, а чтобы отомстить.

17.

Так часто бывает: человек думает о другом человеке и ему кажется, что и тот, другой, тоже помышляет о нем. И, бывает, что это, действительно, так. Тогда нет непреодолимых преград для встречи этих двоих. Все видится мелким и незначительным, все отступает перед восторгом любви и счастьем обладания.

Так случилось с Блоком и Дельмас. Она только что приехала из Парижа, где на родине Мериме и Бизэ просмотрела всех Кармен. Юольше чем кто-либо еще подходила она на эту суперактивную роль влюбленной и вольнолюбивой цыганки. По законам ведомым лишь ей она не жила, а словно летела к иным созвездьям и земной мир был для нее лишь красным облаком дыма, в зареве которого она ослепительно сверкала. Печали и радости, любовь и измены – все звучало для нее одной страстной буйной мелодией. Мягкой рыже-красной бронзой редли ее волосы и это делало ее еще более поразительной. Глядя на нее издали Александр ощущал в себе давно забытую за книгами изначальную природу свою. Родилось безгранично чистое ощущение жизни, когда возникает иллюзия будто жизнь твоя вечна. Хотелось оказаться во власти простых радостей и бесхитростных горестей. И точно океанская волна накрыла Александра с головой.

И женщина постоянно думала о Блоке: «Не он ли это, чьи шаги я постоянно слышу за собой? Не он ли тихо-тихо смотрит в этот момент на меня?» Она вздрагивала и оборачивалась. После встречи в театре Музыкальной драмы Блок лихорадочно разыскивал по городу фотографии Дельмас и краснел при одном упоминании о ней в каком-нибудь пустячном разговоре. А потом – выстаивание у ее подьезда с тверяком-Михеем, письма, стихи, несколько вечеров, проведенных в сомнениях, отчаянии и злобе на себя. «Где же и когда я встречу ее? Господи, думалось, почему я ленив, труслив и слаб?»

Порой ему начиналось казаться, что он никогда больше не встретит ее, что она ничуть и не думает о нем. Вдруг пришел Женечка Иванов с его обычной житейской гениальностью.

- Да Вы позвоните ей, Алексан Ксаныч! – воскликнул он. – Чего же проще-то!

И тотчас, безо всякого перехода, заговорил о сынах века и сынах света... Первые, по его мнению, дижут прогресс человечества. Это – люди дела. Вторые, может быть, в большей степени участники прогресса, но им недостает деловых качеств. Свое предпочтение Женечка отдавал вторым.

- Бог глаголет, - цитировал он по памяти «Николино житие», - вы есть свет мира. Свет же, рече, не огня вещественнаго, который пожигает все и сам отчерневает, но свет ума невещественнаго!».

- Алло! – ответил в трубку тихи, усталый и прекрасный голос Её.

- Я хочу видеть Вас и познакомиться с Вами, - сказал Блок.- Простите мне мою дерзость и навязчивость...

По этой последней фразе она узнала его. «Простите мне мою дерзость и навязчивость... Как ни бедны мои стихи, я выражаю в них лучшее, что могу выразить», - писал Блок в посылке с книгами и стихами, посвященными Ей.

Она и прежде читала его стихи, некоторые знала напамять. Иногда задумывалась: отчего в них так много грусти, и эта глубокая печаль, не пушкинская «светлая», а с нависшей тяжестью, трагической сложностью жизни?

Держа в руках притихшую телефонную трубку, она живо представила себе так поразивший ее в театре облик известного российского поэта: высокий лоб, пепельные кудри с золотистым оттенком, резко очерченная линия сомкнутых губ, почти черные от ночных бдений за книгами метины под глазами. Она подумала: «Зачем он идет за мной, за моей свободой, зачем постоянно вижу перед собой его грустные и встревоженные глаза?»

Было два часа ночи... Страшно волнуясь, она вышла на лестницу и ожидала его прихода.

-Это вы, барин? – как у старого знакомого спросил дворник Михей. – Ничо! Все хорошо будет.

Блок рассердился. Дворник вновь был навеселе и вновь выступал в роли доброжелательного соглядатая. Не хотелось, чтобы кто-то еще касался его любви.

-Барышня только сейчас была пришедши, - продолжал Михей. – Худющий-то вы какой стали!..

Нервно и молодо взбежал Блок по лестнице на четвертый этаж и замер. Дельмас стояла в дверях; свет из прихожей лиловел на ее платье, открывавшем божественные плечи и высокую грудь, украшенную пунцовой розой. Сияющие в улыбке преламутровые зубы, затуманенные глаза, близкая взволнованность плеч, их застенчивость и чуткие руки, мгновенно овладевающие всякой вещью – все неожиданно смутило в этот миг Блока.

Они долга молчали. Они стояли, с жадностью угадывая знакомое в незнакомом, всматриваясь друг в друга. Первой пришла в себя Любовь Андреевна и, подав ему руку, рассмеялась.

-Проходите! Что же Вы? Посидим...

18.

Намертво перехваченные фиброй кисти обеих рук Сторожа посинели. От боли в вывернутых плечах и избиений он упал ничком на асфальт, и миштарэсовцы, весело гогоча, пинали его своими кованными ботинками, сломав по три ребра слева и справа.

-Я не Ззев! - брызжа кровью, выкрикивал в беспамятстве арестант, безжизненно валяясь в ногах остервенелых подонков. – Я – Владимир!

19.

Почему-то ей хотелось услышать, как он будет говорить о

ней. Он должен делать это с жадностью, прикидывала дама, как смотрит. И ждала. Но неизъяснимой загадочностью и тайной было окутано происходящее и Блок чувствовал как что-то стеснило его дыхание. «Боже мой, неужели я боюсь?» - с испугом спрашивал он себя. И, пьянея от того, что он говорит, он сказал:

- Какой у Вас низкий и странный голос. Я вздрагиваю всякий раз, слыша его. Ваши плечи ослепительны. Они – бессмертны. И Вам нет имени в этом мире!..

На одной стене комнаты, в которой они оказались, - большой портрет Её в роли обаятельной Кармен, на другой – фотография Шаляпина. С Федором Ивановичем Она пела один из сезонов. Кабинетный рояль. Поверх – ноты Ильи Глазунова с дарственной надписью. В кожаном бюваре – продолговатые конверты из плотной белой бумаги с темно0вишневыми сургучными печатями. Блок узнал стремительно написанные им самим слова : «Ее высокородию, госпоже Андреевой-Дельмас...»

Чувство, похожее на опьянение, все не проходило. Напротив, оно становилось все глубже, обволакивало все плотнее, пока жгучий огонь не вспыхнул в груди и стало невозможно вздохнуть...

Он сказал:

- Я хочу и не хочу знать, когда и что будет с нами. Сегодня мне кажется, что в жизни, в этой жизни, все может быть совсем новое для нас...

Ей нравилось, как он часто произносит «Я». Мужчине, проверившему себя, свойственно говорить так – не попусту, а уверенно и с достоинством. Он выдержит самые тяжелые и бесконечные испытания, может вынести ответственность не только за себя, но и за женщину, оказавшуюся рядом, и за всю страну, и за все человечество.

С этой встречи началась для них время, когда кажется, что душа, наконец, согласилась с телом. Это время любви – поэзии и упоения жизнью.

Еще одним свидетелем бурной весны Блока и Дельмас стал все тотже Евгений Иванов.

Телефонный звонок поднял его среди ночи.

-Спать изволите, милсдарь Евгений Павлович? – дурачась, вопрошал Александр. –Да Вы взгляните в окно! Какая душистая, душная, ветреннаая ночь. Какая ночь! А Вы... спите?

Евгений растерянно сидел в кровати. Резкие переходы в настроении Блока от глубокой мрачности к беспечной детской веселости были давно знакомы ему.

- Я рад за тебя Алексан Алексанеович! – ответил он. Всей душой, как только могу.

- А я люблю тебя и верю тебе! Но ты еще не знаешь всего. Я нынче всех люблю. Я тебе потом расскажу, - пообещал Блок. – Какой ты милый, милый! С тобой плачешь, когда плачется, веселишься, когда весело.

Большей частью Блок чувствовал себя не совсем собой почти со всеми людьми. Чтобы общаться с ними, ему нужно было сделать над собой усилие, и тогда лицо и его гнубы перекашивались от напряжения. С Евгением ему было легко, хотя сам Иванов оставался прост и ненапряжен с гораздо большим числом людей, чем Блок. Евгений постоянно хлопотал о каких-то страждущих, больных и обездоленных, обязательно встречашихся только ему; когда случалось что-либо тяжелое, Евгений расстраивался, делался мрачным; лицо его тогда было печальным и дрожищщим... Он был кроток и уступчив.

«Вы – один из пронзительных, - писал ему в юности Блок. – Мы любим сторожа, стучашего в доску, когда спят... все – и близкие. Но, чтобы полюбить совсем, нужно увидеть, как он копошится у темных строений с собакой у ног. И на лице его ходит ночная тень. И на Вашем лице она же – самая милая, часто очень страшная. Я люблю Ваше лицо – оно прекрасно и пронзительно. Оно как Ваша душа – на волоске от обьятий – последних, самых цепких, неразмыкаемых, кристальной чистоты...»

- Вы гуляли? – спросил Евгений.

- Да, да! Все последнее время я гуляю. Я перебывал во всех местах Петербурга и за городом, во всех, где меня не было последние семь-десять лет и куда я обещал себе быть когда-гибудь. Во мне кто-то поет. Но ты приезжай завтра!

С легкой душой Иванов улегся в постель, а Блок схватил пальто и вышел на улицу. От бессоницы чуть кружидась голова, легкий озноб подбирался к лопаткам. Холодно мерцали в блеклом небе, неяркие звездные шлейфы. В Луна-парке, где они часто бывали теперь с Любовь Андреевной, было пустнно. Огромными чудищами чернели там «Американские горки», стыли «аэропланы», вычерненным серебром посверкивали ветви вековых тополей.

Уже два месяца они были вместе... Сколько счастья случилось за это время! Новым значением наполнились казавшиеся ранее известнгыми предметы и вещи мира, получили другие имена, делящиеся на две неравноценные группы. Одни – это «наши». Наши улицы, наши дома. Крохотный мост через пряжку на Банный остров, носивший название Бердов мост, стал для них Ponte dei Sospiri - Мостом вздохов. «Наши» - это то, с чем они соприкоснулись вдвоем, что стало спутниками их любви.

Все эти дни Блок видел: женщина было счастлива сним. Он гордился ее любовью. «Гордость моя», - говорил и писал он. Александр вышел из парка. В небе все больше и больше светлели какие-то дороги, тропинки; легко сдвигались с зенита ночные тучи, обнажая бездну. Он вдруг подумал о том, чтобы жить отдельно, расстаться с «Маленькой» Почему? Дельмас? Что влечет меня к ней, куда влечет нас? И вдруг испугался: «Что, как я не сумею сохраниться вечно и это жемчужину?» Тревога и беспокойство вновь охватили его.

- Должен ли я быть счастлив, имею ли право, да и могу ли? И как-то само собой получилось, что трагичный конец любви стал заведомо известен ему.

Как-то светлым утром возвращались он с Царскоселькского вокзала, где долго смидели в буфете. Призрак города – красная луна – ползла вдали по краю небес. Любовь Андреевна – в маленькой шляпке с длинным вуалем – была возбуждена бессонным утром, шутила и смеялась. А Блок был то задумчив и печален, то шутил и дурачился. Вдруг, взяв ее за руку, произнес, путая «вы» и «ты».

- Вот послушайте... Ты их уже знаешь, но послушайте. Я написал...

Бушует снежная весна.
Я отвожу глаза от книги...
О, страшный час, когда она,
Читая по руке Цуниги,
В глаза Хозе метнула взгляд!
Насмешкой засветились очи,
Блеснул зубов жемчужный ряд,
И я забыл все дни, все ночи...

На этом месте Блок остановился, перевел дыхание и с почти загробной мрачностью закончил:

И сердце захлестнула кровь,
Смывая память об отчизне...
А голос пел: «Ценою жизни
Ты мне заплатишь за любовь!»

Он спросила, тоже путая «ты» и «вы»:
-Вы этого боитесь? Но ведь так только в этой опере. Не бойся, милый!

Он отрицательно покачал головой:
- У меня тяжелое настроение. Но вы не прогоняйте его. Едва ли это поможет. Вы должны понимать, что для меня нет и не может быть счастья.

- Нет,нет, Александр! Что вы! – запротестовала она. –Именно счастье помогает художнику творить, создавать искусство!

-Но искусство там, - с затаенной грустью возразил он, - где есть потеря, страдан7ие, холод. То, что я мало одарен, не мешает мне мучиться тем же и так же не находить исхода, как не находят его многие. И великие, и малые мира сего.

Этот постулат творчества Блок усвоил с юности. Он знал о горьких истоках творчества, и тяжелая мысль об этом постоянно подстерегала его и мучила.. Пышный банкет, несут розы, рукоплещет публика в ложах, в партере и на галерке, а он мертвенно бледнеет. Способность творить – это данная божьей властью обязанность перед людьми. После знакомства с

Дельмас Блок на короткое время забылся, но пришло время и что-то властно вытребовало его душу к исполнению его тяжкого долга.

20.

-Владимир-Блядимир! – Гогоча во все горло, вторил желтопузый, низкосракий и пучеглазый говнюк по имени Камеди. – У нас здесь все одно: буквы «вет» и «бет» на письме не различаются. – Чтоб ты знал и чтоб ты сдох!

21.

В то утро, когда они расстались, и он, душевно разбитый и смертельно уставший, возвратился домой, Любовь Андреевна сразу позвонила ему по телефону, видимо, плакала, что-то торопливо говорила. Не раздеваясь, он вновь ушел бродить по городу. По Алексеевской, мимо дворца великого кунязя Алексея Александровича, по мосту вельможи Храповицкого – любимчика и секретаря Екатертины 11 – к Английской набережной. Оттуда – на Сенатскую, к Петру, царственно восседающему на бешенном скакуне, олицетворяющем вздыбленную Россию. Когда-то именно отсюда любил Блок слушать кафедральные голоса со звонниц Исаакия. Но сегодня не гулялось: ветер, нервная усталость. Он силился вспомнить слова Любовь Андреевны, отыскать в них что-то успокаивающее для себя, и они всплыли в памяти, как некое произнесенное заклинание:
- Я прекрасно знаю, как окончу жизнь,.. потому что Вы оказались тот... Я завидую Вам. И, боже мой, я чувствую, как мимо меня проходит что-то большое и настоящее, а я не могу, не в силах остановить его...

22.

- Владимир – очень известное имя в вашей стране, - брызжа кровавой пеной, сказал Сторож. – Центральные улицы каждого города названы именем Владимира Жаботинского и Владимира Соколова. А вы знаете Владимира Высоцкого?

-Кто такой? Жаботинский-Маматинский, Высоцкий-Мысоцкий,.. Сахаров-Махаров. Это – зэвель. Ничего нет из того, что было. Теперь мы здесь. Запомни, ты – тоже зэвель!

23.

В Петербурге, как и сто лет тому назад, начались белые ночи. Кто мог тогда предположить, что город Петербург станет Петроградом-Ленинградом, а потом его святое имя и значение вернется к уже иному, выросшему на прежнем месте городу и возведенному руками атеистов? Но так произошло, все состоялось во славу и благо «могучей и бессильной» России...

Белые ночи наполнили город своим страстным дыханием. Серо-черные вдали, если смотреть откуда-либо со стороны, например, из Озерков, и иссиня- призрачные среди каменных громад городских строений.

В Таврическом саду буйно цвела сирень; она чувственно вздрагивала при каждом едва уловимом движении воздуха. Здесь, да еще в Шуваловском парке за городом любили теперь часто бывать Александр и Любовь Андреевна. Он так ни на что и не решился. Она была нежна и заботлива, задумчива и страстна; взгляд – странная смесь унижения и гордости. В холодных росистых кустах персидской сирени они выискивают пятилепестковые цветки, находят их множество, ищут еще и еще.

-Я хочу, чтобы мы никогда не расставались, - в отчаянии говорит Любовь Андреевна. – Я блуждала в потемках, когда мы встретились. Моя жизнь была на распутье: что-то во мне бунтовало, что-то не ладилось; все время меня куда-то влекло. Необъяснимая безнадежность пути...

Сапожок сиреневого пятилепесткового цветка мерцал у

Дельмас за ухом.

- С тобой, - продолжала Любовь Андреевна, - ты сам говорил, нечто сходное происходило. Теперь мне хорошо. И тебе. Я хочу, чтобы так было всегда!

Шурясь в серебряное дно петербургского неба, Блок неожиданно продекламировал:

«Нет, никогда моей, и ты ничьей не будешь.

Так вот что так влекло сквозь бездну грустных лет,

Сквозь бездну дней пустых, чье бремя не избудешь.

Вот почему я – твой поклонник и поэт!»

К утру поднялся ветер, Любовь Андреевна неожиданно ушла домой, и белая ночь потускнела без нее.

Под старыми липами вдоль набережной Пряжки, где вечерами престарелые актеры и актрисы Мариинки выводили на прогулку своих белых и черных пуделей, Блок вернулся на Офицерскую. Ему снилось море. Под горячим солнцем, на обнаженном после отлива дне моря он почему-то крушил тяжелой киркой слоистые скалы из белого ракушечника. Погрузим выдолбленные куски на мохнатого и крикливого ослика, обливаясь потом, он карабкался вверх по горе к железной дороге. И всякий раз его трудяга-ослик неожиданно останавливался у высокой узорчатой ограды раскидистого тенистого сада. Пели соловьи. В саду тихо смеялась женщина. Отошла и запела. В синем сумраке за решеткой мелькнуло ее белое платье.

Незнакомое счастье таилось за оградой... Он не стучал. Двери, казавшиеся неприступными отворились сами. Еще громче зажурчали прохладные ручьи, еще оглушительнее запели соловьи и, дожидаясь его в аллее, словно желанного гостя, встречала удивительная женщина.

Блаженно заснул он, истомленный трудом и полуденным зноем, но вдруг отчего то проснулся и распахнул голубое окно: там, за далеким глухим ворчаньем морского прибоя послышался ему долгий и призывный, как стон, крик его одинокого ослика, забытого им на дороге. «Что же это – соловьиный сад, - сверкнула почти наяву отчетливая мысль, - награда или же наказание забытьем?»

И тотчас же исчезло видение.

Проснувшись, он долго думал о себе, о своей судьбе в России, той самой, жить в которой ему выпал горький и счастливый жребий... Символист, тонко чувствующий , умеющий улавливать малейшие движения души, земной природы и человеческого общества, он по самым легким признакам, полунамекам определил, что впереди, может далеко еще, где-то за горизонтом, наступают какие-то новые великие времена. Поэт-пророк, он ощущал себя гражданином в гораздо большей степени, чем кто бы то ни было. И душа его, полная тревоги за общественное счастье, закрылась для личного.

Да и как останешься в стороне от всего назревающего? Только вчера, воспользовавшись отсутствием «видной» прислуги, подошла к нему глухая прачка Дуня. Грузная, со вспухшими белыми руками, постоянно оглядываясь, она чересчур громко говорила:

- Болесть-то меня совсем в дубки взяла... Занедужила я: голова кругом идеть, живот чей-то защемил, почень, вот, все коляет и коляет. Полечиться бы мне, батюшка, да где уж тут! - Закончила она уныло, с тяжелой одышкой.

Блок наклонился и прокричал ей в ухо, что, мол, когда барыня предет, он отпустит ее в деревню отдохнуть и полечиться. На это Дуня односложно ответила:

- Ась?

Образ больной прачки целый день стоял перед глазами Александра. Вроде бы, пустяк. А с другой стороны – о чем это он? В реальной человеческой жизни никогда ведь не было и нет никакого соловьиного сада, где бы тебя ни с того ни с сего услаждали безвозмездно. Все это – лишь греза, мираж...

«Как же так? Растерянно думал Блок – Бы тут болтаем и углубляемся в некие дела. А рядом... Нет, надо что такое, как жизнь прачки Дуни, чаще напоминало каждому о месте, на котором стоишь... Боже мой! Он – русский поэт, чья сила заключается как раз в том, что он – русский, что сделал он для народа? Сколько ему? Тридцать три. Это возраст Иисуса Христа, а он еще не успел ничего сделать.»

Всеми тонко чувствующими нервами поэта Блок блок

ощущал и понимал, что время его жизни – великое время. Блок быстро встал, оделся и вышел. Старые липы на набережной Пряжки, на солнцепеке выстрелили всеми своими набухшими до времени почками; первые, еще робкие и листочки-мдаденцы отдавали желтым, словно крохотные цыплятки расселись по еще черным с зимы переплетениям ветвей.

Вверху, в хитросплетениях вновь образующейся кроны и мельтешащего солнечного света время от времени вспыхивал и тут же гас медно-рыжий лик вольнолюбивой цыганки. Да, очень позитивно в этой жизни, что любовное чувство Блока и актрисы Дельмас развивалось одинаково, параллельно, как два одинаковых рельса одного железнодорожного пути. Им никто не мешал и не препятствовал. Но у некоей промежуточной станции - можно назвавть это историческим моментом - судьбы двух влюбленных бешенно пересеклись на стрелках; состав прогрохотал, скоро совсем тихо станет...

24.

- Ты - зэвель! Видишь твой теудат зеут? – Камеди взмахнул перед глазами Сторожа пластиковой карточкой его удостоверения личности. – Был и нет! Зэвель!

Полисмен крутанул колесиком громоздкой бензиновой зажигалки, и то, что четыре года было гражданским паспортом арестанта, жарко вспыхнуло синим ядовитым пламенем.

-И с тобой тоже самое будет. Был и – нет. И никто не узнает!

25.

Со всей страстностью актрисы, обучавшейся во Франции, Любовь Андреевна поклялась ему в своей любви. Но он... Он слишком хорошо знал, что все в этом мире проходит, знал это с обреченностью большого художника, однажды взглянувшего в лицо вечности. Разве может быть в этом мире, спрашивал он себя, бесконечное, ничем не остановимое счастье? Счастье это пригрезившийся ему соловьиный сад, обнесенный высокой оградой, куда не доносятся проклятья окружающей жизни. Но даже совершенно оглушенная соловьиными песнями очерствевшая душа не может не расслышать крики и вопли страний по ту стороны крепкой ограды. Ах, думал Александр, чуть бы раньше случилась их с Любовью Андреевной встреча. Раньше, куогда он был юн и смел, когда огромность искусства еще не поглотила его, не подчинила своей жестокой безжалостной власти.

В чистой палехской черноте незвбаламученной Пряжки ритчино извивалось отражение золоченого куполочка приютской часовенки. Потом вода в петербургской речушке стала зеленоватой и в ней задрожаэали перехлесты серых ветвей и стволов прибрежных лип. Хотелось как-то рассеять скопившееся чувство тоски и щемящее беспокойство. Он подумал: «Какое безумие, что все проходит, ничто не вечно. Сколько у меня было счастья, да, счастья с этой женщиной. Шпильки, ленты, цветы, слова... И все на свете проходит. Бедная, она была со мной счастлива. Разноцветные ленты, красные, розовые, голубые, желтые розы, колосья ячменя, медные, режущие чуткие волосы, ленты, колосья, шпильки, вербы, розы...»

На той стороне Пряжки, у версековой стены, маячили тонкие издалека, гибкие фигурки. Седые старухи с непокрытыми головами жадно шарили руками в своих нищенских котомках, отыскивая завалявшиеся куски хлеба. Обходя справные телеги, бодро потряхивали кнутовищами зажиточные мужики, а ана телегах, приподнимали головы, переговариваясь, их квелые родственники.

- Тинь-тэн! Тинь-тэн! Тинь-тэн! – благостно и тонко запели колокола близкого Никольского собора. – Тинь-тэн!

Густой речитатив дьякона взвился над толпой: «Как отец он будет велик и утешением печальным в молтиве нашей!..»

-Пора в Шахматово! – встрепенулся Александр. – Лето ведь! Кому не тяжело в этой жизни? Кому не одиноко? Всем.

Переносить эту тяжесть помогает только обладание своей атмосферой, хранение своего круга и чем шире этот круг, чем больше он захватывает, тем более творческой становиться жизнь... Ах, завоевать хотя бы небольшое пространство воздуха, которым дышишь по своей воле, независимо от того, ветер ли все время наносит на нас тоску или веселье, легко переходящее в ту же тоску, - это и есть действие мужественной творческой воли... И – пора в Шахматово! Там – покой, осмысление пережитого и – творчество.

26.

Глухая пыточная камера - бетонной заливки. Стальная, герметично закрывающаяся дверь. Ни звука снаружи. Неподалеку от входа стол и два стула.

-Ну, ты, зэвель, пошевеливай задом! Стань вон туда – к стене! – истерично выкрикнул плюгавый Камеди.

Посмеиваясь, Камеди высыпал патроны из браунинга Зэева, оставил один, крутанул барабан в и, уперев локти в столешницу, неторопливо прицелился.

Боль в порванных сухожилиях плеча и предплечья. и от намертво скованных фиброй запястий спиной рук не позволяли Сторожу выпрямиться, но, скрипя зубами и сдерживая стоны, он стал попрямее.

«Может, это последняя боль в моей жизни,» - подумал он. – «Слава Б-гу!»

-Русскую рулетку знаешь? То-то! Сейчас почувствуешь! – Камеди нажал курок.

Грянуло, и пуля вылетела.

Миштаэровцу не понравилось, что Зэев, не отводя глаз, спокойно смотрел в зияющее дуло пистолета и не вздрогнул.

-Все равно – зэвель!

27.

Блок уехал. Летом 1916 года он был призван в действующую армию и служил в инженерно-строительной дружине, сооружавшей полевые укрепления в прифронтовой полосе, в районе Пинских болот. Здесь застала его весть о свержении сомодержавия. Заметелили тугие февральские, а потом и октябрьские вьюги 1917 года. Он писал: «Ой вьюга, ой вьюга! Не видать милого друга за четыре за шага».

На мозаичной карте российской литературы появились есенины, маяковские, сельвинские. Символ русского символизма поэт Валерий Брюсов приступил к слаганию рабочих песен. Блок написал поэму «Двенадцать», в которой по-своему символично попытался передать свое ощущение надвигающихся и происходящих в империи перемен. Главные действующие лица поэмы – балтийские матросы, бесшабашная Катька и – «В белом венчике из роз Впереди Исус Христос».

Исполняя свой общественный долг, Блок работал секретарем следственной комиссии по антинародной деятельности министров и членов Временного правительства, возглавляемого до свержения однокашником Ленина по Казанскому университету А.Ф. Керенским, благополучно бежавшим за рубеж в женском платье. Записывая показания, Блок насмотрелся страшных душераздирающих сцен и все его тонко организованное, поэтическое существо, содрогнулось в ужасе. А потом пришло известие, что взбунтовавшиеся – читай «революционные» - крестьяне разграбили и напрочь сожгли родовое имение Блоков, его любимое Шахматово – «приют спокойствия, трудов и вдохновенья». Стали свергать купола божьих церквей; порушили Спаса в Москве.

Нервы Блока не выдержали. Здоровенные санитары, яввившиеся по вызову в квартиру №27 по улице Офицерской, заломили ему руки, накинули смирительную рубашку с рукавами, завязывающимися за спиной, и увезли.

28.

- Эй, что это у него тут из халата торчит, а? Рукопись? О, бля, он еще и пишет! На русском!.. Эй, ты, полурусский, а ну-ка, прочти.

- Приют Святого Николая...

- Святого?! Ага, он здесь, конечно, еще и христианство разводил!.. Смотрите, сколько запятых! Какой дикий язык! Зачем им столько запятых?

29.

Безумство Блока было признано буйным и посещения к нему оказались запрещены. Он никого не узнавал.

Дворник Михей отыскал полюбившегося ему барина в Приюте Святого Николая, тут же на Пряжке. Несколько дней подряд высматривал он своего благодетеля, шаря глазами, по окнам серенького приюта малограмотный тверяк, наконец, нашел нужное ему окно и знакомый силуэт в окне. После он взял за правило каждую неделю посещать это место. И, бывало, выпьет хорошо, для сугреву, и все ходит под холодной каменной стеной и бормочет, и рассуждает о чем-то. Видимо, с самим собой.

Много лет провел А.А.Блок в состоянии безумства, в состоянии беспамятства в приюте «Всех Скорбящих». Под безжалостными стальными гусеницами нового времени умерли все: мама, Люба, Женечка Иванов, есенины, маяковские и иже с ними. Умер Михей. И только утром 7 августа 1921 года наступила, наконец, физическая смерть Блока – отказало сердце...

Через сто с лишним лет, пришла очередная новая эпоха в истории России. Балтийских матросов – побоку, а бесшабашная Катька пляшет теперь нагишом на секс-подиумах и на пьяных столах всего мира. Вернулся Христос - вновь в мученическом венке караколючки, утратив блоковский венчик из белых роз. И только поэтический дух Александра Александровича Блока навечно поселился в нравственном сердце России. Раз и навсегда - на все ее хорошие и плохие времена.

30.

Ночью миштарэсовцы выбросили закоченевший труп Сторожа за барханы, неподалеку от проезжей дороги. Почти рядом с тем местом, где в стародавние времена полегли мертвыми в одну ночь двадцать тысяч храбрейших евреев из ополчения Эцеля. Песчаная буря-хамсин тут же поглотила рубчатые следы автомобильных колес, а к вечеру следующего дня под вековой пылью исчезла и узкая полоса от человека,ползущего в сторону шоссе.

- - - -

*

РАССКАЗЫ

***

РЕНЕ – ХОККЕИСТ

Слухи о прибытии в Бордо хоккеиста Рене просочились за стены этой респектабельной монреальской тюрьмы задолго до самого появления Рене. Он делал третью ходку, слыл признанным авторитетом и носил кличку "Бешеный" - за бешенство, в которое часто впадал, если чуть что было не по нём.

Ближе к вечеру, когда арестанты внимательно обозревали криминальную жизнь родной провинции по новостям частного телеканала TQS, чугунная плита блекло-голубой двери сектора G (Джи) всосала Бешеного Рене и в общем холле раздались радостные крики и громкие аплаузы дружеского приветствия. Кто играл в карты, посиживая на "квотэрах" железных стульев вокруг вмурованных в пол круглых столиков, кто тут же попивал кофе из бесконечных бумажных стаканчиков за "патати-патата", кто повис на двухэтажной фиге чёрного спортивного тренажера. Но в ответственный момент появления в секторе нового руммейтера все вдруг оторвали обленивевшие зады от своих ленивых занятий и сгруппировались на входе.

Рене заметно возвышался над толпой своим бледным, издёрганным лицом и бритым наголо черепом. Мышиного цвета заношеная "тишотка" и панталонное "хакки" вольготно обвисали вокруг его исхудалого, костистого тела. Проще говоря, невзрачные носильные вещи балахонно болтались на "мослах" бывалого грабителя.

В едином гуле, не менее чем пяти десятков голосов, различались отдельные выкрики:

-Наш Рене в одиночку взял три депанёра! Кто бы ещё такое смог сделать?! Только Рене! Молодец Рене! Он из Лонгю!

Только там находятся такие отчаянные и настоящие квебекуанские парни, как Рене! Он покажет этому русскому!.. Табарнак!

По-боксёрски подгребая ногами и притопив нижнюю челюсть в продвинутом вверх правом плече, Бешеный Рене проломился сквозь толпушку оживлённых руммейтеров и мертвящим взглядом своих замутненно-карих и кнопочных глаз сверляще вперился в того единственного, кто не привстал в приветственном почтении. При этом скукоженный в длинну тюремный холл сектора "Джи" как бы ещё более сузился в своих размерах.

Возникла напряжённая пауза: неподалеку, в стороне от всего шумно происходящего, сидел за столиком широкогрудый и накаченный паренёк лет тридцати пяти, осенённый залпами солнечных лучей из широкого тюремного окна, затянутого хитрой вязью толстющей решётки, Посиживал парень тихо и независимо, ни на что не отвлекаясь и видимо, не понимая смысла происходящего. Он не строил из себя увлечённого, а был, действительно, глубоко погружен в чтение какой-то толстющей книженции. Пауза затягивалась.

-Я сделаю тебе кофе, Рене! -не выдержав напряжения, сквозь золочёные кольца в губе и в носу прогугнявил хлипкий Патрик и бросился шурудить у пластмассовой кофеварки.

Стоящий рядом с Рене толстый и неопрятный Род из Гаспези наклонился и прощебетал, тыча перед собой сарделькой пальца:

-Вот это и есть, тот самый, паршивый русский...

От резкого движения Рода кривым пиратским ножом угрожающе взметнулась над его головой его рыжая худая косица.

Сидящий в отдалении "русский" уловил, кажется, смысл происходящего, вышел из-за кругляша стола и сделал представление по-английски:

-Хай! Меня зовут Денис. По-французски это тоже самое, что и Даниель . Я вижу - ты здесь какой-то босс и я , как и все, рад видеть тебя... Но, сам понимаешь, не здесь, не в тюрьме.

Росту в Денисе оказалось не так уж много - чуть выше

среднего. Одет он был, как и многие русские "за рубежом" - в синюю "джинсу". Внешне - ничего особенного: чёрные волосы с проседью да в коже лица как бы пороховины застряли.

-Видишь, сам видишь! -зашумели в толпе. -Он не говорит по-нашему! Он не хочет говорить по-нашему! Что он там такое бормочет, проклятый табарнак? А как он себя ведёт тут? Он ведёт себя как будто он сам президент всего нашего сектора!

-Какого чёрта ты здесь читаешь, фак ю? -с долгой расстановкой в английских словах и с видимой натугой в голосе произнес Рене.

-Это "Отверженные" Виктора Гюго. Только на русском, фак ю. Это я в тюремной библиотеке отыскал.

-Ну, ты попал, партнер! -не мигая и не отводя своего мутного взгляда, воскликнул Рене. -Наверное, здорово успел насолить этим парням, что они так много ненавидят тебя?

-Не знаю, с чего это они так взъелись! Ну, дал одному-другому по фейсу, но я первый не начинал...

-А за что сидишь, фак ю?

-Я сказал нашим мужикам, что сижу за изнасилование крупного рогатого скота. Нашёлся переводчик. Правда, он уже освободился. Но вообще-то, сижу за превышение скорости. У меня навыки езды несколько другие, чем в вашей провинции.

И добавил доверительно:

-Какой же русский не любит быстрой и потому ужасной езды, не так ли? Ты, конечно, на Ляронде был и на "Русских горках" там катался. Правда, здорово! Только в России эти горки называют "Американскими ", фак дзем. Я думаю, у русских сниженный инстинкт самосохранения. В этом секрет их национальной загадочности и поэтому они, фак ю, так безрассудно храбры.

Молчащая толпушка непонимающе взирала на беседующих, обменивающихся резкими "факами", то есть ебуками. Было яснее ясного: назревает неизбежная драка. Некоторые инстинктивно отступили подальше, как бы очищая место для потасовки.

Но тут душераздирающе взвыла тревожная сирена.

-Трататата, табарнак! -бешено вращая зрачками, заверещал

Род из Гаспези, затопал ногами, затряс косичкой и бабьим задом в ситцевых пестрых шортах по кривым коленам.

Вспугнутые "зэки" встревоженно вспорхнули из-за столиков, как взлетают из-под снега веером куропатки, и, поспешая, но с видимым достоинством рассыпались по своим камерам. По первому и - вверх по лестнице - по второму этажу. Стены каменных нор и опустевшего холла отсвечивали выгоревшим "салатом".

Началась вечерняя проверка. Для этого в "Бордо" никто не выбегает на плац. Ни строями, ни шеренгами, ни рядами. И фамилии по списку никто не выкликает. Здесь, по сигналу с центрального пульта стальные двери в камерах электронно захлопываются на двадцать минут, и тогда гарды покамерно и поголовно пересчитывают людей, мельком взглядывая в пуленепробиваемые окошечки.

-А ты что, действительно, умеешь драться? -спросил Рене.

В секторе "Джи" были камеры и на восемь, и на четырех арестантов. Но по воле рока и по тюремной роли Рене оказался "прописанным" у Дениса, в его двухместной камере, первой от поворота с лестницы, на втором этаже.

-Не знаю, -в ответ на вопрос Рене стрельнул Денис глазом, отливающим сталью.- Но я бывал на войне. Когда твои парни налетели на меня, этот прохиндей Патрик сразу же опрокинулся навзничь от одного только моего резкого движения. Франсуа - третий у них - тут же выбежал. А у крикливого и писклявого Рода оказался такой крепкий фейс, что у меня костяшки руки до сих пор болят. Даже через полотенце пробило. Сделал я ему маленький киксинг, вышел и позвал охранников: "Гард!" Смотрю, а гардъениха выскользнула из своей стекляшки и смылась. Ну, я переговорной трубкой постучал немного по стеклянной броне. Трубка и рассыпалась... Но ты же сам видел как этот Род из Гаспези орёт ни с того, ни с сего! Я этого не люблю. Русские, вообще, не любят когда на них кричат.

-Нет, вы только посмотрите на него! Ты! Сосунок! Ты многого не знаешь и о многом не догадываешься. Род - это президент среди заключённых нашего сектора. Он кричит не на тебя. Он дублирует голосом электронный сигнал "По камерам"! Чтобы до каждого дошло. А если нет, то весь сектор будет лишен дневной прогулки. Вошло это в твою бестолковую башку? Дид ю гет ит, табарнак?

-Коллективные наказания запрещены. Это не укладывается в рамки прав человека в цивилизованном обществе. Да и зачем вообще нужен такой президент, если стража вокруг? Это дубляж!

-Ну, не скажи-и-и, -раздумчиво протянул Рене.- У стражи свои интересы, у арестантов - свои. Посидишь – узнаешь.

-Да, но я Рода всё равно не люблю. А ты, ведь, боксёр? Я сразу заметил, как ты умело передвигаешься.

-И опять ты ошибаешься! Я хоккеист. Но да, я брал платные уроки по боксу. Потому что нынешний хоккей это одновременно и бордель, и смертоубийство. То к тебе в раздевалке какой-нибудь старый пидар пристает, то тебя убивают прямо на глазах одобрительно свистящей и всё осознающей публики. Когда-то хоккей был красивой игрой, теперь - нет. Это - монстр. Люди, лишённые ужасающих зрелищ Гревской площади, изыскали много других способов наслаждения видом и запахом человеческой крови. И потом, хоккей теперь - это одна из главных дорог к неожиданному и миллионному состоянию. Если ты выжил, если ты не потерял здоровье, если пробился в высшую лигу и был удачлив при этом. А до этого - голая реальность для многих: тысяча, тысяча двести "гусиков" в месяц... Но я любил и люблю эту игру.

Вновь душераздирающе взвыла тревожная сирена и, отпираясь, со звоном отщелкнулся встроенный в сердцевину затвор на двери. Тюремный народ высыпал в холл на вечерний кофе со сливками, с сигареткой, с картишками, с прохладным душем, с телефонными звонками друзьям и родственникам и - по "интеркому" - с дежурными гардами-земляками, всаженными тут же между секциями в свои прозрачные бронированные будки.

-Эй, Денис! -выкрикнул по-английски один из гардов, используя громкоговорящую систему. -Тут про твои подвиги уже рассказывали.Ты, что, в самом деле русский? И прямо из

Санкт-Петербурга?

Сектор "Джи" при этом безвыволочно утоп в громе путанной анлийской и русской лингвистики.

-Да! - ответил Денис. -Три месяца тому назад.

-А я через неделю отправляюсь туда на вакейшн. Красивый город. Может, что передать?

- А ты, что? Тоже из Питера?

- Нет, я поляк. Но могу передать, если что.

-Спасибо, ничего не надо. Ни я не успел, ни они там ещё не соскучились по мне. Я только хотел спросить... Эта гардиха, Сесиль, она откуда?

-Много будешь знать - быстро состаришься, -засмеялся в "интерком" предусмотрительный поляк. -Здесь не принято сообщать своим подопечным такие вещи! Ты, вот, только скажи, твоя фамилия, действительно, Фак-ин?

-Да! Факин. Бай зе уэй, одного моего приятеля звали еще почище. Он был Фак-ов!

Когда перед одиннадцатью вечера Денис поднялся на ночь в свою камеру, Бешеный Рене сидел там в одиночестве спиной к двери за металлической плахой столика под виртуальным молоком электрического плафона. "Зэк", по-французски "призоньер", что-то там такоё ковырял на столе и вдруг резко обернулся к Денису:

-Ну, и что ты молчишь? Говори что-нибудь.

-Я не говорю по-французски.

-А и не надо по-французски, фак дзем. По-английски! Мне нужно учиться говорить по-английски.

-Для чего это тебе? Ты, ведь, квебекуа. И ты живешь в своей стране.

-Не ска-а-ажи! -тщательно подбирая слова, задумчиво проронил Рене. - Вот видишь, чем я сейчас занимаюсь?

При самом поверхностном взгляде легко определялось, что опыта пребывания в тюрьме Бешеному Рене не занимать. Ловко, безо всякого инструмента, разделался бывалый арестант с безопасной бритвой, которую он, как и все вновь поступающие в тюрьму, получил запакованной в целофан вместе с туалетным мылом, зубной щеткой и пастой. Теперь, освобожденное им от оправы, стальное лезвие бритовки угрожающе посверкивало в руке арестанта-рецидивиста. Ночью - чик - по горлу - и - нет - тебя!

Но в сей момент Бешеный Рене был поглощен весьма мирным занятием. Слегка прикусив высунутый язык и по-детски посапывая, он старательно оконтуривал забавных зайчиков из журнала "Плейбой", обходя лезвием нижние части непотребных девок.

-Ты знаешь, для кого это я стараюсь?

-Откуда мне знать?!

-Для девочек моих стараюсь. Письмо им надо написать. Две маленькие дочурки есть у меня. Для них и стараюсь. И депанёры для них чищу. Хочешь на девочек моих посмотреть?

Автоматически оглянувшись, Рене быстро извлек откуда-то глубоко из трусов уже порядком измятую фотографию. Две милые белокурые девчушки лет пяти и шести лукаво щурились с фото.

...В семнадцать лет, по рассказу Рене, он подавал большие надежды в хоккее. Был он высокорослым, крепким и выносливым юношей из средне-буржуазной семьи. Мама - служащая в банке и отец - социальный работник души не чаяли в своем единственном сыне. Хоккейное мастерство юного Рене быстро нарастало. Облачённый во флюоресцирующий аквамарин громоздких хоккейных доспехов, осыпанных белыми королевскими лилиями, Рене был великолепен. Настоящий богатырь. Над строями и толпушками своих сверстников он возвышался, как стройный молодой дубок над кустарниковой зеленью лапчатого орешника.

Юного Рене-хоккеиста буквально переехали подлые завистники. А, может, оплаченные наёмники. А, скорей всего и то и это - все вместе. Потому, что большой спорт - это гигантский, как спрут, разветвлёный бизнес, где всё продается и всё покупается.

Это ещё сущая чепуха, если в тебя выстреливают тяжёлым куском прессованной резины прямо в незащищённое лицо. На одной из регулярных тренировок, даже не на хоккейном турнире, сверстники-завистники по юношеской лиге, как молодые волки, разорвали Рене на части. Они наехали на него в центре хоккейной площадки, когда Рене не владел шайбой и был расслаблен. Один саданул знаменитость между ног слева, другой со всего маху ударил по ногам и поволок вправо. Последовал разрыв паховых мышц и перелом шейки правого бедра. Рене дико закричал и сцепил зубы.

Выступая перед журналистами, тренер команды, гордо противопоставляющий силовой канадский стиль игровому стилю европейского хоккея, только и сказал:

-Если хоккеист во время игры объемно не видит шайбы и поля, судью, соперников и партнеров - этого его беда!

С той поры всё кончилось для Рене раз и навсегда: слава, деньги и большие ожидания. Бывшая молодая знаменитость приволакивал правую ногу несмотря на металлическую вставку, получил инвалидность и стал стопроцентным психом. Он ничего не умел делать. Он был форвардом, а это совсем иной характер, чем у защитников. Вскоре дом-коттедж отняли у Рене за долги; жена, бывшая стриптизёрка, тут же перешла на содержание к другому мужчине и отняла у Рене радость общения с милыми дочурками. В довершение ко всему, через какую-то пару лет доктора обнаружили у бывшего боевого парня смертельноё заболевание раком.

-Когда доктор в первый раз сказал мне, что мне осталось жить всего лишь три года, -скривив лицо, заметил Рене, - я грабанул свой первый депанёр. Мне удалось захватить тысячу семьсот долларов для моих девочек, но деньги у меня тут же отняли. Второй раз я брал ночной депанёр, когда до моей смерти, по сообщению доктора, мне оставалось полтора года. Но этот медик всегда ошибается в своих расчётах! В последний раз он отвёл мне всего шесть меяцев, а я прожил, вот, уже восемь. Как это тебе нравится? Зато в этот раз я взял три тысячи долларов! И ничего не отдал полиции. Когда я умру эти деньги будут моим последним подарком для девочек.

Около полуночи интенсивность освещения в тюрьме автоматически снижалалась до полутьмы. Рене вынужден был прервать свои "плейбойские" занятия и, укладываясь спать, начал   мучительное для него заползание   на второй этаж стальной двухярусной кровати. Он при этом болезненно морщился, оскальзываясь на узких хворостинах-поперечинах отвесно приваренной к нарам прямо с лица лесенки-стремянки, и бранился по-всякому.

-Может тебе удобнее будет спать внизу? - деликатно спросил Денис, как бы предлагая больному своё нижнее место.

-Не суйся куда тебе не надо! -психанул Рене. -Здесь никому и ничего не принято уступать. Если только кто сильнее тебя и не потребует этого! Ты, русский, никогда не пройдешь экзамена на принятую здесь душевную жесткость. Не обольщайся и впредь, увидев кое-кого улыбающимся. Это как звери: они улыбаются, когда насытятся. Запомни, если к тебе обращаются со словами "Шпе ву зеде?" , то это не значит что после этого ты можешь броситься в объятия и повествовать о всех твоих бедах. Запомни, это всего лишь принятая форма общественной корректности. Ты обзан ответить отрицательно, но и поблагодарить при этом. А, что,-подтыкая получше жидкую арестантскую подушку себе под голову, неожиданно поинтересовался Рене: -дети у тебя есть?

-Нет ещё, - с готовностью откликнулся Денис. -Только отец да мать. Да куча сестер и братьев.

-Сколько?

-Двенадцать! Мал мала меньше.

-И ты приехал сюда, чтобы заработать им на жизнь?

-А как ты думаешь?!

-И что ты намерен делать?

-Да хоть машины мыть!

-Тебя не возьмут. И никуда не возьмут, потому что здесь много работников. И потому, что ты не знаешь французского, а, значит, не билингуал.

-Да на такой работе можно и немым работать. Но я выучу!

- Пока будешь учить и жизнь уйдёт.

-Так что?

-Ты, конечно, можешь меня осуждать! -свесив вниз свою бритую до синевы голову, заявил Рене. - Да, я граблю депанёры! Но я делаю это без оружия, без насилия и без угрозы для жизни кого бы то ни было. Просто, захожу и говорю:

"Давай деньги!" И они отдают. Пойдешь со мной, когда мы выйдем отсюда? Я умираю и потому прозорлив. Я хочу тебе помочь.

-Надо подумать! - только и буркнул Денис.

Июльская полночная духота неимоверно донимала сокамерников. Окна тюрьмы намертво инсталлировались толстющим бронированным стеклом и не открывались на проветривание. Действовал встроенный в стену стационарный для всего здания аэрокондиционер, но силы с какой он действовал не хватило бы и на трепетанье лепестка розы. Ровно в час ночи в дверь камеры требовательно постучали. В полутьме Денис напряженно вскочил со своего жёсткого ложа и громко вопросил:

-Что нужно?

Тут на него сверху повалился колченогий Рене, сорвавшийся со стремянки. Денис инстинктивно подхватил руммейтера, спасая его от удара о бетонный пол.

-Лекарство! - прозвучало за дверью. -Лекарство, фак ю! Что, не понимаешь?!

Рене подскочил, даванул на сигнальную кнопку, смонтированную в стальной коробке дверного проема; ночной гард на пульте управления сектором "Джи" внизу принял сигнал, тоже даванул в ответ. Наконец, проверещал электронный замок и дверь отворилась, обозначив на пороге двух рассерженных задержкой гардов, одетых почему-то в чёрную униформу.

-Кто тут Рене?

Один из гардов ослепил сокамерников мощным полицейским фонарем. Другой, с пистолетом на вскидку, протянул перед собой крохотную оранжевую капсулу.

-Это я Рене! - сказал Рене. -Извините, ребята, я уснул.

-Что это у тебя? - полюбопытствовал потом Денис.

-Это мой прескрипшен. Лекарство! Я без него спать не могу.

Вторая лечебная процедура подобного рода проходила обычно в пять утра перед самым рассветом. Внутри тюремной камеры оверлогов и курантов не содержалось. Ни наручных, ни карманных часов у Рене не было, но дисциплинированный, он начинал возиться наверху гораздо раньше события. По многу раз за ночь Рене будил Дениса и озабоченно спрашивал по-французски:

-Который час?

Что и сердило, и смешило Дениса, потому что для непривычного русского уха фраза складывалась забавная "А кель хер?".

-Да что ты так волнуешься? -заметил как-то Денис. -Придут гарды, сами разбудят...

-Ты не знаешь этих ребят! -взвизгнул от возмущения Рене. -Если что не по ним - пристрелят и все тут! И тебя, и меня! Из чувства самосохранения. И за нарушенье тюремного порядка.

После чего умирающий арестант, изрыгая приглушённые проклятья типа "О, путан!", "О, табарнак!", "О, бордель!", - скользил и срывался своими негнущимися ногами со стремянки второго яруса. Иногда падал сверху.

Всеми этими тревожными ночами взбудораженный Денис плохо спал и не высыпался. Время от времени он настороженно приподнимал голову, соображая что будет, что произойдет, если Бешеному Рене надоест его борьба за жизнь, если тот устанет сопротивляться смерти, если у него произойдет так называемый нервный срыв? Достанет тогда Бешеный припасенную им бритовку и полоснет он его, Дениса, спящего, по горлу, с тем, чтобы, например, не одному отойти в так называемый "иной мир".

-Да возьми ты их себе, эти часы, я их дарю! -не выдержал однажды Денис. -Если хочешь, то навсегда!

И впервые за эти дни уснул крепко-накрепко.

Часы, с которыми Денис так кажуще легко расстался, были, между тем, редкими. Если не сказать бесценными. И по цене, и по модели, и по той памяти, какая связывала их и какая была дорога Денису. В самом верху циферблата этих часов призывно-загадочно люминисцировала красным крупная пятиконечная звезда. Чуть ниже, осенённое как бы нерукотворным звёздным символом, струило свой неудержимый и бесконечный полёт голубое изображение реактивного самолеат-истребителя типа "Сухой". В нижнем ярусе, сразу под шпилькой центральных стрелок этих замечательных часов отливал изумрудом грозный "Т-34". Верх циферблата, как царской короной увенчивался стальной азимутальной сферой, с помощью которой можно задавать и удерживать заданное направление. Все - на семнадцати немаленьких рубиновых камешках. И - что самое важное - часы эти были с "боем", то есть с будильником... "Командирские" назывались. Ещё советской выделки. И впридачу - рубчатый ремешок из чёрного "асфальта" прочной литой резины.

Филантропическая выходка Дениса неожиданно загнала Бешеного Рене на передовые позиции глубоких нравственных размышлений. Практичность "Командирских" была несомненной. Рене сразу заценил это и не колебался. Отказаться от подарка, потому только, что сам учил этого недалёкого русского мужика душевной жесткости? Это глупо! В сложившейся ситуации было совершенно неясно, кто проявляет мягкотелость: тот, кто берёт или кто дает? Ничуть не заботился Рене и о том, что, возможно, будет не понят другими арестантами в любом своём решении относительно подарка. И ко всему, благодаря своим жёстким моральным установкам, обсевшими его в результате свалившихся на него несчастий, Рене нисколько не переживал, что тревожит сокамерника своими шумными медицинскими подъёмами по ночам. Но, в то же время, Рене и не сказал про себя грубо: "Да пусть этот глупый русский помучается без часов!" Не сказал так, ибо хранил в душе и ещё кое-что, о чём предпочёл умолчать до времени.

-Беру! -твердо произнёс Рене и с подчёркнутой благоговейностью пристегнул подареный русский раритет себе на руку.

С тех пор, на ночные приёмы лекарства квебекуанец-зэк сползал со своих нар заранее. Страждущий от боли и немо-терпеливый, он всякий раз по получасу, бесшумно, как затаившись, поджидал у дверного окошечка чёрных тюремных гардов с их особым лечебным препаратом, какой выдаётся только с оружием. Приёмы наркотика стали проходить более спокойно и без происшествий. Как и в этот раз.

На следующее утро, спозаранку, часов в десять, гарды прямо из камеры увели заспавшегося Дениса на собеседование в офис тюрьмы, а Рене появился перед позавтракавшими арестантами ещё позже. Необычно громко для всех и твердо хлопнул Рене подпружиненной дверью, так что и гард в "стекляшке" и руммейтеры в холле воззрились вверх, как на эстраду.

-Эй, ты! -держаясь за балконные перила, как за поручни капитанского мостика, крикнул он Роду. И неожиданно добавил по-русски: -Иди сюда, е твою мать!

Толстый Родней из Гаспези торопливо поднялся по лестнице, и Рене врезал ответственному призоньеру увесистую оплеуху, полхожую на боксёрский хук. Арестанты в холле захохотали и даже гард принял оплеуху за дружескую выходку.

- Надо вести себя прилично! И ещё. Этот русский с его первой ходки не может быть здесь менеджером, - громко сообщил Бешеный притихшей аудитории. -Потому что, как вы знаете, русский пока не билингуал.

В этом месте ещё более дружный хохот снизу прервал Рене, но он настойчиво продолжил:

-Русский будет почётным гостем сектора "Джи". А со второй его ходки вы сами увидите!

Едва отпив утренний кофе, Рене с просветлённым лицом и ясным взглядом, поспешил к общественному телефону устроенному на стене под лестницей. Рене долго и настойчиво куда-то там звонил и перезванивал. К Денису, штудирующему своих "Отверженных", Рене подошел по-юношески стремительно, как бы другим, обновлённым человеком. Ему безотчётно нравилось, что у него появился глупый новичок-подопечный, которого нужно учить и наставлять персонально, вести за собой, а иногда и защищать.

-Ну, вот, и все! -радостно заявил он. -А ты говорил зачем мне английский! Я дозвонился до своего старого приятеля по хоккею из Пенсильвании. Ты знаешь, это ля - в Штатах. Он там владелец большой транспортной компании. Обещает до четырёх тысяч долларов "америкой" в месяц, полное страхование и полное покрытие возможного ущерба! Поедешь со мной, а? Я сказал моему американцу, что у меня есть русский сменщик. И приятель ждет нас обоих!

Но дня через два, к вечеру приподнятое душевное настроение Рене похожее на короткое весеннее половодье спало и состояние здоровья хоккеиста огорчительно-резко ухудшилось. Время от времени он стенал от боли и скрипел зубами.

Да, многоуважаемого господина Рока никуда не обведешь вокруг пальца. Доктор хоккеиста Рене, как и все доктора, конечно, не бог; но в своих предсказаниях смерти медики обычно ошибаются только в сроках. Как и синоптики. Если у тех сказано, что ожидается плохая погода, то не сомневайтесь, скверность в природе наступит обязателньо. Пусть и с запозданием в месяц.

Вдумайтесь, как медику ошибиться? Есть законы, и есть закономерности! Процессы развития растительных и животных организмов как живительны, так и плановы. Вот человек в виде младенца появился на свет. Вот у него молочные зубки пошли. Вот пошли, так называемые, "вторые" зубы. А вот наступила пора полового созревания... И так далее.

Напротив того, процессы болезненного угасания животного организма мало того, что необратимы, они нарастают непредсказуемо лавинообразно, как снежный ком, как число вариантных ходов в шахматной партии. То есть, не в простой арифметической, а в геометрической прогрессии. Метастазы раковой опухоли уже заполнили организм Рене. Ни оперированию, ни терапевтическому лечению такой тяжёлый больной обычно не подлежит. Он обрекается на прогрессирующее умирание и "лекарство" таких - не более чем сильнейшие обезболивающие наркотики, облегчающие предсмертные муки обречённого.

Бывает, что и творческий человек, разбросанный по характеру, часто отвлекающийся на борьбу за лучшие условия существования, постоянно откладывает завершение трудов на более отдаленное время. Кажется, что если долго жить, то успеешь состоятся, достичь покоя, необходимого для завершения трудов, но наступает нервное истощение, приходит неумолимая душевная устлость и не хочется ни завершать труда, ни вообще существовать.

В этот день на первую по времени традиционную ночную побудку Рене не смог спуститься со своих нар.

-Увер! - триязычно просипел он на стук в дверь. - Опен! Открой!

Двое каких-то новых заспанных гардов громко выказали своё недовольство нарушением порядка, в камеру вступить не захотели и Денис, нажавший сигнальную конпку, передал жёлтую капсулу лекарста на верхние нары. Потом поднёс Рене воды из-под крана.

Шумно проглотив снадобье и облегчённо передохнув, Рене неожиданно заговорил.

-Ты думаешь, почему я покровительствую тебе и откуда я умею материться на русском? В девяностых годах, теперь уже прошлого века, я в порядке обмена игроками побывал в Чехословакии и Финляндии, играл у немцев и у итальянцев. Привёл Бог, побывал я и в России. И, ты знаешь, был я как раз в твоем городе Санкт-Петербурге - тогда он назывался Ленинградом. А ты как любишь материться?

-Я? -опешил Денис. -Карамба!

Для удобства общения Рене свесил голову сверху и продолжил:

-Меня определили на проживанье в большую семью, где было семь или даже восемь детей. Они практически голодали. Но они уступили мне одну из своих комнат, а сами спали в коридоре, куда выходили двери ещё нескольких семей. Я водил своих гостеприимных хозяев на Невский проспект и в "Детский мир", покупал им игрушки и мороженое. А мальчик из этой семьи, мой сверстник, пребывал в это время в Монреале у моих родителей и тренировался с пацанами Квебека... Мои родители ему тоже многое покупали. И он привез в Ленинград кучу подарков. А я истратил все свои деньги на эту семью, и они ничего не смогли подарить мне...

В этом месте Рене слегка поперхнулся, откашлялся, помолчал немного и неожиданно для Дениса продолжил:

-Твои "Командирские" - первый и единственный подарок, какой я имею на память о России... Никогда не думал, что такое может случиться! Через много лет ты для меня стал как бы олицетворением этой великой и красивой страны, где мне уже никогда не бывать.

-А ты для меня стал прекрасным Квебеком! - откликнулся Денис и не нашёлся больше что сказать в ответ.

В этот момент Бешеный Рене , видимо, совсем изнемог, резко откинулся к стене и затих. Глубокой и душной июньской ночью он не встал на прием лекарства и во второй раз. Как ангелы тьмы, два рассерженных гарда в чёрных тишотках ворвались в камеру с пистолетами наготове.

-К стене! - прорычал один из гардов, удерживая Дениса в прорези прицела. - Лицом к стене! Не двигаться!

Напарник гарда, в два счёта взорлив по стремянке над верхними нарами, резко дёрнул Бешеного Рене за руку и тут же почувствовал вступивший в молчаливое тело Рене холодок смерти. В слепящем и мечущемся свете фонарных лучей гард поспешно спрыгнул сверху.

-О, бой! - в ужасе выкрикнул он и замолотил в "матюгальник", в "вокинг-токинг" , в мобильник или во всё другое.

Минут через десять по срочному вызову прибыла спецбригада стражников. Эти были одеты в белое. Шум передвижений и громкие переговоры гулко отскакивали от салатных стен каменного мешка сектора "Джи". И тут, как бы осознав смертельный смысл тайно происходящего, разом, по первому пинку президента Роднея, оглушительно застучали и заколотили изнутри в чугунные двери своих камер, молчавшие до тех пор арестанты. Они давали понять, что в случае чего они готовы выступить на защиту своего сотоварища, справедливости и тюремных законов.

Предупреждающе вспыхнули в секторе ослепительные прожектора под потолком, предусмотренные на случай тюремного бунта.

А затем вскоре тело Бешеного Рене-хоккеиста было благополучно извлечено с верхних нар; потом его так же

благополучно переместили по лестнице   на первый этаж сектора Джи и на медицинской каталке доставили в тихий тюремный морг.

ДЕНЬ СВЯТОГО ИОАННА БАПТИСТА-КРЕСТИТЕЛЯ ПРЕДТЕЧИ

-Ой, божешь, ты мой, боже! Как эти люди свободолюбивы! Как они свободолюбивы! - с тайным испугом и восхищением думал пожилой русскоязычный иммигрант Николай Ильич, на склоне лет по пустяку попавший в монреальскую кутузку под красивым винным названием «Бордо»...

За свои шестьдесят лет Николай Ильич, проходивший в семейном кругу под ласковой кличкой Никич, никогда и нигде прежде не сидел. Во времена повсеместного коммунизма он счастливо избежал Сибири, хоть и не занимал - как иные - высокие кабинеты, откуда некоторые могли разглядывать такие далекие трудовые и воспитательные центры, как Магадан. Ну, стучал понемногу, со всей честностью, как коммунист коммунисту. Так лучше стучать, чем перестукиваться. Зато его непринуждённые и даже изящные доносы на коллег и на окружающую социалистическую действительность обеспечили ему беспрепятственное продвижение по служебной лестнице, в результате чего Никич приобрёл высокое научное звание академика в такой скромной, но важной области человеческой деятельности, как метеорология.

Мелкий, пониже среднего, с невзрачной внешностью уличного сыщика, Никич за годы учёной карьеры по капле «выдавливал из себя раба», без остановки и попеременно то одной рукой, то другой пожимая упругий теннисный шарик. С годами он добился такого высокого физического состояния своих верхних конечностей, что когда схватывал протянутую руку подчиненного и жал, тот болезненно корчился от начальственного пожатия. С вышестоящими Никич себе такого, есссесно, не позволял...

Слегка потрепала его, так называемая, перестроечная жизнь. Да и как нет, если в те жестокие времена всесоюзную телевизионную программу "Прожектор перестройки" перекрестили в народе на "Про жертв перестройки". Лет двадцать спустя, отпущенный на все четыре стороны Борисом Ельциным без расследования и без покаяния, Никич объявился в Канаде, потряхивая козлиной седой бородкой, как белый гусь после неожиданного купания. Здесь, "в зарубежье", с Никича уже нечего было взять и незачто было дать. Других ранних иммигрантов, кто обладал хоть каким-нибудь научным потенциалом, поначалу тут в институты пристраивали и фанфаронные лаборатории предоставляли. Красные ковровые дорожки стелили и цветами одаривали. Потом это кончилось. Быстротекущее время, как некая физическая величина и как въедливая морская вода, бесследно растворило и поглотило в себе все фундаментальные суперсекреты бывшей сверхдержавы.

-А вы знаете, с кем вы сейчас разговариваете? – традиционно наскакивала его пигалица-жена на всякого нового собеседника. – С академиком!

-Что, с самим Йоффе, Патоном, Отто Юльевичем Шмидтом? – ошарашенно восклицали новенькие.

-Нет, но что-то в этом роде!

В своих околонаучных статьях в местной прессе Никич брюзжал нечто поношенное, что не интересовало теперь ни одну разведку мира и что было невозможно продать: «Опыт человечества показывает, что с природой бороться бессмысленно. Это совсем не то, что внушалось коммунистами на протяжении 70 лет – «человек может всё, в том числе и победить в борьбе с природой...». А ведь не коммунисты - в главной божьей заповеди наказано: «размножайтесь, наполняйте землю и овладевайте ею».

Словом, бывший советский академик без подтверждённого ученого статуса из-под Житомира загремел в квебекскую кутузку рано по утру, в День отдельной провинции Квебек в

Канаде или, что тоже самое, в День Жана Баптиста (Иоанна Крестителя-Предтечи Иисуса Христа), избранного буйными потомками французского конквистадора шестнадцатого века Жака Картье в святые покровители.

В день, волею судьбы идеально подготовленный под статус Дня Независимости, полисмены прибыли в аппартамент Никича спозаранку, снаряжённые по полной боевой форме. В бронежилетах, увешанные гранатами и автоматами, они ворвались в дом, в аппартмент, накинули наручники и увели, и... увезли. Худосочная, хоть и пробивная, жена Никича от страха даже заголосить не успела.

-У этих русских, - только и заметил полисмен-сержант, - нестандартно широкие запястья. Наши «браслеты» тесноваты для них. Прийдется поставить вопрос перед муниципалитетом...

Да и то сказать, посадка во французскую тюрьму в Канаде так же легка, как легка и бездумна местная игра в Бинго. Это не то тяжёлое, что исходит из русской поговорки "жизнь прожить - не поле перейти" и как бы от продолжения той же самой поговорки - "от сумы да тюрьмы не уйдешь". В тюрьме сидели почти все великие мира, не только простые. Вот и наш А.С.Пушкин, хоть и смешанных кровей, а воспринимал это дело также тяжело, по-русски. Он как чувствовал, так и писал: "Не дай мне Бог сойти с ума! Не то - сума , не то - тюрьма".

Никич оказался заодно с бандитами, ворами и насильниками за неправильно вынесенный «не туда» домашний мусор в пластиковом кульке... По обыкновению, три кучи гарбича горбились во дворе. На неопытный взгляд Никича были они совершенно одинаковые, но оказалось, что от трёх разных билдингов и нужно было знать "своё" место. Извещение пожаловать в муниципальный суд Никич не получил - почтальоны не донесли или кто из почтового ящика выкрал. С годами штраф удесятерился и обсотнился. И вот...

С утра Никич всласть покувыркался на спортивном тренажере, сделал с десяток «уголков» на пресс и «склепок». Пиплы с удивлением взирали на бодрого старикана.

-Ты не устал? – спросил кто-то.

-Русские люди в шестьдесят лет не устают! – гордо заявил

Никич.

Потом он с удивлением наблюдал как в ожидании утреннего открывания дверей его милые сокамерники Daniel, Stephane и Kevin, Luc, Rejean и иже с ними Martin, обрядив по кроссовке на правую ногу, минут десять выжидательно таились у дверей камеры, а Sebastien сверял время по секундомеру. Когда секундная стрелка наскочила на десять, Себастьян бешенно выкрикнул по-английски:

-Гоу!

И руммейтеры остервенело замолотили ногами в монолитную дверь. И по всему сектору, по всем камерам одновременно. Грохот стоял в секторе, как обвал, как гром стоит в скалистом ущелье. Всего секунду. Через секунду после этого "пропел" свою привычную заунывную тюремную песню дверной запор. Можно было выходить в холл, но весёлые арестанты, сбросив кроссовки, удовлетворённо улеглись по нарам.

-Для чего это вы стучали? - поинтересовался Никич.

-А пусть не опаздывают! - с сознанием выполненного некоего долга откликнулся кто-то. -Пусть порядок блюдут.

Получалось, арестанты не боялись раздражить стражников, даже бросали им некий вызов. И тут-то Никич впервые и произнес мысленно свою восхищенную фразу:

-Ой, божешь, ты мой, боже! Как эти люди свободолюбивы! Как они свободолюбивы!..

Народу в «Бордо» сидело много и разного. Содержание общее, несортированное по статьям.

Прежде всего, как один из немногих уважаемых людей, имевших автомобиль в СССР, Никич никогда и не подозревал, что проблема парковки вообще может существовать. Проживая некоторое время на Ближнем Востоке и невольно нарушая там правила парковки из-за нехватки земли, он счастливо попал под амнистию. Там, в один из бесчисленных канунов выборов, мэр его любимого города в погоне за популярностью, простил гражданам все парковочные грехи вплоть до 25-летней давности. Ну, не сажать же своих избирателей в тюрьму!

Здесь другое. Достаточно припарковать машину не в том месте или застояться лишку в отведенном и всё - можешь засесть. И надолго. Если не в силах или не хочешь оплатить свои наросшие до космических размеров штрафы. Никто не смотрит, что ты ситизен и избиратель. Хоть сам «слуга народа». Kevin отсиживал в Бордо как раз за парковку, "за тикет". Они могли бы, но не хотели дарить свои денежки гаверменту-правительству.

Менеджер автостанции по продаже европейских автомобилей мистер Rejean - тоже "за тикет", но за превышение скорости. Холостяк, взятый полисменами прямо из-за дружеского стола, он так и отсиживал свой срок в белой сорочке, при галстуке и чёрной "тройке". Днём он отправлялся на службу в своё заведение, а на ночь возвращался в тюрьму. Срок защитывался ему только по времени пребывания на нарах.

Пятидесятилетний Люк из Шикотими пообещал своей жене дать по морде, если она изменит ему. И загремел в тюрьму за угрозу физической расправы.

Протатуированный по самое горло драконьими разводами тридцатилетний Даниель из Дроммовиля сидел тут как член мотоцикловой банды "Ангелы Ада", но всего лишь за то, что помешал какому-то автомобилю обогнать его на дороге.

Гибкий, как тростинка, соплячок Stephane из Лонгю с подружкой-иммигранткой из Марокко грабанул депанёр. Напарница содержалась в женской тюрьме.

Рудничный нженер-электрик, он же лабрадорский индеец с волосами цвета вороньего крыла, называвшимся для простоты Мартином, дал по зубам своему менеджеру, отдавшему неправильное указание.

В холле Никич с у довольствием познакомился с приличным, по его первому впечатлению человеком, со сверстником Пьером. Пьер - высокий седой джентельмен, с благородной внешностью... Вдвоём они покурили за столом, обстоятельно обсудили свежие телевизионные новости, поделились опытом воспитания теперь уже совсем взрослых своих четырёх сыновей. У того два и у этого два. И всё было нормально, пока Никич не удоумился поспрашать традиционное: "За что сидим?"

-Та ты шо, не слышал, шо ли, бля? Я поджигатель! - с удовольствием и видимой гордостью откликнулся собеседник, чётко выговаривая на своём квебекском, который отличается от французского ни много ни мало, как украинский от русского.

Оказалось, что приятный знакомый Никича - это бешенный инсендьери (incendiary) - то есть поджигатель. Да ещё рецидивист. Первый раз, говоря юридически, старенький Пьер совершил поджог заброшенного здания на пустыре. Развёл там небольшой костерок. Не столько, чтобы погреться, сколько для романтики. Старика неожиданно строго осудили за порчу чужого имущества. И припаяли, по его мнению, несправедливо много. С обиды, он в другой раз поджёг собственную машину. Ему инкриминировали обман страховой компании. В третий - старик подпалил родной полицейский участок. Тут ему припаяли побольше всего предшествовавшего. А главное, старика ни в какую не признают свихнувшимся или больным. Здоров и - сиди, исправляйся, жиры нагуливай!

-Ладно, - только и нашёлся что сказать Никич своему новому приятелю. -Если надумаешь поджечь тюрьму, скажи мне первому. Может я как-нибудь спасусь.

Не располагая опытом советской тюрьмы, Никич с интересом наблюдал происходящее в Бордо. День Жана Баптиста - это не советское седьмое и не российское четвёртое ноября, и никакой амнистии тут не состоялось.

Задрав головы, заключенные зыркали в подвешенный под потолком "телик" исключительно по каналу Ти Кью эС. И не только потому, что вещание здесь велось на французском. Как объяснили Никичу, это была единственная частная программа на всём канадском "тиви". Созерцали молча, без эмоций, оживлялись только во время сексуальных картинок, уголовной хроники и судебно-полицейских случаев, узнавали знакомых и бурно аплодировали им.

Вдруг телик заколодило, ремоут-контроль вышел из-под контроля. Президент сектора Волосатый Пол подсел, легкий

Стефан взгромоздился ему на плечи с намерением постучать по телеящику или вручную переключить канал.

-Это негатив! -раздалась в громкоговоритель команда жёлто-скулой и сильно прищуренной женщины-гарда, присматривающей за зэками из просторной прозрачной будки с бронированными стеклами.

Волосатый Пол ссадил Стефана и обескураженно пристроил свою толстую задницу в цветных шортах к краю стола.

-Это негатив! -осадил его без интонаций агрегатный голос азиатской гардихи.

-Что тогда позитив? -вспылил Генри.

И не дождался ответа. Цивильно. Почти до античеловечности. А тут и экран телика самопроизвольно засветился новой синюшной силой.

В День Квебека арестанты с двенадцати пополудни ватчили парад квебеков. Особенно старались геи и лесбиянки. В сверкающих перьях и голые. Ясно было видно, что им лучше всего живется в этой провинции.

Потом дверь в сектор открылась и нарядные гарды вставили в дверь чьё-то пожертвование в двух ярких картонках: по пачке "Мальборо" на двух арестантов. Со своей стороны президент сектора, волосатый Пол сделал свой подарок сотоварищам. К табаку двадцати раскрошенных им сигарет он добавил немного марихуаны, свернул на спецмашинке "косяки" и, покурив, арестанты расслабились, отвели душу.

Бывший советский академик Никич сразу закосел и засоловел от "Марии Иванны" – то есть, кайф словил. Всё ему стало нипочём и, как говорят, травой позарастало. Притихший, забрался Никич на нары, полёживал там и в его задурманенную голову , как к человеку высокой интеллегентности стали поступать высокие исторические ассоциации и галлюцинации. В частности, о знаменитой французской тюрьме-крепости Бастилии. Чудовищный призрак её, призрак былого королевского абсолютизма стал национальным праздником французов, а в Советском Союзе - ещё и одним из символов равенства, братства и фридума.

Никич знал историю Бастилии наизусть, со многими неизвестными ныне подробностями. Это объяснимо. Историческая тень Бастилии осеняла всю жизнь нашего малоизвестного академика от детства до старости. Французская крепость-тюрьма была одним из божественных кумиров Советского Союза, красной календарной датой. Никич ознакомился даже с сочинением "Miserables", то есть, "Отверженные", принадлежащем перу создателя романтического жанра Виктора Гюго, в котором увековечена деревянная модель фонтана в виде огромного республиканского слона на площади, образовавшейся под разобранной Бастилией и предложенная самим Наполеоном, бывшим к тому времени ещё скромным генералом Бонапарте.

Ежегодно, как заядлый член и кормушечник существовавшего некогда научно-популярного общества "Знание", Никич в Дни Бастилии зарабатывал приличные деньги, выступая с лекциями перед простым советским народом и компостировал народу мозги на революционные темы. И ещё потому, что отмечаемые Дни падения или взятия Бастилии (что одно и то же), совпадал с ежегодным Днём рождения самого Никича.

Осоловев от марихуаны, затуманившись головой, не герой ни по характеру и ни по внешности, наш прижописный Никич, совсем по-иному, не как от водки, словил в тюрьме Бордо почти осязаемые "глюки".

Вдруг, явственно привиделось ему, как в распалённый народным гневом день 12 июля 1789 года он, собственной персоной, совершенно героический, в красном фригийском колпаке возбуждённо шнырял по героической толпе в Пале Рояле, где народный трибун в таком же колпаке Камиль Демулен произносил перед шумливым народом свою пламенную речь.

-Долой Бастилию! Долой Бурбонов! Долой абсолютизм! Смерть дворянам! -скандировались в разгоряченной гневом толпе категорические лозунги.

13 июля восставший народ разграбил Арсенал, Дом Инвалидов и Hotel de Ville, а четырнадцатого та же

вооруженная многочисленная толпа, включая и обортанного в ботфорты Никича, подступила к Бастилии.

В громких выкриках и спорах начальниками над восставшими были избраны стоящие люди: молодые Гюлен и Эли (Hulin et Elie), оба кадровые офицеры королевских войск. И пошли... А гарнизон жуткой крепости состоял всего лишь из 82 французских инвалидов и 32 наемников-швейцарцев, при тринадцати пушках, но главною её защитою были толстые стены, окружённые по всем правилам фортификации широким и глубоким рвом с водой, через который был перекинут висячий мост-подъёмник.

Тут Никичу поднесли ещё один "косяк".

-Будешь? -поинтересовался волосатый Пол. -Тогда плати. И когда надо, всегда спрашивай у меня.

Пожилому советскому человеку, успешно словившему первый капиталистический кайф, ещё более отчётливо представилась несуществующая теперь Бастилия. Никич хорошо знал, что первоначальное значение слова Бастилия то же, что и Бастида. И действительно, ещё в первой половине четырнадцатого столетия Бастилия являлась только одной из многочисленных башен, окружавших Париж и называлась « bastide ou bastille Saint-Antoine».

К тому времени как обкурившийся академик Никич брал Бастилию, она выглядела массивным, вытянутым в длину и обращённым одной стороной к городу, а другой к предместью, четырёх угольным замком с восемью башнями и с бастионами, с наружным и с обширным внутренним двором. Единственные ворота Бастилии были досягаемы только со стороны Сент-Антуанского предместья.

-Ура! - самозабвенно кричал Никич. Крепкие стремительные ноги несли его в жаркое боевое месиво мельтешащих людей и сверкающего окровавленного оружия.

Около часу дня восставшие парижане получили отказ крайне сурового коменданта Бастилии губернатора Лонэ (Launay) капитулировать и народ, вместе с Никичем, двинулся вперёд.

Легко проникнув на первый наружный двор крепости, Никич отчаянно рубил топором цепи разводного моста;

половинки моста сомкнулись и Никич вместе в толпой ринулся во двор, где находились квартиры коменданта и тюремные службы.

Ожесточённая мушкетная пальба началась с обеих сторон. Защищаясь от выстрелов сверху, народ прикатил на себе три огромных воза соломы, поджёг её и густой дым скрыл нападавших от глаз осаждённых.

Хорошо зная, что гарнизону нечего рассчитывать на помощь Версаля и что Бастилии рано или поздно не устоять в осаде, губернатор Лонэ решился взорвать доверенную ему крепость. С зажженным фитилём в руках, твёрдым шагом он целеустремлённо направился в пороховой погреб, но унтер-офицеры Беккар и Ферран, много натерпевшиеся прежде от самоуправства Лонэ, бросились на командира, и, отняв фитиль, потребовали созвать военный совет гарнизона. Почти единогласно постановили сдаться. Был поднят белый флаг и спустя несколько минут по опущенному Никичем подъёмному мосту Гюлен и Эли, а за ними огромная толпа, проникла во внутренний двор Бастилии. Дело не обошлось без зверств. Несколько офицеров и солдат были тут же повешены. Что касается коменданта Лонэ, то народные избранники Гюлен и Эли хотели спасти его, но во время следования по дороге в Hotel de Vilue, чернь с оружием в руках отбила у них Лонэ и, обезглавив, воздела бессмысленную голову несчастного на пику, обойдя с нею весь Париж.

"Чернь, чернь, чернь... Что это такое? Или кто это такие?" - неотступно думал Никич, бесцеремонно поднятый новыми приятелми с тюремных нар на обед.

На приём пищи три раза в день арестантов со всех секторов разными путями сводили через широкий чистенький дворик в тюремную столовую, расположенную в центральном здании Бордо. Изумруд стриженной пикниковой травы, чёрный чугун витиеватых решёток, ласковое щебетанье и посвисты пернатых в райских кущах сирени - всё умилительно. Только по асфальтовым аллеям через каждые пять метров стоят, раскорячившись, сытые и довольные агенты секюрити.

-Пожалуйста, не задерживайтесь! Побыстрее, пожалуйста! -

поговаривали они с известной французской жантильностью.

За короткие пару минут шествования через сторожевые строя, Никич смог, наконец, осмотреться, убедившись, что он сидит как кот в непроницаемом мешке.

Сердце тюрьмы со столовой и службами, с вещевой кладовой и торговой лавкой-кантином составляет старая базилика с медно-сизым осклизлым куполом, повторяющем очертания Второго Иерусалимского Храма. В каждые новые времена к центру тюрьмы, как мухи к головке сыра, притыкались новые постройки и сооружения, она, что называется, расширялась, но лучеобразно, радиально, внешне напоминая засушенную шероховатую морскую звезду. Вы знаете геометрию? Так вот, в госпиталях, например, по методу построения отделение называется так-то, а здесь - радиально и отделение тюрьмы это - сектор.

И ещё одно удивительное открытие сделал пытливый Никич. Не в нижнем городе, в даунтауне, каковые по английской традиции всегда являются ещё и "старыми городами" находится Бордо, а в отдалёной прилегающей местности и в достаточно живописном месте Монреаля, на самом его севере, за авеню знаменитого теоретика суверенитета Генри Бурасса, на пустыре, за центром местных гаишников.

Два дополнительных обстоятельства как бы роднили Никича с Бордо. Во-первых, его любимый цвет был цвет «бордо». Во-вторых, любил он вкус изысканных импортных, слегка терпких вин марки "Бордо" из французской провинции Бордо.

Вина, правда, на праздничный тюремный обед в День Независимости не подавали. Обед ничем не отличался от будничного. Пёстрым слиянным потоком, сектор за сектором, каждый в своей одежде, в какой были застигнуты моментом арестации, бывшие свободные люди, регламентированно струились в столовой между сторожами и стальными турникетами к вмурованной в стену амбразуре выдачи пищи, выкидываемой из глубины на пластмассовых подносиках. Амбразура была такая крохотная и была так низко расположена, что и не заглянуть в неё, а принимая подносики, приходилось сгибаться до позы "раком".

"Наверное, это и есть чернь", - тщательно оглядывая на своих разношерстных сотоварищей по несчастью, сострадательно думал Никич.

С неожиданно пробудившейся в нём жертвенной обреченностью он константировал про себя: каждый шестой житель в бывшем Советском Союзе сидел, сидит или будет сидеть. В свое время академик был, в принципе, готов стать этим шестым... Но никогда не предполагал, что может засесть здесь, в милой канадской провинции. Мысленный и интуитивный подсчёт привел его к неутешительному выводу: здесь - каждый четвертый.

Он понял, что здесь, как и в Советском Союзе свершается какая-то невидимая разрушительная работа. Суверенисты и федералы, пидоры с лесбиянками и сторонники двуполых семей, воспроизводящих потомство, аборты и антиабортники, идущие даже на смертоубийство докторов, пискиперы и экстремисты, расисты и антирасисты, семиты и антисемиты, велферисты - сторонники высокого налогообложения бизнесов и их противники, религиозные фанаты и атеисты - да мало ли чего! Каждый, по своему разумению, делает что-то, пусть и небольшое, предположительно направленное на улучшение и исправление устоев общества, но поперечное, подтачивающее, а значит разрушительное.

"У каждого человека есть свой орёл, -вспоминал древнегреческую мифологию академик, - клюющий печень. И есть у каждого живущего свой тяжкий крест, который нужно нести до самой Гологофы. И у каждого народа есть своя Бастилия - символ неволи, бесправия и несправедливости. Они, конечно, возьмут свои Бастилии. Когда придут божьи сроки, когда это будет позволено или когда это станет доступным и возможным".

Поздно вечером, праздничный фейерверк на День Квебека, вздымающийся над глухими стенами с рулонами сухо посверкивающей и предостерегающей колючей проволоки, тюрьма Бордо наблюдала из своих запертых на ночь камер. И, видимо, это была тюремная традиция. Гулкие выкрики

невидимых и неопределимых в темноте голосов:
-Вива Квебек!
-Solidarity!
-Death to capitalism, death to G20, death to the IMF!
-Long Live Anarchy!
-Вива Либерти!

И кто-то идевательски верещал в абсолютной темноте и тишине:
-Сава, ля?

-Уи, ше-е-еф! – гомонилось в ответ из какого-то дальнего корпуса.

Мол, посмотрим ещё, кто тут шеф.

Никич моментом вспомнил Александра Сергеича Пушкина:

"А ночью слышать буду я
Не голос яркий соловья,
Не шум глухой дубров –
А крик товарищей моих
Да брань смотрителей ночных,
Да визг, да звон оков..."

-Ce pas fini! - разносило звенящее эхо по окнам и по всему тюремному дворику.

То есть, се па фини!

(В смысле: «Это не кончилось! Это всё – всё ещё впереди!»)

АБУ-ВАДИ

«Там такие хорошие условия (в тюрьме«Гунтанамо»),
какие могут быть в месте заключения, а жалобы
заключенных объясняются лишь тем, что они
натренированы лгать».

Г-н Рамсфелд, бывший пентагонист

1.

Этот странный «русский» по прозвищу Абу-Вади, дожив до
тридцати пяти лет без каких-либо особых проблем с дыханием,
впервые в жизни захрапел во сне, оказавшись на канадских
нарах. Во второй половине дня, укачаный в усмерть
тюремными делами, он лежал на нарах, распластавшись
ничком, и тяжёлый храп утомлённого невзгодами молодого
эмигранта был похож на скрежет разрываемого на части листа
железа.

Парня повязали в пять утра в ходе серьезной ссоры с его
женой-англичанкой. Ссора, вспыхнувшая часов в десять
вечера, продолжалась всю ночь, поэтапно трансформируясь в
различные виды крутой разборки – от надрывных выкриков
до попыток обоюдного мордобития. Нескончаемый там-тара-
рам бешенной перебранки до самого дна вычерпал все
душевные и физические силы Абу-Вади, как жаркое

полуденное солнце высушивает до дна колодезь в пустыне.

Едва после полудня Абу-Вади попал на своё «законное» место в центральную тюрьму Монреаля, доставленный туда из Дитэйн-Центра на голубом «воронке», как он тут же впал в полный релакс-расслабуху. Оказавшись в двухместной камере сектора «Джи» (G), где с него сняли, наконец, наручники, он без колебаний выбрал для себя верхние нары из двух пустующих.

По ходу вспоминается анекдот давно минувших лет. В советской тюрьме чукча, присматривая себе местечко, растерянно бормочет:

-Кому нары,.. кому низма... Коммунары это плёхо, тем, кто коммунизма, лучше!

Минут двадцать всего валялся наверху Абу-Вади почти безжизненным трупом как вдруг совершенно по-сволочному был разбужен мощным ударом снизу и даже через матрац чувствовалось с какой неимоверной злобой и силой был нанесён этот удар. Абу-Вади проснулся и, ещё не врубившись в реальность, услышал снизу хриповатый басок:

-Эй, ты, чурка, перестань храпеть!

Абу-Вади свесил с нар свою узкоглазую черноволосую голову и обозрел окружающий мир перевёрнутым как в космосе. Он увидел: на спаренных нарах-полатях прямо под ним лежал молодой французский мужичонка-шпендик лет двадцати и качал права.

-Извини, -сказал ему Абу-Вади по-английски со средне-азиатским акцентом. - Я первый раз в тюрьме, сам понимаешь. И... сегодня я очень устал. Я никогда до этого не храпел...

-Для меня, -рубанул сосед-карапет снизу,- говори по-французски. Здесь у нас квебекская трюрьма.

-Нет, -заметил Абу-Вади, --это федеральная. А я не чурка, я – русский.

И отвернулся к стене, пытаясь осознать, что он и где он. Через мгновение реальность восстановилась...

2.

Накануне у первенца Абу-Вади, младенца четырех месяцев отроду, названного по-местному Патриком, случился сильнейший запор, а мнения супругов о методе устранения тяжёлого трафика дерьма в заднем проходе ребёнка резко разошлись. Как грамотная канадская моми, Мелиса, пати-патата, позвонила в детскую поликлинику и какой-то злобный женский голос в телефонной трубке посоветовал мамашке как можно чаще проводить кормления грудью и полностью исключить из меню младенца кипяченую водичку.

Абу-Вади был против. Он предпочитал сделать мальчику лёгкое спринцевание из мыльной водички с предварительным смазыванием анального отверстия вазелином. Уух-ахх!

Но как это чаще всего и бывает, татата, маленькое семейное разногласие (в нашем случае это был выбор метода лечения ребенка) стало крупным поводом и побудительной причиной для оскорбительных высказываний накопившихся и образовавшихся в повседневной жути семейных отношений.

Мелиса привычно позвонила по телефону доверия в женский шелтер, где она когда-то ещё не так давно –шахтарарах – находила убежище от своих первых двух мужей и где её хорошо знали, как активистку этого полугосударственного учреждения.

-Он, наверное, плохо понимает твой английский язык? – поинтересовалась в трубку давняя подружка Мелисы по весёлому бизнесу в барах даунтауна.

-Это ты сама не понимаешь свой язык! -услышав о чём идет речь, вне себя заорал Абу-Вади. - Я же ясно и понятно сказал тебе «сайлэнс»!.. Молчи, дура! Не замолчишь – баб твою мать – убью!

-Это что, твой муж так кричит? – поинтересовалась давняя приятельница Мелисы .–А что он говорит? Угрожает убить? Да ты просто вызови полицию. Если не можешь это сделать сама, так я, ля-ля-, наберу тебе 911.

Огорчённый и опечаленный, бубубук, от невозможности наладить какой-либо диалог с женой, Абу-Вади закрылся в кабинете уединения, то бишь, в ванной комнате. Долго и молча, ничего не делая, потому что был некурящим, сидел он там, тупо уставившись в монотонную облицовочную плитку из голубого кафеля; в голове – сумбур; а когда, схватив лёгкий отходняк, и успокоившись, наш беглец вышел из ванной, то оказалось, что его дешёвый синюшный апартамент в бэйсменте был наполнен красивыми стройными парнями-полицейскими в чёрных бронежилетах.

Этого тощего, высокорослого, тихого, домашнего мальчика, шлёму, недотёпу и дурака-дураком, тут же разложили на жёлтом замызганном линолеуме давно немытого пола.

-У тебя есть наручники? – спросил у своего напарника полицейский, выкрутивший руки Абу-Вади.

-А тебе своих мало?

-Ну, ты же знаешь этих русских! У них другой стандарт запястья. Даже у этого узкоглазого заморыша...

Полицейские перепробовали все имеющиеся у них в пристяжках стальные браслеты, после чего остановили свой выбор на белой пластиковой схватке для металлических труб и коаксиальных кабелей. Плохо крашенная под блондинку жена Абу-Вади при этом стояла поодаль, с прямой спиной, осклабившись крупными «лошадиными» зубами, прижав свои костистые кулачишки к тощей груди, и трудно было определить какие основные чувства отражаются на её молочно-белом рыхлом лице, искажённо соединившем в себе национальные черты французов, итальянцев, шотландцев и англичан.

Лежа на нарах, Абу-Вади вспомнил также, что сразу после ареста, ещё в камере предварительного заключения Дитэйн-Центра на Кавендиш, Абу-Вади оказался в разношёрстной компании трёх разгневанных квебекских сорванцов-подростков, громко выясняющих отношения между собой. Полный рассовый квебекуерский набор: чёрный, белый и жёлтый.

Самый старшенький чёрный юнец с силой выкрикивал:

--Если бы не вы-дураки, они бы меня никогда не взяли! Я бегаю быстрее пули! Я бы – раз и -- домой. И они бы меня никогда не нашли!

Из резких выкриков малолетних подельщиков Абу-Вади вскоре усёк, что эти три разномастных подростка, по сговору, грабили автомобили покупателей на развёрстом асфальтовом лоне паркинга всё того же Кавендиш шопинг-мола. Теперь, в камере предварительного заключения, толстющие бетонные стены арестантской кельи отражали голоса юных преступников как в железной бочке сплошным беспорядочным гулом. Крохотная видеокамера, подвешенная высоко, в дальнем углу, назойливо следила за всем происходящим, журча и ворочаясь вслед за фигурами узников на металличском стебельке, как подсолнух за солнцем. Через крупные ячеи сталистой решётки-двери смелый подросток-черняк то и дело стрелял сигаретки у проходящих полицейских и те угощали его, расслабленно улыбаясь.

«Где-то здесь, кроме видеокамеры, должна быть скрыта и звукозаписывающая аппаратура», -подумал Абу-Вади. - «А эти несмышлёныши развели базар!»

Неожиданно для себя Абу-Вади стремительно смял в комок лежащую тут же квебекскую газету «Ля Пресс», всласть намочил её под краном, зашёл в «мертвую» зону видака и швырнул. Камере обломилось; она ослепла. Но тут же зверски взревела – угугуу! - сигнальная сирена. Полицейские с автоматами навзводе вломились в застенок, обнаружили «Ля Пресс», безвольно обвисшую на видаке, и безо всяких дополнительных разборок -- даже в зубы никого не двинули -- удалились, заодно очистив бетонную каталажку от всякой бумаги.

После этой необъяснимой, казалось бы, выходки белый подросток, подумав, спросил у Абу-Вади:

-Ты, что, русский?

-Ну, да...

-Ты что, уже сидел где-нибудь?

-Нет, но я служил в Ред Арми.

-Тогда переведи мне, что здесь написано!

И юный квебекуанец указал Абу-Вади на желтояичный бетонн стены, где было широко начертано по-русски: «Идите вы все на хуй».

До боли знакомый патриотический призыв некоего простого русского исстрадавшегося человека, шокирующий милых дам, был художественно выполнен просаленным стержнем пастельного мелка, и потому надпись проступала только лишь, если смотреть на неё сбоку, а не прямо под девяносто градусов, как обычно смотрят полицейские сразу от двери, не заходя в камеру.

-Тут написано кое-что из волшебного заговора, --скучно сообщил Абу-Вади. –Такой заговор раз и навсегда ставит психологическую защиту от злых духов и всего бад пипла.

-Тогда, - вновь вопросил любознательный белый мальчонка, - что написано здесь?

На углу одного из лоснящихся от мебельного лака арестантских скамеек-сидений, легко прочитывалось нечто процарапанное и более значимое: «Сосёте вы хуй у старой африканской обезьяны». Предлог «у» в этой сакраментальной фразе был не забыт втуне, и из этого явствовало, что человек, оставивший сей автограф, был шибко грамотным. Настолько, что инстинктивно никак не смог нарушить сложные правила русского правописания. И Абу-Вади, ощущая некое братство с «писателем» и как бы даже поддержку, приземлил свой тощий зад именно в это место.

-Нет,- отнекнулся он, -это совсем трудно перевести.

-Тогда иди сюда, - позвал его чёрненький поддельник к металлическому дверному косяку. –Знаешь, что это такое? -- И с запинкой считал по-английски: «СиСиСиПи».

Получалось «СССР».

-Да, знаю, - сказал Абу-Вади. – Я там родился, но теперь этого государства нет ни на карте, ни в природе.

-Ничего, -успокаивающе сказал мелкий воришка,- скоро ты сможешь туда вернуться!

-Да, может. Но я не хочу. У меня здесь дети. А там теперь всё изменилось и всё другое, -ответил Абу-Вади. И подумал: «Еге, вон как! Бум-турумбум! Кто-то здесь свои скорбные деньки проводил ещё в старые времена! Не Троцкий ли со товарищи всё это понаделал ещё лет сто тому назад?!»

На пластиковых подносиках принесли завтрак. По «хот-догу» каждому и по бутыльку газированного «Спрайта». После чего арестанты в камере Абу-Вади вскоре сморились да и во всей предвариловке Дитэйн-Центра всё смиренно затихло. Умолк, наконец, какой-то одинокий горемыка-безумец, безотчётно орущий и безутешно плачущий где-то в отдалении; смолкла грубая франко-английская брань и тарабарщина из стальной клетки по диагонали, затих шум стражников, прежде доносившийся из гардерии.

На четырех зеков в бетонной норе «предвариловки» Абу-Вади приходилось всего три широких твердокаменных плахи-скамьи «под дуб». Абу-Вади остался на «своей», где он прикрывал задом неудобочитаемую фразу про африканских обезьян; чёрный паренек, как большой, тоже полёг на отдельной скамье, а белый пацанёнок и жёлтенький, долго складываясь так и сяк, уместились вдвоём на трётьей плахе.

Плахи - как орудие физического и психологического давления на подследственных - были устроены как настоящее «прокрустово ложе»! Плахи эти были такими нарочито широкими, что, сидя, невозможно было опереться спиной о стенку, а ногами коснуться пола - сползаешь. Злополучные плахи, к тому же, были настолько продуманно короткими, что ноги невольников - в положении лёжа - от бедра зависали над полом, выламываясь из коленных суставов. Удержаться на плахе можно было скрючившись «калачиком». Это - цивилизация: чистота, блюдечки-тарелочки и изощрённое идевательство, необнаружимое никакими комиссиями по правам чека. Пока сам не сядешь.

Особенно раздражало отсутствие изголовий на плахах, что было совершенно несносно. Без хотя бы какого-никакого изголовья человек спать не может. Изловчившись, Абу-Вади пристроил под голову свои плоские домашние шлёпанцы, в каких его «взяли» из дому, но этого было явно маловато. И тогда Абу-Вади обнаружил у себя некую природную способность: спать, вытянув руку и положа голову на собственное предплечье. Как летящая раненая птица закидывает свою голову на крыло, так и Абу-Вади приспособил под голову своё предплечье, и предплечье при этом не выкручивалось из плечевого сустава.

Абу-Вади уже задремывал, но тут вдруг его маленького чёрненького собрата по камере пробило на простое человеческое участие. Пытаясь выразить «русскому» свою поддержку и уважение, подросток ничтоже сумняшийся поднёс тому свои мощные литые кросссовки, какие любят и предпочитают носить все негры Америки. Несло от этих прокисших «кошей» за версту. Но делать нечего. Не смея обидеть мальчонку отказом, Абу-Вади сложил стопкой, один-на-один, вонючие кроссовки заботливого и благородного сотоварища себе под голову и, подавив атакующую его тошноту, постарался забыться. Но сон не шёл...

3.

Подло перефразируя великого Ф.М.Достоевского, скажу: «Что за жизнь в тюрьме!» И добавлю: «Особенно в какой-нибудь европейской!»

-Лучше всего в Швейцарии,- рассказывал мне как-то знакомый македонец на заре моей первой иммигрантской юности.-- Швейцары никогда сразу не депортируют иноземных нарушителей их законов. Сначала отсиди, а потом пошёл вон. Поэтому лучше всего для нелегала в Швейцарии получается, когда ты, никого не трогая и не оскорбляя, разбиваешь какую-нибудь чахлую витрину какого-нибудь замухрышного магазинчика. За это – два года отсидки. Сидишь в приличных камерах, бельё меняют, на казённом харче и ходишь каждый день на работу. За работу идут тебе ежемесячные отчисления. Отсидел свой срок и -- на бесплатном самолете – домой. Ну и что ж, что наручники! Зато крутые «евро» приятно звенят и шелестят в твоём кармане. Ты – чуть ли не миллионер. По сравнению со своими односельчанами...

Сидеть в канадской тюрьме – тоже одно удовольствие. Светло и чисто. В тюремную робу не переодевают – сиди в своей. Читай, пиши, смотри телик – не возбраняется.

Спортивные тренажеры. Трёхразовое питание. Столовая -- как буфет «Махараджа» или «Виши». С небольшим отличием: окно раздачи пищи расположено здесь на уровне колен и предусмотрительно обито цинковыми листами. Называй в окошко имя выбранного тобой блюда из предварительной выставки! Не хочешь это – возьми то. У кого большие срока, тот имеет право работать в сервисе тюрьмы и каждый может стать кем угодно по профессии. «Кто был ничем, тот станет всем!» Вплоть до библиотекаря.

Против жопошников устроены особые заслоны. Двери камер на ночь закрываются, но есть кнопка. Едва нажмешь – и, как сказочные тридцать три богатыря, тут же появляются в камере тюремные гарды в полной боевой аммуниции. Душевые кабины, срезанные по пояс, тоже под визуальным наблюдением секьюрити. Если ты бизнесмен и твой адвокат доказал необходимость твоего присутствия на работе, ты будешь ходить на работу и возвращаться в тюрьму лишь на ночь. Если ты благословенный велферист – ежемесячный отпуск в день получения государственного пособия чеком тебе обеспечен. Одним словом, «гуд» да и только!

Но тут -- проблема... Казалось бы, чего проще, призвали – пошёл, отслужил; устроился на работу – потрудился; сел в космолёт – полетел; сел в тюрьму – отдохнул, поздоровел. Но не тут-то было. Придурки всего мира со своим гонором – везде: и на работе, и в тюрьме, и в комосе. Они-то и осложняют не только трудовой и творческий процесс, но и вакейшэн.

Когда Абу-Вади окончательно оклемался от сна и вернулся в реальный мир, то шибздик-сосед тут же стартовал демонстрировать ему свои фотографии, тыча ими в раскосые глаза Абу-Вади.

-Вот, видишь здесь?.. Это я! -горделиво сообщил коротышка как бы ни с того ни с сего.

На одном из цветных изображений ошпырок-сокамерник восседал, раскорячившись, как распятая на гвоздях беличья шкурка, на мощном «Харлее», испуганно вцепившись в торчащие в небо рукоятки руля, и ноги двадцатилетнего огольца при этом едва доставали до педалей мотоцикла...

-А это мой крестный папа! -торжественно провозгласил крохотный жуир, как паспорт, извлекая из джинсовых штанов другой снимок.- Мы все из Дронтобиля! И мой папа всегда защищает меня!—заключил обломок.

На таком же немецком «Харлее», а может и на том же самом на каком фигурял и оголец, придавив «стального коня» своей толстомясой массой, зафиксировался огромный мужик с седой бородой, в шлеме с позолоченными бычачьими рогами и в чёрной кожаной куртке, на спине которой красовалась надпись, выведенная старозаветной готической вязью «Hells Angels». Что означало «Ангелы Ада». Это была страшная банда, контролирующая практически всю подзаконную канадскую жизнь, включая рынок наркотиков и комфортное выращивание марихуаны в домашних условиях и в ангарах-оранжереях. И почудилось «русаку», что далеко неспроста сосед-коротышка лапшу ему на уши вешал.

-Угу! – только и нашеёся что сказать Абу-Вади.

-А за что сидишь?

-Да жена засадила. Два месяца мне торчать здесь.

-А-а-а... А я за ограбление банка! Надо же за «Харлей» платить!.. Ты знаешь, на сколь такой «Харлей» тянет? На семьдесят тысяч баксов! Вот мы с подружкой, она из Марокко, и решили банк ковырнуть, но неудачно. Мне дали два года. Она теперь в женской тюрьме свой срок отбывает.

-А ты посыпаешь свою постель тальком? -тут же спросил коротышка с такой же ненаигранной живостью, с какой демонстрировал фотоснимки.

-Зачем? –неодуменно протянул Абу-Вади.

-А чтобы не потеть!

Неудавшийся лилипут двумя руками стянул свою простынь на цементный пол камеры и демонстративно встряхнул. Сероватый порошк талька, каким в России присыпают детские задницы и вонючие солдатские ноги, пыльным облаком взмыл под самый потолок камеры.

«Эге, да он ещё и аристократ!» – подумалось Абу-Вади.

А голый по пояс коротышка-сибарит, обметанный прилипшей меловой лепрозой талька, тут же, почти мгновенно, как на коня, вскочил на стульчак унитаза и начал испускать бесцеремонные звуки. Он сидел на фаянсовом белом горшке, поджав короткие ноги, как крохотный ковбой на детской коняшке-пони, и нестерпимая вонь и смрад человеческих испражнений ударяли Абу-Вади в его чувствительные ноздри.

Абу-Вади срочно вышел из камеры, спустился по лестнице, сделал себе чёрный кофе-инстант без сахара, взглянул на перекошенное изображение в оконце телевизора, и вернулся в камеру за курткой.

Вонь висела в камере смердящим облаком и вода в бачке унитаза не была спущенной.

И понял Абу-Вади значение давно обрусевшего, ещё со времен военного визита господина Наполеона в Россию французского слова «беспардонный». Не потому что «они» дерутся насмерть, не прося у врага пощады, а потому что бесстыдны и никогда не извиняются.

Разгневанный донельзя, Абу-Вади подошёл к президенту камеры, восседавшему в холле за одним столом с соседом-карликом.

-Этот парень, - сказал, весь кипя от негодования, Абу-Вади по-английски и указал на коротышку, --этот парень, не знаю как его зовут, спит на двух подушках и не смывает за собой...

Президент как бы удовлетворенно хмыкнул:

-Этого парня зовут Кевин. Кевин! И запомни: со мной и с ним нужно говорить по-французски!

-Да, - не преминул заметить коротышка, - днем никто в тюрьме не пользуется унитазами в камере. Для этого есть общий туалет, но тебе, чурка с глазами, всё равно делать нечего. Ты и смывай!

И эти двое доверительно затарабарили между собой на своём, понятном только им, сугубо квебекерийском диалекте, отдаленно напоминающем французский и называемом учеными-лингвистами «жуала».

Со всей пронзительной ясностью, на какую способен только умный человек, Абу-Вади понял тут, что возникший, казалось бы, на пустом месте тюремный конфликт не загасить без вмешательства какой-то третьей силы. Нужно было срочно искать себе спонсора, покровителя, защитника. Или одного – как Бога - во всех этих трёх ипостасях. По-русски говоря, нужно было вычислить пахана. Искать! Найти и не отдавать! Но где искать и как?

4.

Конечно, Абу-Вади был, мягко говоря, странным русским. Но что поделаешь! Сегодня мы знаем: есть такие конгломератные генетически и исторически сложившиеся новообразования как русский-казах, русский-грузин, русский-еврей, русак-таджик, чеченец-русский... и так далее.

Русской у Абу-Вади считалась его мама – еврейка по отцу, а папа нашего героя был узбеком. Папа закончил советское высшее учебное заведение, по специальности инженер промышленных разработок полезных ископаемых. Семья жила в Кемерово -- в очень приличном областном центре, являющемся центром каменноугольного бассейна и сталелитейной промышленности. На производстве папа дорос до начальника угольной шахты, а мама играла на пьяно и время от времени преподавала музыку в Доме отдыха для шахтеров и ещё на дому. Когда хотела и кому хотела.

Мама назвала сынишку Владимиром, а папа-узбек переиначил это имя по-своему.

-Абу-Вади! -- иногда покрикивал он. -- Иды суда!

И был доволен. Ибо только он знал, что «абу» это «отец», а «Вади» это иногда многие-многие сотни километров жгучих сухих песчаных долин, бурно заполняющихся водой после сильных дождей.

Утратив всякие резко выраженные национальные черты, традиции и обычаи, «смешанная» семья Абу-Вади, как и тысячи других во всём мире, ходила поклоняться Богу к баптистам.

Ещё до падения Великого Союза замысловатый парнишка-«русак» с «отличием» закончил музыкальное училище по классу баяна; играл он самозабвенно, застывая при этом в случайных некрасивых позах, развесив чёрные, воронова крыла, немытые власы на золочёные планки баяна или так широко и сильно разворачивал меха, что они рвались. Пытался композировать собственные наигрыши и мелодии.

Распределился молодой человек в далекий узбекский кишлак, где, аккомпанируя, помогал аборигенам разучивать их народные танцы в местном Дворце культуры. Из уважения к юному таланту и его смешанному происхождению местные жители поддержали данное ему самим отцом забавное имя Абу-Вади.

Спустя ещё несколько лет, Абу-Вади призвали в Красную Армию. Недотёпам в любой армии всегда -- поблажка. Баптист Абу-Вади был определен рядовым к солдатской кухне. И вот, сидит как-то Абу-Вади, скособенившись над своим баяном, вечером, в знаменитом Чернокозово, на Кавказе, у злого осеннего костра перед брезентовой комендантской палаткой на пятьдесят военнослужащих. То «Лезгинку» жахнет, то «Танец с саблями» отбоярит - по желанию солдат, заказывающих «пэсну» из подвала, то...

-А что, Ледук (фамилия у него была такая простецкая – Ледук по матери), слабо чё-нибудь нашенское сыграть? – вопросил его как-то раз кто-то из товарищей у костра.

И Абу-Вади приступил к собственной интерпретации «Камаринской» из Петра Ильича Чайковского - для собратьев по оружию. Да и «Семеновну» то ж.

Играет он таким образом, наяривает, согнувшись – как застала его музыка - в три погибели над чёрным баяном с позолотой; пальцы грязные непомерно длинны, как грабли; пилотка – потоптанным пирожком; за спиной – размытая чернота сумеречных кавказских гор. Ветер несёт ему прямо в лицо искры от костра, пламя иногда взлягивает – баянист ничего не замечает. А тут как раз случилась комиссия из «Интернейшнл амнести» или из комиссии «по правам», или из ОБээСЕ... В составе комиссии негры, желтокожие по природе люди, красноватые мулаты, меднолицые креолы и одна чисто белая женщина из Канады. Эта, средних лет отощалая рыжая дамица, как услышала знакомые ей мелодии мирового музыкального монстра Петра Чайковского в баянном исполнении Абу-Вади, так и замлела вся.

-Непостижимо! – кричит. – Это же надо, на таком примитивном инструменте и – Чайковского!

Откуда этой бедной женщине было знать, что на Руси «Камаринскую» сначала наяривали на гармошках и балалайках, на гитарах и мандолинах, на аккордеонах и на баянах. А потом уже и Петр Ильич не удержался – на нотный стан всё переложил для скрипки в сопровождении большого симфонического оркестра.

-Этот музыкант станет моим подлинным открытием для запада! – убедила себя миледи. - А успех – это слава и деньги!

Но жемчужину из грязи было не так-то просто достать. Женитьба её с российским солдатиком состоялась, но пришлось ждать «дембеля» и всё такое. За это время, разуверившись в прошлой жизни и в настоящей, поумирали отец-мать Абу-Вади. В Канаду он прибыл с армейским вещьмешком и с обтрепанным баяном. Мелиса гордо посещала русские магазины Монреаля, покупая для своего благоверного кислую капусту для щей, гречу для каши, селёдку под водочку. И, скаля зубы, заговаривала с продавцами на русском. Однако после первых же устроенных по знакомству концернтых выступлений Абу-Вади перед разноязычной канадской публикой стало ясно, что на славу и успех расчитывать не приходится. Нет, в русского самородка никто не швырял с размаху тухлыми яйцами, но музицирование баяниста, в целом, было принято слишком корректно и очень сдержанно. Исполнитель совершенно не мог «подать себя». Он был блаженный.

Постепенно в очередной смешанной русско-канадской семье, как в некоем электрическом конденсаторе, скапливались бепричинная горечь и раздражение, вылившиеся, в конце концов в разряд ничем необоснованного гнева, приведшего Абу-Вади в «иностранную» тюрьму, где он вынужден был искать себе покровителя и защиту.

5.

Свое намерение отыскать пахана всея тюрьмы Абу-Вади осуществил в тот же день к вечеру.

Его сектор «Джи», как и другие секторы ,состоял, из ещё нескольких отделений (почти на все буквы квебекского алфавита), и потому на завтрак, обед и ужин тюремщики сгоняли заключенных на приём пищи, как бы повзводно, с точно выверенными промежутками во времени, но не строем, а вольным шагом, в центральный корпус.

Во дворе тюрьмы кучно столбились лучи яркого предзакатного солнца; от одной каменной стены с колючкой-проволокой поверху до другой стелился зелёный ёжик как бы необозримых газонов; крупно поблескивали на свежем ветру жирные листья южного барбариса; ломились от красных роз цветочные клумбы; порхали в косых полётах над розами бархатистые папильоны и, пробиваясь сквозь одиозное чириканье воробьев, выпевали свои тонкие трели невидимые иволги: «Фьють-фьють-фьюти! Фьють-тюти!». Эх, волюшка-воля! Меня, ты, не ждешь!

По строго установленному коридору, очерченному чернью чистенькиих тюремных надзирателей и надзирательниц, ласково и напоминающе поигрывающими своими чёрными эбонитовыми палками-батонами, упругим и быстрым шагом, переговариваясь находу или украдкой затягиваясь сигареткой, чинно шествовали зэки. Шаг с сторону, и – удар по ... ниже пояса.

В толпе арестантов Абу-Вади не увидел ничего примечательного для себя. Однако, оглядевшись в шумной столовой, он вздрогнул от приятного открытия: «Да, вот оно!».

Как мелкая ледяная шуга и тонкий нилас самопроизвольно образующиеся зимой на охлажденной морской или речной воде мельтешили по столовой зеки, завихриваясь в отдельных местах и образуя заторы, рассаживаясь за столиками то на шестерых, то на десять человек. И как мощный айсберг, раздвигая собою всё на пути, упорно стоял в центре столовой целомудренный треугольник некоего загадочного столика с чёрной столешницей. Никто, даже самый отчаянный зек, не смел засесть за этот столик, обегая заповедное местечко с замкнутым и нечитаемым выражением на лице.

Загрузив на свой пластиковый подносишко нечто похожее на ленивые голубцы и одновременно на бигус, присовокупив к этому «мазеву» ещё как бы сайку, набитую хот-догом, прибавив ко всему пару бумажных стаканчиков любимого кипяченого молока, Абу-Вади слегка покружил по залу и плюхнулся за облюбованный им мраморный тригональник. Ему повезло, потому что первым к столу подошёл не сам страшноватый теург и неформальный глава тюрьмы, а, скорей всего, его помощник. Это был черноволосый, крепкий, кулакастый белый мужичина в хоккейной фуфайке с подковой-символом команды «Монреаль Канадиенс» на груди и номером 27 на спине, под которым в этом сезоне успешно начал выступать на хоккейном льду россиянин Алексей Ковалев. Подходя, крепыш-мужичина скептически оглядел хиловатого новичка за столом и, ничего не сказав ни на каком языке, принялся ловко и страстно забрасывать в рот руками мелко настроганный картофель-фри, сдабривая кусками сочащегося стейка, подхватывая их одноразовой пластиковой вилкой.

Теург объявился позже. И когда он предстал, Абу-Вади вздрогнул от узнавания.

К столу подошел прямо-таки не человек, а как бы изваяние, биологический робот, чьи железные мускулы и мощные бицепсы, трицепсы, торс и желваки на скулах были всего лишь для виду обтянуты человеческой кожей. Росту он был выше среднего, рыжеволос, причем волосы были чем-то таким примазаны, что, лежали на голове отдельными локонами, как у древне-римских героев; оспины на лице и рыжие конопушки на руках; взгляд серо-стальных глаз теурга был в постоянном фокусе.

«Декабрист! Кондратий Рылеев! Чеканное лицо на барельефе... Нет! Генералиссимус! Только без усов!» - в восхищении воскликнул про себя Абу-Вади.

Он вежливо привстал из-за стола и сказал:

-Хелло! Могу я сегодня пообедать с тобой? Я – новенький.

Ничего не говоря, «генералиссимус» едва заметно и молча, но благосклонно кивнул.

«Генералиссимус» тоже манипулировал с пищей руками, обсасывая сочные прикопчёные свиные рёбрышки как бы нехотя и даже с видимым отвращением, и было ясно, что он ёдывал и кое-что повкуснее. Время от времени Абу-Вади перехватывал раздраженные и удивленные взгляды зеков, летящие на него изо всех углов столовой и остался доволен. В принципе, Абу-Вади большего и не надо было. Он достиг своей цели – его заметили за одним столом... Но, более того, помощник генералиссимуса спросил:

-Где сидишь? Вот из ё кантри фром?

-Сижу в секторе «Джи». Я - русский. А ты?

-Мы – айриши.

-А... это вы – потомки древнего морехода Эрика Рыжего! – почти вскричал Абу-Вади от захлестнувшего его непонятного восторга. – Мы, русские, тоже немного норманы.

-Что ты ещё знаешь из истории? -- глядя мимо Абу-Вади, спросил генералиссимус, цедя слова.-- Кто был главой Закавказского штаба большевиков по борьбе с сепаратистами?

-Э-э-э,.. –замялся Абу-Вади, -кажется, Виссарион Ио,.. нет, Иосиф Виссарионович... Сталин.

-Ну, как тебе здесь? -- вдруг поинтересовался генералиссимус и, наклонившись к помощнику, что-то негромко сказал тому, как бы приказав.

-Куришь? – вновь коротко спросил теург у Абу-Вади. И не дожидаясь ответа, протянул русскому зеку в качестве поощрения толстую гаванскую сигару, вынув её левой рукой из правого нагрудного кармана своей синей штормовки, похожей на полувоенный френч. После чего генералиссимус сказал «Бай!» и ушёл по коридору, ступая твердо, цепко и осознанно. Теург, по-видимому, знал о своём портретном сходстве с настоящим генералиссимусом. Это для нас, нынешних «распропагандированных» русских, ИВС – никто, а вообще-то он ничуть не хуже двух средневековых гиспанских или чанкайшистского.

6.

Следующий день по одному из восточных гороскопов был «травматическим». Надо было опасаться травм: ударов, ушибов, переломов... Но кто из заключенных знал об этом?! Стояла изнуряющая июльская жара; кондишены в камерах и в холлах поскисали; у арестантов учащалось сердцебиение, опухали тела, кружились головы, случались обмороки. Комендант пошёл на самые решительные меры по спасению подопечных и тюрьма приобрела десятиметровый резиновый бассейн, боковины которого вздувались сами по себе, а вода в образовавшуюся ёмкость заливалась шлангом. Такой искусственный водоём вмещал в себя до двадцати голых узников одновременно и – по даньгам - стоил немало.

На следующий день на первой после завтрака получасовой прогулке кое-кто из арестантов лениво побрасывал баскетбольный мяч в одинокую корзину на столбе, в правом от входа крыле асфальтированного внутреннего дворика тюрьмы. В левом суетились чёрные стражники и обслуга, устанавливая вновь приобретённый бассейн. Абу-Вади стоял поодаль входной двери, скрываясь от солнца в тени силикатной стены тюремного корпуса. Абу-Вади стоял, зажав сигару «генералииссимуса в зубах. Не курил, но держал её, распялив губы, как приз, как награду, как знак отличия, и вокруг него как-то само собой собрались и окружили его португезы и гватемальцы, три индейца, индус и арабы, два еврея (один как бы француз, другой – как бы англичанин), мексиканец и несколько китайцев.

Никто не спрашивал Абу-Вади, откуда у него такая важнющая сигара. Никто не спрашивал, но все знали. Именно сигара, как магическая палочка некоего волшебника, молчаливо объединяла тюремных нацменов, ибо каждый знал, что такое «вторая власть!». Есть совет, муниципалитет, государство и есть нечто во всех структурах, являющееся параллельной или подлинной властью. Есть рота и ротный командир, но есть и некто безымянный в роте, кто осуществляет реальную власть внутри роты. Есть тюрьма --- и есть «вторая власть».

Собравшиеся вокруг Абу-Вади «инородцы» благожелательно вспоминали всех русских парней, мужиков, девушек и женщин, каких им пришлось встретить на своей обрыдлой чужбине.

Стоя так, Абу-Вади услышал и рассуждения о том, что все русские женщины – бляди и проститутки. Он с достоинством спросил:

-А что, у вас раньше проституток на улицах не водилось и борделей не было?

-Как же были, были...

-Ну и куда они все подевались?..

-???

-Проститутки стали вашими женами! А русский народ большой. Он и не такое видал. Всех переебёт и переассимилирует.

Тут-то кое-кто на него и окрысился. Абу-Вади хотел сказать по-французски «се са», то есть, «да, мол, это так», но из-за подарка «генералиссимуса» во рту получилось:

-Ша!

-Ша! –для запоминания вразнобой повторили за ним его благодарные слушатели.

И в это самое время раздался страшный предсмертный крик соседа Абу-Вади по камере деревенского придурка Кевина:

-Агахуха!

Приобретённый тюрьмой десятиметровый бассейн, зелёный с голубой каёмочкой, был так огромен и так глубок, что арестанты приловчились прыгать в него со стальной лестницы вниз головой под громкие и дружные приветствия сотоварищей. И странное дело, именно в тот момент, когда на лестницу взобрался заклятый дружок Абу-Вади коротышка-Кевин, один из тех зеков, кто барахтался в воде внизу, полосанул вдруг чем-то по резиновой стенке бассейна. Кевин сверзся в воду вниз головой, а упругая, как ртуть, вода в этот миг хлынула из рухнувшего бассейна на асфальт дворика. Уааа-ха-ха! Ничего смертельного, но появились носилки.

-Ну что, как поживаешь? – счастливо смеясь чему-то своему, похлопал покровительственно по плечу Абу-Вади мокрый и сверкающий на солнце, чёрный оголец, задержанный полицией на Кавендиш-моле. -Французский язык учишь? Учи, учи! Может пригодится когда!

И стражники поспешно разогнали арестантов по камерам.

Венесуэлец Вольф

Золотое детство! Белое величие заваленных снегом необозримых российских просторов! Лоснящийся зелёный отблеск новогодних ёлок. Бабушкины несбыточные мечты о некиих золотых иерусалимских яблочках! Солнце плясало, уссурийские тигры шли на поклон...

Но это всё было где-то далеко. В эти дни в Монреале царил очередной квебекский «тампет де неж». Говоря по русски, пурган, «тампец» -- ни пройти ни проехать. В регулярной, построенной по проекту, тюрьме Бордо занесло снегом внутренний дворик для прогулок и призоньеры целыми днями безвылазно сидели в помещениях, где все конструктивно прочно, обстоятельно и подчёркнуто сурово: стены, решётки, вмурованные в бетон столики в общем холле, стальные табуреты, стальные нары по камерам и - культ физической силы.

Венесуэлец Уго из сектора «Джи», залетевший в Бордо за наркотики, выглядел совсем плохо. В русской тюрьме, какой она представляется по советскому кинофильму «Вокзал на двоих» с участием Олега Басилашвили и Людмилы Гурченко, такого зека назвали бы доходягой. Его уделом было бы там суетиться «шнырём», опорожняя параши. Здесь, в современной, канадско-квебекской, параш не было: они изжили сами себя как рабочий класс по мере осуществления пролетарской революции и развития постиндустриального общества, как сионизм с возрождением иэральского государства. Вместо лоханок и параш – молочно-белые унитазы.

Уго был «шестёркой». Сходить на второй этаж принести забытые кем-нибудь сигареты. «Уго, сбегай!». Приготовить кофе... Уго!». Заложить хлеб в тостер... «Давай, Уго!». Встретить утром в дверях молоко для арестантов и распределить его по камерам... «Не спи, Уго!».

Внешность венесуэльца вызывала сочувствие. Выглядел он

лет на тридцать пять, хотя был всего лишь двадцати пяти. Смугл, черноглаз и косоглаз, среднего роста; худ, костляв, точнее, измождён; чёрные волосы свисают паклей-рваклей. Из-под традиционной для латиносов пестрастой тишотки с короткими рукавами болезненно обнажались исколотые до почернения вены локтевых суставов на обеих руках и такие же иссиня чёрные запястья.

-Я колоться бросил! – не без гордости сказал в последний день Старого года венесуэлец Уго русскому парню Василию, сидящему с ним за одним столом в холле. –Я знаю, русские не любят этого.

-Угу! – ответил Василий, которого здесь называли полным именем Басилиус. – Зато мы пьем всё, что горит и ебём всё, что шевелится.

У венесуэльца, кроме всего, были неадекватные реакции шизофреника. Кося чёрным глазом, он оживлённо жестикулировал руками невпопад словам и с упоением врал. Сообщив свеженькому «русскому», что перестал колоться, Уго сокровенно умолчал о том, что пристрастился к марихуане и потому оказался в услужении у всякого, кто давал ему «дёрнуть» разок другой ихнего «косяку».

Кроме чтения ежедневных газет и просмотра пяти телевизионных программ главным развлечением узников в тюрьме Бордо был армреслинг. Сидят-сидят зеки за серыми ватрушками вмурованных в бетонный пол мраморных столов и вдруг, откинув игральные карты, схватятся ни с того ни с сего тягаться руками.

Вообще, борьба на руках – хороший релаксатор для мозгов. Как вид спорта по умственному развитию участников занимает второе место после перетягивания канатов. Словом, сплошное управление пробелом. Не сломайте клавиатуру вашего компьютера!

-Ставлю десять центов! – обычно выкрикивали в тюрьме Бордо болельщики в ожиднии единоборства и развлечения...

-Я - пять!

-Мои – пятнадцать!

Больше доллара обычно никто никогда не ставил, но потеха

всякий раз ожидалась нешуточная.

-Эй, русский! –воскликнул как-то в опьянении очередной победы постоянный призёр сектора, толстозадый Род. –Хочешь, я и тебя сломаю!

-Сломай, сломай! – ухмыльнулся сухопарый Басилиус. И призоньеры вздрогнули – их отпугивала нечеловеческая белизна лица русского, особо подчёркнутая голубыми жилками, бьющимися на висках.

Ставки резко возросли. Впрочем, на русского мало кто ставил: по сравнению с Родом весу в нём было явно недостаточно. Да и возраст! Роду – тридцать пять, а этому под пятьдесят. И сидит русский в тюрьме «по лёгкому» - за превышение скорости на дороге, а не, скажем, за рэкет. Но сразу после команды «старт» Басилиус так властно и непререкаемо сильно припечатал руку Рода к мраморной столешнице, что зрители опешили.

-А ну, давай другой рукой! Давай левой!

Левая рука Басилиуса сработала как кузнечный молот при ударе о наковальню; послышался хруст сухожилий и костей в локтевом суставе Рода. Зрители в ужасе отшатнулись.

Когда-то давным-давно, Василий будучи студентом-социологом, подрабатывал грузчиком в конторе «Заготзерно» (за год - зерно); на радостях от рождения своего второго сына, он пошёл и боролся «на руках» с лучшим медвежатником города в зачумленном подвальном этаже пивного бара «Жигули», что располагался тогда на углу Владимирского проспекта и Невского. Ставку в двадцать кружек пива Василий выиграл, а потом ударом «под дых» свалил оскорблённого соперника, бросившегося с ножом на победителя.

Проживая в Монреале более пятнадцати эмигрантских лет, Басилиус последние семь из них работал при холодильнике колбасной фабрики на разделке коровьих туш. Спозаранку, задолго до прихода других рабочих, он, как прикованный Прометей частного производства, уже стоял у своего оцинкованного стола в резиновых сапогах, в прорезиненном комбинезоне, в литых перчатках. Поворот через спину от стола, захват двумя руками двухсоткилограммовой коровьей туши, снятие её с металлического крюка, бросок туши на стол. Движение правой рукой: электропила вгрызается в брызжущее кровью красное мясо. Движение левой рукой: замах топора – из туши вырубаются конечности. Вновь поворот через спину, новый захват...

Хозяева доверяли Басилиусу – у него был даже свой ключ от фабрики. Но вот однажды, поспешая на своей машинюшке на вахту, работник нарушил скорость на безлюдной дороге, и хозяева не стали оплачивать его «тикет». Пошло время, долг перед муниципалитетом нарос, и настырный Басилиус принципиально решил сесть, чем выплатить долг. Мяса Басилиус ни в каком виде в пищу не употреблял – только траву. Жил он один, ни с кем не разговаривал, в церковь никогда не ходил, но в раздевалке кое-кто заметил на впалой груди Василия затёртый серебряный крестик.

-Я на тебя ставил! – не без гордости сказал Василию после схватки руками венесуэлец Уго. –Я выиграл приличную сумму и смогу приобрести марихуаны почти на два дня. Я тебя угощу, если хочешь. Но мне самому никогда никого не победить...

-Ты? – оценивающе оглядел собеседника Василий. –Можешь и ты победить. Хочешь для начала завалить вон того кудлатого рыжего сморчка, что сидит рядом с нашим президентом Родом?

-Да! Да!

-Пошли! Но для начала победы ответь мне: тебя зовут Уго, а как фамилия?

-Вулф! –с трудом выговорил свою фамилию Уго. -Мой отец был немцем.

-Ты когда-нибудь бывал в Европе, на родине отца?

-Да, я был один раз. В Кёльне. Это было потрясающе!

-А ты знаешь, что означает фамилия твоего отца?

-Нет, откуда мне это знать?

-«Вулф» -- это крупное, сильное, хищное животное, -- со знанием дела пояснил Василий.—Вулф до смерти загрызает коров и лошадей. Главное, всегда помни одно: у европейцев все фамилии характеристичны. Если твои предки – волки, то и ты – волк. В каждую отдельную секунду ты должен чувствовать себя сильным, чувствовать себя волком.

Венесуэлец завороженно слушал Василия. Тот убежденно сказал:

-Сегодня у русских святки. Ты не знаешь, что это такое. И не надо. Но я знаю старинный русский заговор, дающий людям нечеловеческую силу. Я его прочту и ты станешь непобедим.

Басилиус снял с себя крестик, поднес к лицу венесуэльца, приказал:

-Закрой глаза, слушай внимательно!

И заговорил по-русски, единственно незабытое, оставшееся от прошлого и от Байрона:

«Свободной Мысли вечная Душа, -
Всего светлее ты в тюрьме, Свобода!
Там лучшие сердца всего народа
Тебя хранят, одной тобой дыша».

К сожалению, Уго ничего не понимал из того, о чем глаголил Вася, но его заскорузлую душу захватили вдруг возвышенные интонации в голосе добровольного наставника, и в чёрных косящих зрачках Уго вдруг вспыхнули какие-то непонятные огненные искорки. А Басилиус продолжал:

-Отче наш, Иже еси на небеси! Да святится имя Твоё, да приидет Царствие Твоё, да будет воля Твоя, яко на небеси и на земли. Хлеб наш насущный даждь нам днесь; и остави нам долги наша, якоже и мы оставляем должникам нашим; и не введи нас во искушение, но избави нас от лукаваго.

После всего Басилиус широко перекрестился и добавил:

-Аминь!

Однако выбранный Басилиусом «сморчок» вовсе сморчком и не являлся. Это был сильный, хитрый и опытный квебекский бомж, глава бомжарей. Весь туристский сезон его подвластные разными способами «бомбили» туристов, а на зиму разбредались кто куда. Главарь устраивался в тюрьму, поджигая пустые дома на окраинах города и получая срока на весь холодный период. Он упорно сопротивлялся Уго, болельщики приуныли, но Уго вдруг, словно вспомнив что-то, так потянул свою руку, что противник не выдержал и сломался.

-Ай вон!.. – растерянно вскрикнул Уго. И через мгновение,

осознав победу, заорал во всё горло и запрыгал: -- Ай вон! Виктори! Ай вон!

-Донт фогет: ю ар Вольф! – сказал Василий. –Если ты бросишь наркотики и марихуану, ты сможешь зарабатывать деньги в пабах. И ты всегда будешь побеждать. Конечно, сначала в своей весовой категории.

-Плевать мне теперь на все! – кося глазом, без всякого преображения, сказал Уго. –Эй ты, сморчок, теперь твоя очередь «шестерить», а я буду сидеть возле нашего президента Рода! Гоу, мон ами, гоу! (Пошёл, мой друг, пошёл!)

-- -

«Neine!» или Последний Сталин

Он умер совсем недавно, в самой распрекрасной поре малоснежного монреальского декабря, накануне Кристмаса, когда город приступает к праздничному полыханью огней. Помните "Накануне" Ивана Сергеевича Тургенева? Или: "Когда же прийдет настоящий день?"

Всегда и во всем до болезненности пунктуальный, глубокий старик наш, подгадал облегчить свое поминание в потомках, преставившись точно день в день своего рождения, спустя девяносто три года после благополучного появления на этом свете.

По числу прожитых лет наш старик перещеголял самого Льва Николаевича Толстого и, предположительно, был также мудр, как и великий русский писатель, но судить об этом мы не можем, потому что с годами старик потерял большую часть своей памяти и утратил дар связной речи. Ко времени моего знакомства с ним поучиться у него было уже нечему, так как он ничего не помнил ни о себе, ни о прошлом, начисто забыл имя единственной жены, умершей не так чтобы и давно. Порой он даже не мог вспомнить имя своего ненаглядного пятидесяти пяти лет сынишки, появляющегося перед ним каждое утро, как Сивка-Бурка, как лист перед травой, с родственным визитом.

Остаток своей жизни, а это около тридцати лет, старик провел, посиживая и подремывая у окошка в мягоньком креслице на первом этаже собственного дуплекса в черте города.

Под его окном на крохотном бакъярде давным-давно могуче прорастала сквозь горящий изумрудами травяной ковер лиловая сирень, а чуть поодаль мощно королевствовала старая-престарая, осенних сортов яблоня. И яблоню, и сирень эту старик, будучи еще молодым, посадил сам. Каждой весной крупный садовый кустарник семейства маслиновых благодарно вспыхивал аметистовыми соцветиями и одуряюще благоухал. На холодной заре заливался в росистой сиреневой шерсти неумелыми трелями молодой соловей четвертого поколения, забивая шум пыльного трафика за углом. Горячее солнце шустро играло в листьях и лиловых лепестках сиреневых кистей, а старик, наряженный в кожаную черную пиратскую блямбу на левом глазу, никак не реагировал на страстные призывы жизни за паутинным окном, не делал никакого телодвижения, ни жеста, ни мимического намека.

Старик представлялся мне фигурой своеобразной, что называется "специфической", если не "каверзной". И даже загадочной. Потому что старик этот не был и не казался ветхим. Не то что слабосильный я, автор этих строк, или кто другой из живущих, похожих на меня. Росту дед был ниже среднего да силы в нем сохранялись необыкновенные. Передвигаясь с "маршеткой", он так мощно манипулировал латунными ручками на дверях своего дома, что те беспомощно хрустели и взвизгивали в его жилистых руках.

А, кроме всего, до самых своих последних дней, несмотря на преклонный возраст, старик сохранил крепкие голосовые связки, был бессовестно громогласным и являл собой пример редкой идиотической настойчивости.

Он вел непререкаемо солдатский, суровый, стоический образ жизни. Ежедневно, без посторонней помощи, он совершал обязательный утренний туалет по полной форме, тщательно брился, вернее, "на сухую" выскабливал одутловатое лицо свое мельхиоровой свинчивающейся бритвой с обезопашенным лезвием, с размаху забрасывал в рот штук пять лекарств различных наименований, извлекал из стакана свои вставные челюсти, запивал лекарства и, нисколько не страшась ни "сладкой смерти", ни "соленой" и никакой иной, в один присест съедал целую маринованную селедку, серебряной ложкой, не менее четырех, накладывал в чайную чашку сахар, и заедал все это пышным кренделем, называемом по-местному "бейгелем".

Звали этого очень пожилого и по-своему оригинального человека Зигмунд. Он не был исключительно польским евреем, родом происходил из Вильно и когда-то знавал и балаболил на всех главных языках мира: на идише и на русском, по-польски и по-литовски, на немецком, английском и на французском. Прошло время, из второй сигнальной системы в распоряжении старика остались только английское "do" да на идише "neine".

Истолковать смысл синкопических изречений старика могла только его последняя леди. Или, что означает тоже самое, сиделка, приживалка или -- совсем уж по-русски -- сожительница по найму, приисканная для него по удачной родственной рекомендации. Кстати, одно из значений английского слова "леди"-это не только жена лорда или замужняя женщина аристократического круга, а в новом понимании это еще и "клининг-леди" - уборщица.

Всякий раз происходило одно и тоже. Например, сиделка его, живая, подвижная женщина, тоже в возрасте, немного кокетка и талантливый педагог в советском прошлом, чуть-чуть не дотянувшая до звания "Заслуженный Педагог", вставлялась в дверной проем стариковской комнаты и говорила, тщательно расставляя слова:

-Today at eleven o'clock I'll have to go to pharmacy to buy the pills for you.

Старик возражал:

-Neine!

-Ну почему "найн"? Лекарства уже заканчиваются!

-Neine! Neine! --злобно выкрикивал старик.

-Очень хорошо, тогда ты останешься без лекарств на вечер.

-Do!

-What "do"?

-Do! -Старик стремительно выбрасывал перед собой руку, тыча в ковер, на котором образовалась незаметная обыкновенному глазу соринка.

А что? Кто может сказать, что выражение "советский педагог" означает "плохой" или "негодный"? Во-первых, я сказал "талантливый... в советском прошлом". Во-вторых, задачей педагогов всех времен и народов было одно и тоже — сеять разумное, честное, доброе. Советские педагоги, как и все иные, не призывали детей к убийству или к насилию. Проповедовали они вечные истины: не убий, не укради, не обмани, не прелюбодействуй, почитай отца своего и мать. Да еще вот это: люби свою Родину, мать вашу! Бей оккупантов!

Плохо, что ли? Представление о родине никогда и ни у кого не ассоциировалась с тем или иным режимом правления, царящим в той или иной, отдельно взятой, стране. Например, господин Наполеон нес в Россию освобождение от крепостного права, но крестьяне не пошли за ним; Гитлер пытался освободить русских от засилья коммунистов и евреев да могилу обрел.

Таким образом, я подчеркиваю, нашему Педагогу только что стажа не достало до высокого звания "заслуженного". В Канаде она как бы продолжила свои педагогический опыты: с полной душевной отдачей работала и бебиситтером с младенцами, и дряхлые стариковские тела обрабатывала, и выходки их идиотские сносила стоически, молча, со слезами на глазах. Один, например, весело похохатывал, похваляясь, как он стоял гарнизоном во время войны в Самаре.

-Семь любовниц у меня было тогда! А куда им деваться? Жрать-то хочется! И вот соберу я их всех за одним столом, банку тушенки посередине выставлю, дам команду и какая из баб первая банку схватит, та и несет ее детишкам домой.

-Сволочь ты, а не мужик, -вспылила Педагог. -Да будь ты проклят во веки веков!

И ушла. Оставшись без куска хлеба.

Чтобы хоть как-то смягчить жесткие служебные отношения с Зигмундом и придать им характер некоей человечности, Педагог никогда не называла старика пациентом, а произвольно присвоила суровому непререкаемому старику ласковое прозвище "дедушка". Никаким он для нее -- ни по возрасту, ни по родственной линии -- "дедушкой" не подходил. Но, вот, поди ж ты, по возрасту, по месту рождения, по судьбе и по житейской своей манере старик этот невольно напоминал ей ее родного отца. Оба они были одногодки, из Вильно, помнили Федора Шаляпина и Марка Шагала, оба побывали в концлагерях и оба какими-то неведомыми путями выжили.

Старику понравилось. Ишь ты! Дедушка! Заметно было, что это обращение как-то странно смягчало его загрубелую душу. Например:

-Ты почему сегодня ничего не ел, дедушка?

-Найн!

-Нет, дедушка. Человек, пока он живой, обязан есть даже если ему не хочется.

-Ду!

Исподволь и ненастойчиво Педагог перевела старика на потребление нормальной человеческой пищи: салаты и супы, свекольники, кошерная кура и кошерная "салями", на десерт - пирожное или кусочек торта. В восемь вечера, у телевизора, -- фрукты и чай с масляными оладьями.

-Найн! Найн! -- протестующе и гневно вскрикивал старик поначалу.

-Но почему, дедушка? -тихо и настойчиво уговаривала его униженная женщина. -По деньгам это почти тоже самое: что селедка, что кура... Вот ресит, посмотри-ка, а?

Довод о цене звучал для старика убедительнее всего. Смягчаясь, он тем не менее, в силу своей каверзности и природного упрямства, механически долбил:

-Найн! Найн!

-Да ты бы попробовал сначала, а потом и говорил!..

Старик пробовал и с привычным душевным жаром вечного ефрейтора выкрикивал теперь уже противоположное:

-Ду!

Старик поправился, щеки напружинились, пиратское лицо его заметно округлилось, утратив выражение постоянной озлобленности.

В загадочной прежней жизни своей, до появления в ней советского учителя, вредный старикашка сумел рассориться со всеми своими близкими и дальними родственниками и перед Педагогом распахнулось непочатое поле для ее воспитательной деятельности. С жаром принялась она за очередное свое благородное, а потому никем и ничем не награждаемое дело смягчения души закоренелого солдафона с ухватками профессионального убийцы. Это походило на то, как учить разговаривать корову, которую через месяцев пять должны отправить на мясокомбинат. "Виденье хорошо, пока не испарилось, Гуманней не любить, когда потом - конец". Это не я сказал, а Евгений Евтушенко. Но мы же люди!

Для начала Педагог устроила своему подопечному настоящий день рождения с тортом и поздравительной надписью, со свечой и кучей родственников, внуком, внучкой и догом-сучкой. С неясно выраженной иронией на лице старик сидел во главе праздничного стола. Даже невестка присутствовала. Сами понимаете, кого еще старик мог больше всего не любить? Но она присутствовала, кротко и опасливо поглядывая на жестокосердного тестя. Не было только приемной дочери, которую старик давным-давно за что-то проклял и которая так и умерла в изгнании, не получив стариковского прощения.

Под конец славного родственного застолья с вином и тостами старик, кажется, что-то такое теплое и душевное почувствовал. Скорее всего, он, наконец, ощутил, что последняя мировая война, мучившая его кошмарами, осталась теперь уже далеко позади. Казалось, что в конце концов он почувствовал себя не солдатом, загаженным вонючими окопами, и не горьким концлагерником, а как бы высоким армейским чином, перешедшим с военных рельс на мирные, и человеком на заслуженном отдыхе.

-Тара бара татара... Ду! -вдруг ни с того ни сего, как анекдотический поручик Ржевский, брякнул старик посреди всеобщего сосредоточенного поедания торта.

- Что, что он сказал? -забеспокоились дорогие гости.

-Дедушка сказал, что он сидит и чувствует себя как генерал!... -перевела на русский женщина-педагог стариковскую тираду.

Старшее поколение поняло ее; младшее попросило перевода на английский.

А как-то однажды Педагог спросила старика:

-Праздник песаха скоро, купить ли нам для тебя мацы?

-Найн! -прозвучал суровый и категорический ответ.

-Ну почему "найн"? Ты что в Б-га не веруешь?

-Найн!

-Это не хорошо... Почему ты не веришь в бога, ты же обрезанный!

-Тара бара татара... Найн! -обрызгал старик слюной свой подбородок.

-Потому что ты был в фашистском концлагере и много страдал?

-Ду!

-Но ты подумай: люди -- все -- на земле живут и мучаются. Многие миллионы людей пострадали в ту войну и так и погибли в мучениях, а ты, вот, выжил, заимел семью, дом у тебя, дети, внуки... И живешь в-о-о-н сколько достаточно благополучной жизнью. Мой отец тоже в плену был -- потом в советском конлагере еще отмотал свое и так и умер, не успев заработать пенсию. А ты у Господа Б-га в любимчиках ходишь и не веришь в него?! Да как ты можешь так! А мацу я тебе все равно куплю, пусть и на свои деньги!

Старик только криво зыркнул на Педагога одним своим орлиным глазом из-под черной пиратской метки. А потом за праздничным седером при свечах он все-таки похрустел опресненным божьим подарком.

-Аданьк! - неожиданно проговорил он на идише.

После войны, в Канаде, старик прослыл хорошим тейлором, открыл свой бизнес по части пошива мужских брюк и костюмов. Лет тридцать подряд он регулярно получал хорошую канадскую пенсию, одновременно славливал и денежную компенсацию за свои страдания с самой той первой поры как германцы стали выплачивать подобное вознаграждение оставшимся в живых жертвам фашизма.

Что именно из суровых испытаний выпало на долю старика никто не знает. Он пережил всех свидетелей своей юности, возмужалости, всех сверстников и своего младшего брата. Никто уже ничего не мог сказать о нем в разные периоды его жизни: ни о детстве, ни о юности, ни о его молодости и даже ни о его возмужалости. Окружающие запомнили его только глубоким стариком, да знали только, что был он в фашистском концлагере. А сам старик в редких проблесках памяти вспоминал иногда такое, что когда он молчал, казалось, что ему есть о чем помалкивать или прикидываться дурачком.

Что ж что был пленным! Пленный пленному -- рознь. Как одно дело вступать в компартию, когда фашисты осадили Ленинград и стояли на пороге Москвы и совсем иное когда Стяг Победы уже вознесся над берлинским рейхстагом. Одно дело быть большевиком и видеть самого Ленина; другое - быть коммунистом и видеть Ленина в белых тапочках.

Так и пленные. Одно дело прямо с эшелона быть загнанным в печь крематория, другое -- служить старостой барака или, состоя в зондер-команде, вышибать золотые и серебряные зубы у еще живых, у тех, кого только готовят на отправку в печь.

Лично мне кажетсся, что фашисты не татуировали номерами тех, кого они сразу умервщляли. А зачем? Нумерация нужна концлагерной обслуге из тех же лагерников. Пусть меня поправят, только по-доброму, если я чего недопонимаю или подскажут, если располагают какими-нибудь убедительными документами или свидетельствами. Прояснить этот вопрос для потомства...

Итак, у старика Зигмунда татуировки не было. Выходило, что фашисты гнали Зигмунда с эшелона прямо в газовую камеру да в печь. Как он выжил? Какими путями? Но главное, что выжил. Последнее обстоятельство вызывало особое уважение и сострадание Педагога. Скорее всего, потому, что -- не как многие - обладала она редким даром материнского и человеческого всепрощения.

Однажды лишь Педагог была до глубины души потрясена внезапным открытием о неординарности жизни нашего старика... Запачкал как-то Зигмунд свои заношенные брюки пролитым кофе и понесла-потащила их наш Педагог в химчистку. Внимательно-превнимательно вглядывался пожилой итальянец, владелец химчистки, в эти "панталоны" цвета вылинявшей генеральской синьки без красных лампас и, испуганно отпрянув, выпалил:

-Сталин! Он что, еще живой?! А вы его дочь, да?

-Кто это "Сталин"?... --опешила от неожиданности Педагог. -Это панталоны моего хозяина-пациента.

-Да-да хозяин Ваш, как Вы сказали! Я хорошо помню эти брюки. Лет двадцать пять, четверть века назад, когда я еще подмастерьем у своего отца бегал. Тогда все в округе вашего хозяина Сталиным звали. Коротышка такой, он всегда приходил со своей женой. И всегда расплачивался сам, громко, резко и нещадно торгуясь. Он и ручкой так приветственно помахивал. Я хорошо помню те старые документальные фильмы со Сталиным!

Потому и неудивительно Педагогу бывало потом, если в минуты хорошего настроения и просветления памяти старик вдруг загромыхивал своим шаляпинским басом легко узнаваемую мелодию:

"Тара бара ра-ста-бара..."

Что означало:

"Утро красит нежным цветом
Стены древнего Кремля-я-я..."

И Педагог тут же вздымала свой писклявый голосок, помогая старику в выборе правильной лексики:

"Страна моя! Москва моя!
Ты самая лю-ю-би-ма-я!.."

В такие моменты, порой, казалось, что когда-то давным-давно старик из самого Кремля по какой-то нужде "сбежал".

Он умирал от второго сердечного удара, или строка в джуиш госпитале на рю Де Ля Кот-Сан-Катрин и прошел все уровни этого пересыльного пункта между небом и землей, начиная с первого этажа, выкрашенного в "кирпич", до голубоватого шестого, где лежали выздоравливающие, где старик кричал и буйствовал, требуя отправки домой, и где у него вдруг отказала эндокринная система, и где он, опухший в конец, неожиданно сник и откуда его возвратили в красный этаж, как безнадегу.

-Посадите его в кресло! --еще на что-то надеясь, требовала Педагог от санитаров. -Олдман просит посадить его в кресло! У него может быть отек легких!

-Поднимите, пожалуйста, заднюю спинку кровати - сделайте

ему опору для ног, чтобы он не сползал. Он не любит этого. Так, хорошо. Спасибо! А вас я попрошу измельчить эту таблетку в порошок. Олдману трудно глотать эти таблетки целиком. Давай, дедушка, открывай рот, будем немного жевать и глотать, потому что обед...

Дня через три молодой доктор-практикант из пакистанцев допрашивал Педагога по-французски:

-На каком языке говорит ваш муж?

-Как Вы могли такое подумать? У меня есть свой муж! Я просто ухаживаю за этим олдерманом. Он говорит на идише.

-Что это за язык такой?! -походя поинтересовался въюноша.-Никогда не слышал! А что у этого мужика болит?

Ко времени докторского обследования "дедушка" уже успокоился, отечное лицо его выражало полное безразличие, и ни на каком языке он не разговаривал. Ни "найн", ни "ду".

--Ничего у него не болит! -срываясь в голос, нервно завопила женщина. -Вы, что, не видите? Он умирает от сердечного приступа?! Посмотрите в ваш файл, который вы сейчас держите!

-Тогда спросите у него какой рукой и какой ногой он может двигать, а какой нет?...

Не обращая никакого внимания на доктора, - он их перевидел - строгим своим взглядом умирающий указал Педагогу на мешавшие ему кислородные трубки в носу; обескураженная женщина приблизилась к старику. Зигмунд долго артикулировал и, наконец, с трудом, но впервые за последние несколько десятилетий внятно и членораздельно этот закоренелый концлагерник произнес на русском и идише теплые человеческие слова:

-Ты моя тохтер...

Что означало "ты моя дочка".

Минут пять после этого опечаленная Педагог молча, как учили ее когда-то старшие, держала старика за пальцы его опухших и недвижимых ступней, выпростанных из-под одеяла. Тепло уходило, ступни постепенно холодели. И, как бы утомленный последним языковым и душевным усилием, старик, наконец, успокоенно закрыл свой пиратский глаз, и отошел.

С Зигмундом отошел от нас, наверное, последний на нашей памяти "всехний дедушка Сталин".

ТАБЪЯНА

1.

Нет никакой беды в том, что из-за срока давности и, как говорится, возникших новых обстоятельств, мой рассказ о некоей русской иммигрантке будет по ходу дела упрямо ассоциироваться с широко известным кое-кому произведением Антона Павловича Чехова. В старые мехи – да новое б вино! По мне: в тысячу раз почетнее рабски путаться в мыслях и образах великих предшественников, чем, самодовольно оригинальничая, пародировать открытие Америки.

Итак, эта женщина впервые объявилась в Монреале лет десять тому назад вместе с большой отбойной волной. Однажды летом, подрагивая мягким налитым задом, летящей походкой бывалой балерины в легком и, как здесь принято, смело открытом, голубом сарафанчике, со здоровым тургером и аккуратной малахитового цвета котомочкой-рюкзаком за плечами, прошлась она по наклонным улицам нашего своеобразного, североамериканского Парижа и... сразила.
При виде импозантной дамы разномастные детишки на иссиня-асфальтовых тротуарах и в зеленых сквериках обмирали на месте и восторженно верещали, взмахивая ручоночками:

-Мама, мама, смотри!

-Ой, да что такое?! Что ты кричишь?! Что там происходит особое такое? Нельзя кричать на улице! - устрашающе шипели мамашки на своих детишек.–Шшшш!

-Смотри, смотри, мама! Какие у тети глаза голубые-преголубые!

И вправду сказать, необыкновенной голубизны глаза были главной отличительной особенностью нашей иммигрантской дамы. Среди абрикосовых, черносливовых, персиковых и даже хризантемовых в большинстве своем монреалок наша дама вообще выгодно отличалась не только молочной белизной кожи, легкой кудрявостью и крепкой русовитой косой. Ко всему этому шумный родниковый свет ее широко распахнутых бирюзовых очей, словно прожекторами, бесконтрольно лупил во всех встречных-поперечных своей животворящей голубизной широких российских небес и взволнованным сиянием необъятных льняных полей. В зависимости от освещения. А полный джентльменский набор колдовской "зарубежной" косметики, удваивал и утраивал этот сногсшибательный эффект.

Но повторяю: эта женщина, о которой речь, не была стройной, а была, что называется, пухленькой, и лишь казалась таковой. Прибытие ее в Монреаль вызвало особый интерес во всем мужском подразделении русскоглаголющего, громкоговорящего и интеллигентно-блеющего коммьюнити тогдашнего микрорайона, язвительно прозываемого "Буретия". Как в женатой, так и в холостующей его части.

Можете себе представить, если вы мужчина и вы сексуально озабочены... Почти воздушно, быстро-быстро перебирая сильными ножечками, перед вами как бы неким видением проплывет пухленькая, молочно-белая, соблазнительная, безотносительно к ее выразительным глазам, молодая женщина в коротком и, подчеркиваю, открытом аквамариновом платье. Скромный, но свежий, только что приобретенный в «шопе» (извините за выражение) дерматиновый малахит-рюкзачок за плечами плотно при этом охватывает ее спереди своими ляжками... нет, лямками, нежно и сильно приминая высокую, полную, козью грудь Афродиты. Ах, да причем здесь одежда?! Главное, понимаете: женщина всем своим видом дает понять, что не прочь... поиметь знакомство.

2.

Причин для сексуальной озабоченности мужчин в Монреале выявилось немало. Прежде всего, оттого, что по женскому делу настоящим мужчинам здесь делать почти нечего. Процветают тут лесбиянки, сожительство с кобелями и другими животными, массовая мастурбация: от руки - в ванне, с патентованным «инструментом» - под душем, с бананом или морковкой – у телевизора и с зубной щеткой - перед зеркалом. Не секрет, многие востроглазые монреалки традиционно рассматривают свои маленькие штучки не как известный всем детородный орган и предмет любовных утех, а как надежное капиталовложение во всякого рода бизнесы в добыче хлеба насущного. «Даунтаун-бизнес», как здесь говорят.

В жутковатую сексуальную засаду попали на западе мужики былой славянской закваски, оказавшиеся здесь без языка и без работы, а, значит, без денег, но каждый со своей «березкой», белой и прямоствольной. Признаться, кое-кто из моих знакомых тут же заголубел от недостатка нормальной половой жизни. Но и то сказать! Сколько моя милая Россия ни омолаживается и никак не омолодится, столько чуждый нам Запад загнивает и так и не отгниет... Словом, каждый загнивает по-своему. И никому из женщин не скажешь, как бывало в песне, "пойдем, любимая моя, березкой полюбуемся". Язык не поворачивается. Знаем мы ваши "березки"! Прошла мода на халяву. И во всех частях света одновременно!

Если излагать суть дела экономически и более откровеннее, чем я до сих пор излагал, то выходит, что мужчина в Канаде стоит всего лишь около ста долларов в месяц. То есть, приблизительно такая сумма выпадает в осадок после вычитания вэлфера "на одиночку" из "семейного" велфера. Вот уж действительно, грош ему цена!

Особое внимание представителей сильного пола ко вновь прибывшей объяснялось еще и тем, что для иммигрантского захолустья, каким являлось в то время местечко Буретия, эта женщина была то, что обозначается словом "свеженькая". Не новенькая или молодая, а вот именно свеженькая, в смысле "дурашка". И подлинно, несмотря на горькую тяжесть нескольких вынужденных миграций по бывшей «одной шестой земного шара», опасливую репатриацию, беженскую иммиграцию, наша дама оставалась доброй, веселой, смешливой и, по сути своей, кокетливой женщиной. Словом, кто каким родился - тот таким и умрет. Главное, голубое полыхание ее глаз было нестерпимым. Как живое олицетворение нашей милой утраченной родины, сказал бы я. А, тем не менее, скрытно и живо текла и бушевала в пульсирующих жилах русской иммигрантки, помимо всего, горячая кровь Италии. Или Испании. Или Греции. Или...

Один грубый мужик, корчащий из себя писателя, не зная, как приступиться соблазнительной женщине в одном синагогальном месте вдруг выдал:

-А Вы-то что здесь делаете? Вы совсем не похожи на настоящих "наших"...

И наша дама живенько так припечатала оппонента:

- Это у вас фамилия Козлов. А я – Ларина!

Для тех, кто не совсем знаком, поясняю. Коренное русское слово «ларь» и латинское «лары» не одно и тоже. Это два одинаково слова-омонима. Александр Сергеевич Пушкин, наш общий национальный гений, был неуловим, давая отцу главной героини своего романа "Евгений Онегин" Татьяне фамилию Ларин. "Ларь" – это всего-навсего большой деревянный ящик для хранения сыпучих грузов или торговая палатка, или открытый прилавок. Скажем, ларек. То есть, по-французски, киоск. А вот, "лары", по верованиям древнеязыческих римлян, живших в месте, ныне называемом Италией, - это духи, покровители семьи и домашнего очага. Маски и статуи ларов изображались двуликими. Сторона, обращенная к гостям, к приходящим, представлялась гртически ужасающей; зато покровительственные, добрые улыбки ларов приветствовали хозяев дома.

Таким образом, фамилия отца Татьяны, доброго русского помещика, с "ин" в суффиксе, - не коренная, а вновь образована лет 400 тому назад. Как и фамилия «Пушкин», возникшая во времена появления пушек на Руси. Это неважно, что впоследствии один большой и прогрессивный критик назвал Татьяну деревенской дурочкой. Хорошо известно зато, что однажды кто-то бесцеремонно спросил Пушкина:

-Татьяна Ларина, это у вас кто в романе?

В ответ Пушкин весело и ошеломляюще заметил по поводу создания им своего любимого женского образав русской литературе:

- Татьяна Ларина? Это я!

Пушкин, как мы теперь знаем, несмотря на то, что был волокита и дуэлянт, оказался большим и примерным семьянином!

Кстати, задумывались ли вы, мой читатель, над очаровательной загадочностью кажущейся простой пушкинской фразы "Татьяна, русская душою, сама не зная почему, любила русскую зиму"? Близок к нему по мысли и по чувству Н.А.Некрасов. Не "русские женщины тата и тата...", - он писал, а: "Есть женщины в русских селеньях...".

У всех у нас, бывших россиян, и у потомков россиян в том числе, благодаря тысячелетним генезисам, золототканые души наши навсегда оторочены пушистым серебром российских морозов.

3.

Так вот, наша дама, о которой мы как раз сейчас и говорим, по странному совпадению с Пушкиным, носила фамилию Ларина и первоначально звалась... Тойба - на идиш и Това - на иврите, то есть "хорошая" или "хорошенькая". Что на всех других языках мира означает одно и тоже, кроме русского.

А краткая семейная история крещения девочки сибирскими снегами и трансформации ее женского имени Тойба в Татьяну такая.

На седьмой день по рождению, как и положено по христианско-иудейской традиции, в своем долгожданном январе, папа девочки Моисей Соломонович Ларин, черноглазый, пожилой уже, но задорный мужичина уговорил знакомого конюха-возчика хлеба и других выпечных изделий, и запрягли они в разукрашенные сани-розвальни резвую тройку застоявшихся кобылок, хорошо выпили вдвоем «на радостях» и стремглав помчались по городишку в родильный дом забирать домой кареглазую жену дядюшки Моисея роженицу Хиночку и новорожденную.

На обратном пути из роддома мужики снова приятно выпили. А то, как же без этого? Где на празднике наша не пропадала?! Яркое солнце, ядреный морозец, снежные вихри, меховые полости, вьющиеся ленты, перезвон бубенцов под нарядными дугами!.. Вдруг сани-розвальни раскатились на вираже, и спеленутого ребенка со всего маху выбросило в сугроб.

Младенец терпеливо помалкивал, полеживая в снегу, очарованно смаргивая белесыми ресничками на мерцающую синеву впервые представившегося ему глубокого неба. Колючие снежинки неспешно таяли на личике девочки, зарождались в детских глазках сказочные голубые льдинки, а Моисей Соломонович в это время тяжело колотил, дубасил и волтузил друга-возчика почем попало, а тот и не сопротивлялся, вину чувствуя.

При официальной регистрации в Загсе добрые малограмотные женщины дали Тойбе полное "славянское", по их мнению, имя «Табьяна», переписанное в «Татьяну» по достижению совершеннолетия. А что? Создавалась единая советская нация, подобная канадской и такие же милые чиновницы, уже в другом месте бывшего Союза обозвали в детстве моего бывшего армейского друга Славу не Вячеславом, а Славянином!

С того-то самого дня выросла голубоглазая Тойба, дочка Моисея Соломоновича, как натура тонко чувствующая, своенравная и непредсказуемая в общественном поведении. Женщина эта уже и во взрослом состоянии, имея троих сыновей-бугаев, бегала босиком по "системе буддийского опрощения" и по траве в сквериках, и по тротуарам сигала, и морковку-каррот (нетертую) демонстративно и соблазнительно грызла прямо на глазах у растерянных монреальских мужчин.

Но Пушкин Пушкиным, а к Татьяне на Буретии привязалась другая, чеховская ассоциация. Ни с того, казалось бы, ни с сего стали женщину называть между собой "Дамой с рюкзачком". По контрастности, видимо, и от чеховского очарования "Дамы с собачкой", что, прежде всего, указывало на интеллигентность тогдашних обитателей этого микрорайона.

Во-вторых, легкая шутка заключалась в том, что настоящие дамы рюкзаков-то не носят. Как советские люди за хлебом на такси не ездили. Но именно в те пока, еще постижимые разумом, времена была Тойба-Таня настоящей дамой, и за плечами ее не поноска-рюкзак бугрился, а инженерный институт и профессорско-педагогическая деятельность в политехникуме.

-Если я в техникуме восемнадцать лет без перерыва преподавала, разве это не идиотством теперь выглядит, когда ни пенсии, ни уважения?! – безответно вопрошала она теперь у окружающих умников.

А в-третьих, сам по себе рюкзак этот был замечательным, "городской" модели! Казалось, что Татьяна слилась, неразрывно срослась с ним на всю оставшуюся жизнь, как "народ и партия", как мультипликационная мутантка-черепашка-ниндзя со своим панцирем!

В общем, понравилось ей в Канаде рюкзак носить. Все здесь рюкзаки носят, и порой кажется, что страна собралась в некий дальний-дальний поход-переход. А с другой стороны, рюкзак носить - это как бы одеваться-наряжаться в него. После всех ридикюлей, сеток, сумок, авосек, пакетов, кейсов, "дипломатов" прикипела и к Татьяне современная рюкзокотомка, способствуя хорошей осанке и защищая ее хронический радикулит от сквозняков.

Члены Татьяниной семьи пытались было называть заплечный мешок по-собачьи – «Тобик», но имя к норовистому рюкзаку не прикипало. Зато держался он на Тане всегда молодцом и сползал с нее только на отдых. Как бородатый Карла с украденной из-под венца пушкинской Людмилы. Ничуть не горбил, набитый то провизией, то персональным снаряжением для сауны и для бассейна, то газетой "Голос общины" для доставки в разнородные русскоговорящие народные массы, то "Монреаль-Торонто", то «The Yonge Street

Review» из самогоТоронто, а потом и всеми вместе - как членами одной журналистской ассоциации. Хлопотливо свисая со спины на ее округлый задик, он, Его Величество Городская Заплечная Сумка-Рюкзак, старательно подчеркивала все гибкости и замечательные выпуклости зрелого женского тела.

4.

О несказанной доброте и неадекватности поведения Дамы с рюкзачком бешено циркулировали по Буретии веселые слухи. Рассказывали, например, что всякий раз, направляясь с авеню Бурет за покупками в супермаркет Ай-Джи-Эй маршрутом по горбатой Виктории до оживленной авеню Ван Хорн к станции метро Плямондон, эта полноватая женщина не раз наклонялась, коллекционируя пластиковые бутылки и жестянки из-под кока-колы да пива. Она их сдавала в супермаркете, а вырученные таким образом центов двадцать-тридцать с милой улыбкой отдавала плямондонскому негру, молодому притворяшке и вымогателю, нисколько не замечая ни его отменно сохранившейся физической силы, ни его откровенной наглости.

Рассудительный средний сын Татьяны, ставший впоследствии домовладельцем, как-то посоветовал ей по телефону:

-Мама, не старайся ты здесь искать людей, похожих на себя. По степени некоей добросовестности...

А Татьяна, заразительно смеясь, возразила ему достаточно бодряцким, хотя и самодельным
афоризмом:

-Да-да, я добрая, а ты еще глупее меня! Говорят, ты ведь тоже, умник наш, какому-то негру даже целых десять долларов дал?

-Но это ведь был другой негр! – возразил в ответ средняшка.

Старший сын Татьяны стал ученым; младший был так и сяк и вырос до знаменитого, а значит, до богатого, хоккеиста.

5.

Так вот, наконец, и о семье Табьяны. Буквально через каких-то года два по прибытии в Монреаль и после двадцати лет зарегулированной семейной жизни Дама с рюкзачком развелась со своим законным супругом-инженером.

Можно много и долго рассуждать о причинах, приведших к семейному разрыву. Они становятся достаточно понятны, только если перефразировать Льва Толстого и запомнить: все семьи несчастливы по-своему, а единство иммигрантской - вообще держится на волоске. Иммигранты из России - особые люди. Опьянение кажущейся свободой, желание коренных перемен и личного успеха разводят членов их семей далеко друг от друга.

В первые три-четыре года жизни за рубежом русские женщины преуспевают значительнее мужчин. Потому что от природы языкастее, оттого и чужую речь имитируют способнее. И штучка у них есть маленькая, работающая без устали. Спрос на них высок. Они спариваются с кем попало, лишь бы достичь стабильности в социальном положении. А потом, после определенных сроков, свобода русским иммигранткам приедается. Как и всё другое относительное: долгожданное теряет свою ценность, а благоприобретенное опостылевает.

Короче, женщины возвращаются к мужчинам своего народа. С инстинктивной благородной миссией помощи отстающим. Но только не в прежнюю упряжь. Стыдно и скучно. Потому-то в нашей иммиграции все переспарились. А как же, бля? Свобода, бля, свобода! Как в анекдоте на местные, квебекуанские темы:

-Папа, а шо же це таке на стенке у нас висит?
-Сабля!..
-Шо,бля?
-Спи, бля!

Так из обычной войны двух армий зарождается народная война. Женщины устают удовлетворять прихоти пришельцев-победителей, оккупантов-захватчиков.

-Ну, и долго вы будете терпеть это безобразие?- запрашивают они "ванек" сильного пола своего народа. Тут–то вся катавасия и начинается. Ночные налеты, поджоги, бомбометания...

Даме с рюкзачком свобода опостылела с самого начала. От одного мужика дурно пахнет, другой просто воняет, третий – жмот, четвертый потеет ладонями, пятый – халявщик, каких свет не видел, у шестого - врожденная импотенция, седьмой - домашний тиран и так далее, и так далее. Один представляется как Франсуа и оказывается Саидом или саддиком, другой корчит из себя полноценного англичанина, а на самом деле – свой земляк-таджик... Недолго покружила наша дама по микрорайону и городу, пока не поняла, что в нашем социально-иммигрантском слое, куда нас вставили, миллионеров нет. Как не бывает гения в коммунальной квартире. Вскоре круг общения Татьяны сам собой непроизвольно ограничился общением с двумя-тремя такими же дерзкими не по возрасту, одинокими подружками.

Как-то раз, когда совсем было отчаялась в обретении более или менее постоянного бойфренда, она возвращалась одна к себе домой с возвышенного Кот-де-Нежа в низинную Буретию. Смеркалось, летели в лицо паутинный мягко-снежный тополиный пух и резкие запахи царящей здесь индийско-китайской кухни. Какая-то сумеречная толпушка колготилась тут в темных кустах по пути - у подъезда одного из общественно-ритуальных отдельно стоящих сооружений. Слышалась музыка - не то тамбурины, не то там-тамы.

Толпушка самозабвенно плясала во славу чего-то или кого-то далекого, недоступного человеческому разуму. Их мольба или молитва заключалась в неистовом кружении. И, словно подхваченная ветром и отчаянием, Табьяна встряла в это людское скопище сначала с краю, где ее тотчас закружило и завертело в безудержном вихре, увлекая все дальше и дальше в людской водоворот, да так, что только малахитовый панцирь ее рюкзачка время от времени, как поплавок, выныривая над головами танцующих, указывал на присутствие хозяйки.

Вдруг, в один из наиболее страстных моментов танца плотный круг безотчетно смеющихся и топающих ногами людей как бы отшатнулся от середины, и перед зеваками, перед участниками всеобщего пляса предстала красивая, уже немолодая синеглазая наша Тойба, с исступленно воздетыми к небу руками, неистово извивающаяся всем телом.

-Дай, Господи! Дай, Господи! Дай, Господи! - в невыразимом отчаянии исступленно молила женщина...

И упала она на асфальт посреди испуганно замершего людского круга, и свалилась она ничком, словно придавленная рюкзаком и непереносимой тяжестью общения со Всемогущим.

6.

Приблизительно в то же самое время, по весне, на другом конце Монреаля, в просторном молитвенном доме похожем на финскую кирху, среди мерцающих березок и мохнатых малахитовых елей уже немолодой, но еще крепкий, только слегка осунувшийся, дерганный бородатый мужчина перепирался с другим, у кого лицо было по-советски тщательно скобленым:

-Не могли бы вы подыскать мне женщину среди ваших прихожанок? Мы бы с ней начали строить новую жизнь в старом, закоренелом, в устоявшемся и окончательно победившем капиталистическом обществе...

-Да ты-то, Николай, сколько раз женат был?

-Три.

-Не многовато ли будет, как по-твоему?

- Да ведь я так устроен! – объяснялся Николай.

Прядь длинных, поседевших уже его волос при этом путалась с бородой, придавая ему сходство с попом из-под какого-нибудь родного захолустного Подмосковья.

-Другие мужики с женщинами просто живут, долго-долго не женятся. Поживут сколько-то там и разбегаются. А я – однолюб! Я всегда был сугубо домашним, семейным человеком. Я по пять, а то и по десять лет с одной и той же женщиной мучился. Только потом мы расставались. Но я не монах. Я совсем без женщины долго не могу.

-А где твоя последняя семья осталась?

-Там я ее оставил. –Неопределенно махнул рукой Николай. -Я свой долг выполнил: привез их и, где они хотели, там и оставил. Там. Дети были взрослые. И не мои.

-А свои-то, родные, дети у тебя есть?

-Есть, конечно. Три сына. Но я никогда не скрывался ни от них, ни от дурацких алиментов. Дети меня любят... А что, у нас здесь советский отдел кадров?

После этих его слов собеседник Николая более внимательно взглянул на бородатого прихожанина-погодка и категорически заявил:

-Нет, Николай. Нет для тебя подходящей женщины у нас во французском Монреале. – И припугнул на всякий случай. - А "отдел кадров",.. он – везде. И на этом свете, и на небе будут вопросы задавать...

На следующем молитвенном собрании, когда паства – каждый в отдельности и все вместе – громогласно возносят благодарение Б-гу, Николай, до этого всегда молчавший, не выдержал и взревел на всю округу своим отчетливым голосом:

-Господи, отец наш и старший брат, Иисусе Христе, спасибо, что ввел, провел и благополучно вывел! Славлю имя твое, Господи и в этой благословенной стране об одном только молю – о женщине. Сказано же, Господи, проси ради Христа – и получишь! Меня, Господи, не интересует ни благосостояние ее, ни внешняя сторона, была бы только она добрым человеком, верной подругой и обладала бы даром милосердия и всепрощения. Аминь, Господи!

Механизм Божьего заказа сработал на следующий день. Позвонил приятель из нижнего города:

-Слы-ы-ышали, да-а-а, как же-е-е! Все в городе услышали твои, так сказать, сокровенные молитвы. А вот, кстати, мой приятель Женя знает одну незамужнюю женщину, он с ней на одних французских курсах учится. Не-ет, она много старше Евгеши, и он с нею не водится. Может, попробуешь? Я сейчас его телефон тебе дам. Да, дам-таки...

Встреча произошла на бульваре Дикарей (извините, Дэкари -

с ударением на втором слоге) в одном из первых тогда русскоязычных, теперь не существующих ресторанов под названием «Утопия». За свое сводничество меркантильный Евгеша выставил Николаю условие оплатить столик и, кроме Татьяны, пригласил на халяву и своего "золотого" друга.

-А что, Вы в русском ресторане черного хлеба не водите?– сразу прицепился к официантке Николай. –И, выдержав паузу, тут же отвалил комплимент Татьяне: -А у вас очень красивые, чувственные, хотя и чересчур полноватые какие-то губы.

-А глаза?! – задохнулась от негодования Татьяна. - Вам не нравятся мои глаза? Вы не видите, какие у меня особые глаза?!

-Что ж глаза? – одурело переспросил Николай. – Главное, чтоб человек был хороший!

7.

После вечернего ресторана, оставив там друзей-сводников и усаживая Татьяну в свою пиццерную машинишку-развозку, Николай сказал со свойственной ему категоричностью, но не без обиняков:

-В логичном развитии дальнейших наших отношениях есть три пути, три варианта. Первый: едем ко мне, у меня есть вино, попьем чаю, заодно и поговорим. Второй вариант: едем к Вам, попьем чаю, поговорим. Третий путь - тупиковый: едем к Вам, я Вас высаживаю, мы прощаемся. И, таким образом, всё тут...

-Если Вы не возражаете, меня устраивает первый путь, - слегка потупившись, ответствовала Татьяна.

Николай от рождения был узкогруд и узкоплеч. С первой их ночи его крайне поразила и умилила способность такой крупной женщины, как Татьяна, умещаться на отдыхе в выемке его предплечья. Никто из прежних женщин Николая не сподобился до такого. А Татьяна, в свою очередь, тоже удивлялась себе, этой неожиданно открытой особенности и самим таким желанием ютиться в мужской подмышке. Она, кроме того, имела удивительную способность мгновенно проснуться, перемолвиться словом с тяжело думающим о чем-то мужем, подать ему воды и вновь безмятежно забыться успокоительным сном.

Несмотря на тяжесть минувших бегов, Татьяна смогла вывезти из бывшего Союза школьный томик стихотворений Пушкина, и за это Николай по совокупности присвоил ей домашнее звание "Самой Интеллигентной Женщины Всея Западной и Восточной Сибири, а также Солнечного Узбекистана". Она его кликала на французский манер «Николя». И делилась с подружками:

-Я довольна. А что было бы, если б не эти каверзы, парадоксы и завороты истории? Жили бы мы порознь, он бы ходил своим путем, я бы - своим. Зато теперь мы никуда не ходим. Вместе живем.

Лет так десять спустя после удачного сближения этой пары пришел конец и прозвищу Табьяны "Дама с рюкзачком", да и самому Татьяниному рюкзачку.

Случилось, однажды, прямо среди бела дня, проржавленную до мохнатости "Тойоту" супругов обокрали. В нем не было ни радио, ни магнитофона. Зато воры осчастливились обнаруженным в багажнике потертым и сморщенным от ветхости дермантиновым рюкзачком малахитовой масти. Известно ведь, воры не любят уходить без добычи... Они увели нашего «ковыляку» вместе со старым и задрипаным купальником Татьяны. А Татьяна не решилась заводить иного дружка-напарника по скудости средств.

Вскоре сошел на нет, истончился первый постсоветский иммигрантский культурный слой русскоязычных людей в Монреале; вместе с ним и с исчезновением знаменитого рюкзачка забылось приставшее на десятилетие к Табъяне исковерканное в прозвище название чеховского рассказа "Дама с собачкой".

...И в заключение – для особой осененности - кусочек из настоящего Чехова:

"Говорили, что на набережной появилось новое лицо: дама с собачкой. Дмитрий Дмитрич Гуров, проживший в Ялте уже две недели и привыкший тут, тоже стал интересоваться новыми лицами. Сидя в павильоне у Верна, он видел, как по набережной прошла молодая дама, невысокого роста блондинка, в берете; за нею бежал белый шпиц. И потом он встречал ее в городском саду и на сквере, по нескольку раз в день. Она гуляла одна, все в том же берете, с белым шпицем; никто не знал, кто она, и называли ее просто так: дама с собачкой. "Если она здесь без мужа и без знакомых, - соображал Гуров, - то было бы не лишнее познакомиться с ней".

...Потом у себя в номере он думал о ней (Анне Сергеевне – В.М.), о том, что завтра она, наверное, встретится с ним. Так должно быть. Ложась спать, он вспомнил, что она еще так недавно была институткой (Смольненской, по-видимому - В.М.), училась все равно как теперь его дочь, вспомнил, сколько еще несмелости, угловатости было в ее смехе, в разговоре с незнакомым, - должно быть, это первый раз в жизни она была одна, в такой обстановке, когда за ней ходят, и на нее смотрят, и говорят с ней только с одною тайною целью, о которой она не может не догадываться. Вспомнил он ее тонкую, слабую шею, красивые серые глаза. "Что-то в ней есть жалкое все-таки", - подумал он и стал засыпать".

Ах, да что я скажу сейчас? Во всех нас, живущих, особенно в иммигрантах, есть нечто страждущее...

ВАШ ЛЮБИМЫЙ КОНСЬЕРЖ

Анонс нового цикла рассказов

-Хай, мои милые иммигранты! В особенности те, старые, кто десятки лет не видал naitiveland, и те, новые, кто имеет о ней самые смутные представления по рождению! Не думайте, что «мент» и «ментор» это одно и тоже! Отнюдь. Я вам обьясню. По стихийным законам нашего «великого та магучего» первое слово произошло от понятия «милиционер», восходящего к латинскому через нововерхненемецкий и польский; второе... от древнегреческого Mentor – по имени старенького и высококультурного воспитателя Телемака, сына знаменитого Одиссея из одноименного поэтического эпоса Гомера.

У меня все наоборот. Я стар, а мой ментор молод. Мой молодой, если не сказать юный, покровитель и друг (по-французски mon ami petit), монреальский бизнесмен Александр Лифшиц занимает первую строчку в АЖП (активная жизненная позиция). А я отягощен знанием, ранними утратами, горькой мудростью прожитой жизни и мне хочется одного – чтобы меня оставили, наконец, в покое.

Но это именно он, Александр, неоднажны, словно невзначай, намякивал мне: "Консьерж - это звучит как бы гордо!"

Боюсь и предположить, из какой грубой глубины и из какого несказанно взбаламученного источника подзачерпнул мой единственно знакомый мне новый богач столь переиначенную фразу Максима Горького, литературного бога двадцатого столетия, создавшего высокоидейный и и высокохудожественный метод соцреализма? Потому что Александр - богач из новеньких, а значит, малограмотный. В годы, когда некие красавчеги обманом и силой перераспределяли бывшую социалистическую собственность, он, ессесвено, университетов не кончал, в книги и в телик не зыркал , развалясь на диванчике и зевая от скуки выдуманной писателями жизни.

Во времена «про жертв перестройки» пацан крутился, денежку клепал. Не до книг тут, когда тебя самого жизнь крестит вдоль и поперек, как озверевший штормовой океан худую рыбачью лайбу. Интеллигентность была отменена; интеллигентность стала осязательным пороком. Создатели советской культуры и ее "ракетоносители" были напрочь вытеснены с одной шестой земного шара. И вообще, сжиты со свету. Сошел слой прежних людей! Кажется, один я и остался. Хотя это и не совсем так.

И, да будет известно пришедшим в жизнь новеньким: великий пролетарский гуманист М.Горький (он же Максим Пешков) возникал тогда и горячо восклицал совсем по-другому поводу. Защищая своих обездоленных героев-бомжей от гневающегося на них общества, писатель сочувственно провозгласил: «Человек – это звучит гордо!». То есть, человек – в любом случае – это – гордо...

Правда, с развитием супериндустриального общества великий зачумазенный пролетариат, построив его, изжил сам себя, увеличив до жутких размеров сферу обслуживания и похоронив память о пролетарском писателе. Зато дети "ново-русских" получают теперь образование на иностранный лад - в оксфордах! А младший сын Александра Максимом зовется. Случайно ли? Или, может, все таки в честь создателя гордого Буревестника – синоптика революционных бурь и перестроек? Что касается отца нового Максима - богача, покровителя и потенциального спонсора А. Лифшица и его несколько курьезной фразы о веселой и печальной судьбе «как бы консьержа», то скорее всего, что отец сам смастерил этот бодряческий девиз. А почему бы и нет?! Никто не смеет отрицать природную мудрость, всегда превосходящую книжную.

Вааще, о более глубоком, ассоциативном смысле всего вышесказанного я скажу больше: раньше лучше было.
Нет, не в те пока еще близкие, всего лишь стародавние года. А в году, так, в тысяча втором - тысяча одиннадцатом от

рождества Христова...

В то далекое, ну, очень далекое от нас, время восхотел, к примеру, великий, среднеазиатский ученый (и тоже гуманист) Абу Али ибн Сина - по европейски Авицена - посвятить свой "Трактат по гигиене" своему патрону так он так-таки прямо и писал в очередной своей книге:

"Шейх Абу-л-Хасан Ахмад ибн Мухаммад ас-Сахли, который известен своим великодушием и благородным происхождением, любовью к истинным знаниям и полной осведомленностью в них, выявлением и собиранием у себя людей науки одного за другим, откуда бы они ни приезжали, оказал мне милость, присоединив меня к числу своих приближенных и в одном из своих мцдрых распоряжений поручил мне сочинить книгу об устранении всех повреждений человеческого тела, поскольку, внимательно просмотрев медицинские сочинения, он обнаружил, что в них основное внимание уделено предостережению (людей) от вредных вещей и имеется полный пробел относительно мер, предназначенных для тех, кто из-за своей невоздержанности не соблюдает предписаний (врачей) и делает противоположное и в результате подвергается (различного рода недугам)"...

Неправда ли, какая прекрасно сработанная долгая фраза, отображающая многие хитросплетения и извивы человеческой мысли! А кое-кто до сих пор твердит, что краткость - сестра таланта. Да, скажу: «Систа. Но не сам талант».

Во-вторых и в главных: нынешние издатели за всяким маломальским посвящением атора своего произведения любимой женщине или уважакмому мужчине тот же скрытую рекламу усматривают и предоплату требуют.

Вот, и анонсирую я Александра Лифшица. Но предупреждаю: никакой он мне не спонсор. Как и везир Мухаммад ас-Сали для великого Авицены. Везир хорезмшахов всего лишь позволял ученому шахскую библиотеку посещать. А у Александра Лифшица и книг то, кроме банковских книжек, не водится.

Богач, покровитель. спонсор.... Кто считал его расходыдоходы (может он едва концы с концами сводит); не уверен, что в трудные моменты моей жизни Александр выступит на защитут моих прав, моей чести и достоинства или окажет материальную помощь; еще только надеюсь, что он, возможно, профинансирует мое как бы совсем почти полное собрание сочинений.

Просто, Александр был моим хозяином, с которым мы дружно, как товарищи по несчастью, два года подряд мерзли, мокли и дрогли над двумя драными-предраными билдингами, стараясь привести их в порядок. Чтобы подороже перепродать. Значительно позже выяснилось, что Александру, на которого я потел и кровавел от крутых, непосильных от меня, физических перегрузок, нравится моя скромная и в тоже время дерзкая, угловатая проза, порой упрощенная до уличного доверительного разговора.

И это именно он, как бы ненароком, но постоянно твердил мне о «гордом звучании как бы консьержа», заставляя задуматься.

Признаться, до этого-то я как-то порядком невзлюбил свою новую, реэмигрантскую профессию, страдал от надрывных болей в своем щуплом теле, мучился хилой поэтической душой от абсолютной несоциальной значимости выпавшей мне на долю специальности, попираемый современными рабовалдельцами и феодалами. Потому что прогресс, по-моему мнению, это всего лишь возникновение более завуалированных форм более беспощадной эксплуатации человека человеком. И только А. Лифшиц обратил мое внимание на то, что консьерж - это нечто большее, чем просто специальность, что это очень выгодная точка наблюдения за окружающим, в чем, собственно и заключается для меня первостатейная задача писателя.

Чтобы писать о сексе надо обладать прилично выглядящим пенисом, опытом и быть очень сексуальным. Собираясь фантазировать, нужно иметь воображение. Писатель-политик должен быть вхож в политику. И так далее...

Я не сразу просек тонкие намеки Александра. Босс завуалированно высказывал пожелание раскрошить черствый батон неблагодарной темы о столешницу моего писательского стиля. Но у меня не было настроения. И тема казалась слишком приземленной да и порядком затоптанной. Копмозиция предполагаемого произведения никак не укладывалась в традиционную схему литературного закона о триединстве времени, места и действия.

Дошло до меня позже – лишь сейчас. Консьерж консьержу – рознь. У каждого в жизни свое солнце, своя трава, свое жилище и свой консьерж...

Специальность эта, несомненно, древняя.

Применительно к библейской мифологии: сам святой апостол Петр состоит консьержем - работает ключником, охраняя бетонные стены заоблачного Эдема и отделяя гуд пиплов от бад.

Суперинтендантом, т.е. консьержем, служил в армии Наполеона и участвовал в захвате Москвы молодой француз из Гренобля Анри Мари Бейль (Beyle) (1783-1842) , ставший впоследствии всемирно известным автором романа "Красное и черное" (Le rouge et le noir, 1831) под псевдонимом Стендаль (Stendhal). Главная тема в творчестве бывшего наполеоновского консьержа - тема заговора молодых, полных жизни людей против тупых, тухлых и деспотичных старцев.

В Санкт-Петербурге ныне и газета такая издается - "КонсьержЪ" называется. Эту роскошь можно свободно купить в сети киосков "Роспечать", а можно почитать и в интернете.

До сих пор в ходу - с 1993 года - и по сей день вызывает неподдельный интерес зрителей кинолента "Консьерж" ("Любовь или деньги"). Название на английском: FOR LOVE OR MONEY (THE CONCIERGE). Жанр: эксклюзив - комедия - мелодрама. Режиссёры: Бэрри Сонненфелд (Barry Sonnenfeld). Актеры: Майкл Джей Фокс (Michael J. Fox), Гэбриэлла Энвор (Gabrielle Anwar), Энтони Хиггинс (Anthony Higgins), Боб Бэлабэн (Bob Balaban), Майкл Такер (Michael Tucker), Удо Кир (Udo Kier), Дэн Хедайя (Dan Hedaya) Производство: США, UNIVERSAL PICTURES. Время: 96 мин. Сюжет: Жизнь молодого мужика Дагласа (Фокс) проходит в непрестанной суете. Будучи консьержем роскошного отеля, он рад страраться перед богатыми постояльцами, за что получает приличные чаевые. У Дагласа две заветные цели: заполучить руку и сердце очаровательной Энди и построить собственный отель по собственному проекту. Но, как это бывает, в конце концов ему придется выбирать между любовью и деньгами...

В толковом словаре Брокгауза и Ефрона понятие "консьерж" толкуется как «домовый служитель во Франции, дворник»... Но применяясь к новой российской действительности, возникшей в Канаде, следует пояснить, что "консьерж" - это в одном лице и домоуправ, и паспортист, и водопроводчик, и электрик, и столяр, и слесарь, и бригадир, и грузчик, и вахтер, и третейский судья в спорах между соседями, и кассир, и энкассатор...

Многообразная деятельность консьержев в жилых билдингах, в отелях, в аптеках, в госпиталях, и ресторанах как нельзя кстати подошла русским мужикам-иммигрантам из постсоветской волны. Высокотехнологичные, рукастые – легко справляющиеся с самыми различными ремеслами, они значительно потеснили аборигенов, филипинцев и латиносов на рынке спроса рабочей силы для домовладельцев. Опытных старорусских консьержей нанимают теперь новорусские домовладельцы, эксплуатируя земляков по части владения ими иностранных языков и осведомленность их в местных обычаях, традициях и знание дела.

И тогда дошло до меня, что тема консьержа в Монреале, как и в остальной Канаде, – тема возникшей и уходящей независимо от нашей воли, исторической реальности; после осознания пришла ко мне потребность что-то написать обо этом. Потому что я - постсоветский иммигрант, и о чем мне писать, как не о своей жизни? Ну, что ж, поехали! Купе! Возникло бы желание читать и хватило бы терпения у читателя! Но имейте ввиду: перед вами перевоссозданная, так сказать, виртуальная действительность; не все в рассказах документальная правда, но разбавленна вымыслом и возникающие порой совпадения имен всего лишь совпадения. И не больше.

СДАВАЙСЯ, РУС!

ПОСВЯЩАЕТСЯ ВОИНАМ ВЕЛИКОЙ ОТЕЧЕСТВЕННОЙ И ВОЕННЫМ ПИСАТЕЛЯМ

Девятого мая, в один из недавних Дней Победы, около двух часов пополудни, в самое пекло, долговязый и жилистый семидесятидвухлетний старик Яша Виноградов из Минска присел передохнуть на одну из обшарпанных скамеек сбоку-припёку тельавивской Центральной автобусной станции. По-местному «Таханат-мерказит». И рядом – многоголосый «шук». Рынок, то есть. Почти как от слова «шум».

Старик был в чёрном кителе, при полном военном параде и слегка выпивши. Слегка. Все «русские» ветераны в этот день выпили. После торжественной части. Вскладчину. Украдкой от новых «командиров» впервые образованного в этой стране Совета ветеранов - участников ВОВ. По мерке: по чарке, по «сотке», по стопке, по... «нашей, фронтовой»! После чего, почти не закусывая, все отправились по домам.

Как человеку особой судьбы, Якову «посчастливилось»: он поучаствовал сразу в трёх локальных схватках Второй мировой и выжил. В девятнадцать лет он служил батальонным разведчиком на финской и в белом маскхалате скользя на лыжах через Финский залив подобно ножевой позёмке таскал по льду «языков», огибая непрошибаемую артиллерией и танками линию Манергейма.

«Я был батальонный разведчик,
А ён – писаришка штабной.
Я был за Отчизну ответчик,
А ён спал с моёю женой...»

В смертельной схватке с немецко-фашистскими

оккупантами Яков предстаёт перед заинтересованным читателем как командир отделения «сорокопяток». Ночью, при плохой видимости, украдкой, замаскировавшись под цвет окуржающего дерьма, вручную выкатываешь эти лёкие пушчонки перед линией своих пехотных окопов и замираешь. А когда нахрапистые фашисты на танках, не встречая сопротивления, наперегонки, нагло прут на наши позиции – тут их! – бронебойными и осколочными. Не успел перезарядить свою пушчонку или промазал и... Неоднажды артиллерия оставалась без стрелкового прикрытия, и Яша Виноградов, собрав горстки своих пушкарей, остервенело бросался на фашистов в штыковые контратаки, спасая людей, защищая от врагов боевую технику и свои «сорокапятки». Это действовало. Русский штык – грозное и последнее перед смертью оружие в обороне и в атаке. «Прощай, Родина!» - так прозывались и Яшины «сорокопятки».

Командир батальона и друг Яши Володя Попов, ставший под конец войны подполковником, был грамотным и находчивым воином. Он подметил: в горячих делах его долговязый дружок не свирепел безрассудно, наливаясь кровью, как древние викинги, а бледнел, как Александр Македонский. И, как древние евреи в бою, расправлялся с противником хладнокровно и расчетливо. Володя назначил Яшу командиром батареи и не ошибся. Команды от Яшки-артиллериста исходили толковые, точные. Как в характеристике выбраных целей поражения, определении дальности расстояния, так и в выборе снарядов. Где бронебойными, где осколочными, где фугасами, а где шрапнелью. Это знать надо.

На третьей своей войне Яков побывал в Северной Корее. Всё в том же качестве артиллериста. Только по гаубицам. Лепестки нежных роз, чайные домики, похожие на женские бонбоньерки для шляп, сладковатый запах горького миндаля... Стрелять, правда, не пришлось, но на парадном иссиня-чёрном ветеранском кителе Виноградова вместе с гордой солдатской медалью "За Отвагу", двумя орденами "Отечественной войны" и орденом "Боевого Красного Знамени" красовались также медали "За взятие Кенингсберга", за освобождение Монголии и за «трах-бурум-турурум» Кореи. Там, в Корее, Яков и звание полковника получил. А дружок его Володя Попов так и остался подполковником. Его просто-напросто отставили. Он там с радисткой, с любовницей генерала спутался. Володю с радисткой так вместе в один день и демобилизовали....

Квартира Якова в Тель-Авиве – или «схар-дира» - располагалась в высотном доме неподалёку. Но притомившись, да и спешить было некуда, старик присел на скамейку. Стянув на время с угловатого лысого черепа головы тяжелую офицерскую фурагу, старик ловко пристроился на скамейке так, что крохотный абажурчик тени от жидкой кроны какого-то неизвестного ему юного деревца-былинки, вкопанного позади него в квадратик земли на обочине асфальта, защищал сидящего от прямых лучей жалящего солнца и одновременно как бы увенчивал.

Привычка постоянно уклоняться от прямого воздействия обжигающего местного светила появилась у Виноградова два года тому назад, сразу после первого солнечного удара на «доисторической родине». Бывший воин и по городским улицам передвигался лишь по теневой стороне или от тени к тени и плавно, без резкостей, чтобы не вспотеть. И вообще, тут, в данной жаркой местности, ему очень пригодились его солдатские навыки.

Иврит на старости лет давался ему туго. То есть, совсем никак. Ни читать, ни писать. От неординарности иврита прочитывать буквы и писать их в зеркальном отражении справа-налево было так тяжело, что голова раскалывалась. Словом, будучи когда-то очень грамотным человеком, закончившим инженерный вуз после войны, здесь Виноградов превратился в полного неуча.

Как приземлились в аэропорту Бен-Гуриона у него с языком произошла большая история. Его фамилию «Виноградов!» по-русски выкрикнули по громкоговорящей системе на весь аэропорт и пригласили в кабинет. Аэропорт, как по чьему-то магическому мановению на мгновение замер, а захваченный врасплох заслуженный старик восхищённо подумал:

-Ну, здесь у них уважают возраст! Персонально приглашают, сочувствуют. На каком же языке я с ними объясняться буду?!

-С какой целью вы прибыли в нашу страну? – на привычном русском задал ему вопрос какой-то квёлый мужичок средних лет в чёрном штатском и в тяжёлых роговых очках с тонированными стёклами.

-На воссоединение с семьёй. Жена, правда, умера лет пятнадцать тому назад. Но дети уже давно здесь живут. Лет десять как все сюда перебрались. Вот, встречают,.. с цветами...

-Какими иностранными языками вы владеете?

-Немецким.

-Например?

-Хенде хох!

- А ещё?

-Гитлер капут!

-Полагаю, - сухо заметил мужичок, - вряд ли это знание пригодится вам на нашей родине.

После некоторой паузы он продолжил:

-Вы работали на секретном оборонном заводе. Можете рассказать или сообщить что-нибудь о характере продукции этого предприятия.

-Ничего особенного, это общеизвестно, оптические системы управления артиллерийского огня. Да ещё очки. Такие, вот, приблизительно как у вас.

-А подробности?

-Какие подробности? В последние десять-пятнадцать лет перед пенсией я вообще работал в отделе кадров. Наша задача была оберегать секреты, а не разгадывать их и разглашать.

-А в каких отношениях находились вы с КэГеБэ?

-Да ни в каких, -вспыхнул Яков. –Никакой нужды в этом не возникало.

-Знакомы ли вы лично или можете сообщить нам фамилии тех, кто «стучал», кто был агентом КэГеБе? – снова спросил мужичок, склонившись над бумагой-вопросником и ставя там «галочки» золотым «Паркером».

-Знал бы – всё сказал! –рубанул сплеча ветеран. -Но я

таковых не знаю и в окружении моём таких не водилось.

-Так ли уж?

-Да вы сами-то не из тех ли будете, молодой человек? Вы в каком звании?

-Это вас не касается. Вы еврей?

-Да.

-Тогда почему у вашей мамы Златы было такое нееврейское имя? И ваша фамилия...

-Моя мама была болгарской еврейкой. Злата Иосифовна. А что до фамилии, то вы должны понимать, что в России виноград никогда не произрастал и фамилия моя, что назвается, «вновь образованная».

-Но вы не обрезаны?

-Да. Но зачем весь этот балаган? Это как раз то, что, как я понимаю, вас не должно касаться, – взорвался старик и его тщательно скоблёная бритвой лошадинная нижняя челюсть резко дёрнулась, намертво сомкнувшись с верхней, характеризующейся изжелта серой кожей и впалыми щеками.

Старик явно нервничал; ему стало неприятно, когда он вдруг понял, что попал на свой первый в жизни настоящий допрос. И что ни одному его ответу почему-то не доверяют.

-Неважно, если вы считаете себя евреем, подпишите вот это, -оставаясь совершенно невозмутимым, мужик в чёрном придвинул к старику какую-то бумагу, испещрённую загадочными печатными знаками-червяками.

-Что это?

-Бумага о сотрудничестве... Если вы, конечно, еврей.

-Ни о чём таком нам не говорили в Сохнуте. Я должен посоветоваться с родными, с зятем, наконец. Он здесь давно живёт...

-Ладно, идите, вы свободны. Кстати, вот вам моя визитная карточка. Если что,.. сами понимаете.– Как бы устало предложил следователь. -И пригласите, пожалуйста, следующего, кто там ещё за дверью.

-А вы меня не арестовывали! И визитка ваша мне совсем ни к чему. Я не хочу мараться обо всё это. Там не было и здесь не будет! И «следующего» сами себе приглашайте. Это ваша работа. А вы мне не начальник и не командир!

Впоследствии, за два года пребывания в стране так и не научившись читать даже вывески на магазинах, бывший воин разгадывал шараду местной жизни медленно и раздумчиво, как следопыт-разведчик, украдкой считывающий количество прошедшей вражеской техники по отпечаткам в осклизлой колее грунтовой дороги... Сначала, один за другим и в одно время прошли четыре танка, взрезая почву своими стальными траками; затем немцы протащили гаубицу; затем – три грузовика и походная кухня...

И Девятого мая в Тель-Авиве, отдыхая на скамейке, старик непроизвольно отмечал, как на той стороне улицы, то и дело раззёвывались двери какого-то учреждения с широкими комфортно затемнёнными от яркого солнца окнами под броской зелёной вывеской. «Это банк «Дисконт», - пришёл к выводу Яков. - «Апоалим» другой, он - лавановый».

За спиной бывалого воина в это время судорожно вибрировали глухие кирпичные стены какого-то промышленного здания, вовлечённые в содрогание шурующими там на полную катушку машинами и агрегатами. «Наверное, станки, - по шуму догадался Яков. - Токарно-револьверные».

А потом бывший разведчик и артиллерист сделал новое открытие. В разжиженном неимоверной жарой сером асфальте перед ним – бросилось в глаза - кое-где изредка, как позитив после негатива, впечатывались следы от «шпилек» женских туфель.

-Это противоестественно! – воскликнул в Якове первый внутренний голос. – Здесь такая жара! Здесь лучше всего сандалии!

-А это русские женщины щеголяют в туфлях на шпильках! – ответил первому внутреннему голосу Якова второй.- И им хоть бы что!

К остановке, на которой продолжал скамейничать старик Яков, подошёл и отчалил от неё голубенький городской автобус. Воздух на таханат-мерказит показался ему вдруг мерзким и раздражающим. Резкий запах выхлопных газов высокооктанового бензина щекотал ноздри. В воздухе завис несносный аромат вначале закисшего в уксусе, а потом благополучно сгоревшего на угольях зажиренного коровьего мяса, густо проперченного красным и черным молотым перцем. И о чём-то гортанно, как бы с подхаркиваньем, балобонили между собой проходящие за спиной прохожие.

Понимать? Старик Виноградов понимал кое-что из того, что говорилось на иврите, когда обращались именно к нему. Но язык у него чесался поговорить на «родном». Особенно выпивши и особенно прямо сейчас.

-Ей, парень, и почему ты сидишь прямо на асфальте? Тебе места на скамейке мало? – запросил он своего единственного соседа, сидящего на земле рядом в позе «лотоса».

На загорелом до черноты парне – джинсы и цветная тюбетейка. От слов старика парень вздрогнул:

-А как вы узнали, что я русский?

-Да видно тебя издалека. Общее выражение лица. Мимики многовато. И сидишь ты как-то неловко, не по-ихнему.

-Ну, здесь все сидят на корточках или на прямо земле, - извиняюще заметил тюбетеечник. – И у нас в Бухаре – тоже.

-Ты вот что должен запомнить, - возразил Виноградорв. – Одна из древнейших моисеевых заповедей гласит: «И не сидите, как аравитяне, в пыли»...

- А что, Дедушка Моисей был европейцем?

-Не думаю. – Отмахнулся Виноградов. – Но, понятно, что он призывал не коприровать аравитян...

К остановке подскочил и ушёл очередной автобус, унеся в урчащем чреве бухарского парня. За спиной старика обьявился крохотный боевой мальчонка лет семи-восьми, в шортиках, в кипочке и со школьным ранцем за спиной. Мальчонка не ждал никакого автобуса, он проходил мимо и тут же вцепился обеими руками в деревце-былинку за спиной деда. Хилый стволик под тяжестью школьника тут же согнулся до самого афальта. Дед не выдержал:

-Брось дерево мучить! – И добавил на иврите: - Лама ата мишугаим? (Что означало: Ну, почему ты такой безумный?)

Малыш внимательно всмотрелся в деда и ответил серьёзно,

с полным осознанием:

-Да жизнь наша такая мешугаимная, дедушка!

Пацанёнок бросил деревце и ускакал; деревце отхлестанулось в обратную сторону.

Виноградов от души расхохотался.

-Простите, у вас тут не занято? – прервал дальнейшие стариковские размышления ломающийся басок подростка.

Оглянулся: какой-то белобрысый паренёк. С широкой, как у дворового кота, рожей обгорелого на солнце и шелушащегося лица. В правой руке незнакомец держал серый бумажный кулёк с беленьким холмиком пломбира, высовывающегося из него.

-А что, земеля, - спросил его Яков, - не знаешь ли, что это за деревце, под которым мы сидим?

-Это акация! – с готовностью откликнулся паренёк. – Неприхотливое такое растение. Не то кустарник, не то дерево... Короче, древовидное. Судя по цельнокрайним обратнояйцевидным листочкам это акация средиземноморская. Её теперь даже в пустыне Негев высаживают. Для закрепления песков и создания почвенного слоя. Здесь вообще в лесопосадках доминируют алепская сосна, акация и австралийский эвкалипт.

-Вот как?!–оживился старик.- А мы когда под Сталинградом стояли, под сорок семь - сорок девять градусов северной широты, называли этот кустарник «караганой». Мы там, в этой зелени с желтыми цветками, свои противотанковые пушки-сорокопятки от фашистов прятали.

-Ну, да. -подтвердил паренёк. –Класс «Двудольные», семейство «Бобовые», род «Карагана» или «Мимозы».

-А лет тридцать тому назад, в семидесятых, -продолжал Яков, -как сейчас помню, у нас на заводе изготавливали оптику с лазерным наведением для уралтрансмашевской САУ «Акация». На специальном гусеничном шасси. И представляешь, на этой самоходной артиллерийской установке было целых три системы ведения огня. А оборудование?! Специальное оборудование для самоокапывания, которое позволяло САУ за двадцать-сорок минут оборудовать собственный окоп для стрельбы.

И старик спросил своего молодого соседа, как ему было свойственно, прямо в лоб:

- А ты, что, ботаник?

-В некотором роде, да. С третьего курса ушёл. Вот, думал, может, здесь сады буду разводить... Если там не пришлось. Да в армию забирают. Тиранут - курс молодого бойца у меня в июне начинается.

-А ты, наверное, русский?

-Ну, да! Только объеврееный... В составе семьи.

-Тебя, наверное, Володей зовут?

- Ну, да! А как ещё?

Нотки некоего непонятного превосходства в голосе старика уловил парень. Тут он его более внимательно оглядел. Прижмурился от золотого и серебряного блеска орденов и медалей на кителе. И спохватился.

-Поздравляю вас с днём Победы! – сказал он приподнято.

-Да что поздравлять? Как говориться, проехали... Это вы ещё генералом, может, будете. И в историю попадёте...

-Ну, никто не виноват, что так получилось, - утешительно заехал парень. – История...

-Да как получилось?! Эти русские были везде... Не пускали, приспосабливаться приходилось.

-И, опять же шь, што вы мне, батя, хотели сказать? – настороженно вопросил парень. –Я-то, вообще, с Украйны. А вы это, извиняйте, в каком звании находитесь, я-то не разбираюсь ещё?

-То-то и оно! Воевал я воевал, а только генерал-майором в отставку вышел. Потому что русские везде, засилье, а я - еврей.

-Послушайте, отец, да что вы такое говорите?! – мягко возразил парень. –Все знают, что евреи умные и техничные. Они в самолётах, они в танках, они в артиллерии, в штабах и при штабах. И звание у вас – ого-го! – любой позавидует!

-Хм, – задумался Виноградов.

Что-то далёкое, как тень прошлого, пробежало перед его глазами. И он хохотнул: – Но мог бы я и генерал-лейтенантом на пенсию выйти. А это воинское звание у русских выше, чем генерал-майор...

-Так ведь, там, в штабе, вы, наверное, не один еврей были?

-Да все там евреями были! – хохотнул Виноградов. – Мы на Новый год хануку зажигали. Денщик у меня только русский был, Вася Ярославский. Он мне как за брата родного приходился.

-Ну, тогда я вам напрямки скажу. Приспосабливаться везде приходится. Я был Владимир, а здесь - стал Зеев. Потому что звуки «бет» и «вет» у них по мягкости не различаются. И вместо Владимир у них получается Блядимир. А Зеев – это волк по-ихнему. И, вы, главное, не поддавайтесь пропаганде. Они тут такую лапшу навешивают! Вам хорошо: вы их язык не знаете... И что Холокост – это наказание белым евреям за их как бы ассимиляцию. А того конкретно в толк не возьмут, что если бы не жертвы Холокоста, не удары Красной Армии, то страны бы такой не было, где мы сейчас на солнышке греемся.

За разговором бежало время, то есть, земля вращалась, перемещалась тень от стебелька акации, Яков двигался и вскоре оказался почти плечом к плечу со своим молодым собеседником. Зеев тоже обратил внимание на их неожиданное сближение и встал:

-Извините, мне пора идти.

Потом посмотрел на акацию, перевёл взгляд на крохотный венчик тени падающий от акации на лысую голову старика и, отчего-то помедлив, сказал:

-Может, мы не зазря в этой тени разговариваем, и вы ещё тоже и генералом-лейтенантом станете, и в историю ещё раз попадёте. Извините, мне пора итти. Всего вам доброго!

Парень ушёл и тут же на его место рухнул, широко развалясь и бецеремонно почёсывая в паху, навсегда загорелый до крепости позднего осеннего листа некий восточный человек. Они были почти ровесники, разве что русский еврей лет на пять постарше. Чем-то он сразу раздразил генерал-майора в отставке: то ли своей неопрятной одеждой, то ли бездумной самодовольной тупостью своего одутловатого лица, то ли своим слишком панибратским, покровительственным и как бы вызывающим поведением. Тому бы сидеть и молчать, но тот напросился.

-Оле-хадаж? –скосив глаза на парадного соседа, и сплёвывая под ноги жёлтую насвайную слюну, пренебрежительно вопросил этот дуралей Виноградова.

-Кэн!.. Хадаш-мамаш, – в тон ему ответил ветеран. – Я репатриант.

-Ата русит?

-Аваль йегуди.

Он знал, что «русит» в переводе с иврита означает «разрушитель» и подумал: «Ни здравствуй, ни прощай... Вот нехристь какая, поганец!» Подумал и спохватился: «Но ведь и я тоже нехристь?! Он – мой брат». На мгновение Виноградов ужаснулся своей догадке, но тут же отмахнулся от неё. С недавних пор привык он «тут» называть себя «иегуди», но «там» его спрашивали о его национальности гораздо реже, и он по-прежнему идентифицировал себя в окружающем мире как «русский».

-Ма ата роце мимени? – Чтобы остановить неприятный и ненужный ему поток вопросов, резко спросил старенький советский генерал своего «заокеанского» сверстничка. То есть, типа «Что ты хочешь из-под меня?»

На что услышал в ответ:

-А то, что пока вы там погоны и медали выслуживали мы тут страну строили.

-Кто, ты, что ли, страну строил? – взвизгнул Виноградов. – Это ты-то?! Ещё скажешь, что ты и воевал за неё? Да ты только вчера прикатил сюда со своим ханутом из Сирии. Это мы кровь проливали на полях сражений! Да это я сам лично по сталинскому приказу переправлял оставшееся после войны оружие водным путём через Чехословакию сюда. Это лично я подготовил два карантина еврейских добровольцев, чтобы они показали кузькину мать и туркам, и англичанам. Ах, ты... козёл!..

И тут началось.

«Востоковед», как сразу же прозвал его про себя генерал, в силу своей ментальности, попытался подержать своего разгневанного собрата «за халат», то есть за лацканы парадного кителя; ненароком сдёрнутая им сизая от времени солдатская серебряная медалька генерала «За Отвагу» со звоном брякнулась об асфальт, и тот, как бы впрыснув скорость в мышцы, так быстро заработал своими артиллерийскими кулачищами на длинных рычагах, что неустоявший под напором «востоковед», отступая назад, споткнулся и опрокинулся через спинку скамейки на прохожую часть тротуара.

Пока Виноградов, отряхивая, поднимал с полу сбитую в схватке форменную фурагу и вспоминал некстати, что буквально вчера вечером они с приятелем отрошашанали по четыре «мерки» «смирновки», он не обратил внимания на то, что востоковед в это время как бы барахтаясь под захиревшей акацией, пытаясь встать, вытащил из кармана мотороловский мобильник и нажал на кнопку.

Тут же за углом раздался рёв мощной полицейской сирены и муторно-зелёный «додж» миштары с зарешёченными окнами вывалился прямо на дерущихся стариков. Четверо миштаэровцев выскочили из автомобиля и кольцом окружили Виноградова. На них были тёмно-зелёные свитера цвета грязного бутылочного стекла грубой вязки в комбинации с латками кожи на груди, спине и на локтях, кованные армейские ботинки со шнуровками и песочные штаны с чёрными разводами...

-Рус! –заорал в мегафон один из миштаэровцев, - Сдавайся!

И повторил:

-Сдавайся, русит!

От этих слов кровь прилила к голове Виноградова и он как бы потерял способность ориентироваться во времени и пространстве. Он вдруг увидел себя в светленьком березняке под Харьковом в 1943 году. Была ранняя весна, в лесу ещё лежали белые сугробики снега, советские войска, продвигаясь вперёд с тяжёлыми боями и с тяжелейшими потерями, в третий раз брали Харьков, отбивая его у фашистов. Ворвавшись в березовую рощицу, батарея Виноградова пыталась развернуться, окопаться и занять боевые позиции, как вдруг на них обрушился смертельный шквал пристрелянной к березняку тяжёлой артиллерии противника.

-Ах-ах! Уф-уф! – копмаундили землю тяжелые пушечные снаряды фашистов и только что бывшие белыми снежные бугорки вокруг покрылись вывороченной чёрной землей и алой свежей кровью боевых товарищей Виноградова.

Яша был контужен взрывной волной и плохо соображал. В голове шумело, но звуковая дорожка войны отошла от него куда-то далеко в сторону. И вдруг, именнно там, в этой дальней стороне зародились в его глазах и стали бесшумно нарастать в масштабе немецкие пехотинцы. Рты их были широко распахнуты и они что-то беззвучно и яростно кричали. Но что?

Поматывая головой от нестерпимой боли, угнездившейся в ней, Яков весь напрягся, ведь это смерть его бежала навстречу ему, и различил:

-Сдавайся, рус! Рус, сдавайся! Рус капут!

И память вернулась к Виноградову. Страшно ощерившись, он подобрал с вывороченной земли винтовку своего убитого взрывом ординарца с примкнутым трёхгранным штыком и недвижно притаился за щитком опрокинутой «сорокапятки».

Вот поравнялись. Врезавшись в цепь наступающих врагов Яша ударил оказавшегося рядом фашиста в бочину, провернул трёхгранник, мгновенно выдернул его вместе с куском окровавленного мяса и тут же изо всей силы пырнул набегающую на него новую цель...

-Русские не сдаются! – бешенно орал он в жарком упоении боя. –На, сволочь, получай!

...Миштаэровцы испуганно расступились перед остервенелым стариком, обнаряженным в незнакомую им чудную воинскую униформу. А Виноградов побежал, высоко вскидывая свои мотыли. Задыхаясь, он затравленно бежал ещё целых два квартала за «таханат-мерказит», пока вдруг из-за пригорка не показались родные «Т-34». Командир батальона подполковник Володя Попов соскочил с брони и сказал:

-Жив, земеля! А я-то уже и не надеялся! Ну, слава Богу!

Чуть позже Яков безучастно сидел на обуглившемся стволе белой берёзы в окорвавленной марлевой повязке на голове. Мимо, стоя в конной повозке и весело взмахивая вожжами, промчался их батальонный комсомольский вожак - голубоглазый Петька Другарук, и пока миштаэровцы выкручивали и заламывали старику руки, накидывая стальные «браслеты», он только и делал, что с огорчением думал:

-Эх, жаль, я у того парня, что был, фамилию не спросил! Не внук ли он того, моего Володи Попова? А почему бы и нет?

Вскоре после этого случая семья Виноградовых в полном составе перебралась в Канаду.

Вася по имени Шлёма

По тем временам, о которых речь, комплекс трёхэтажных зданий завода «Пидаран» с просторными цехами, широкими окнами и крытыми переходами из корпуса в корпус представлял собой блестящий образец современного производства восставшего, как белоснежный мираж, в средиземноморских ядовито-жёлтых песках...

Полированные до блеска незабудковые полы из мраморной крошки с золотыми блёстками, кафель и вишнёвый мебельный шпон на стенах, внутренние дворики с цветочными клумбами и фонтанчиками прозрачной воды то эректируемой вверх, то самоуспокоенно ниспадающей вниз, мазганы, источающие живительную прохладу и уютно урчащие, как домашние коты... Продукция завода была самая клёвая – бытовые холодильники на фрионе. Чистота на заводе царила необыкновенная. Такая гигиенная, что порой хотелось крепко выругаться.

Идеальная чистота эта на заводе поддерживалась исключительно благодаря олимам. «Олимы» - это вновь прибывшие. Иногда их ещё называли репатриантами. Олимы и, в особенности, олимки были всё людьми интеллигентными: молодые да красивые, да статные - недавние выпускники опороченных советских инженерных да филологических вузов, музыканты и медики, учителя всех профилей. Они, в силу своей ментальности, легко освоили новый для них язык и были, в сущности, легко управляемыми юными особами обоего пола, привычными к директивам, распоряжениям и указаниям. Работы здесь для всех для них, естественно, не находилось и носители бывших интеллектуальных профессий выступали здесь в основном эмигрантском начестве: были спонжами, мататэшниками и мататяшками, мойщиками посуды, подсобными рабочими на стройках. На столовских кухнях и в уламеях-ресторанах их называли «преподавалками». То есть, не преподавателями литературы или физики - преподами, а просто официантками.

-Шама! По! Лё! Шама! По! –То и дело покрикивали на них садраны-надсмотрщики. (Там! Здесь! Нет! Там! Здесь!).

Ишачили по десять-двенадцать часов в сутки исходя из трёх-пяти шекелей за час; под страхом немедленного гона-увольнения запрещалось уносить домой остатки пищи. Мизерная зарплата складывалась-вычиталась из такого расклада: если какой хозяин из милости брал на работу двух олимов-олимок, то ежемесячно получал от министерства абсорбции денежную дотацию-вознаграждение в размере двести шекелей за каждого. Если босс удосуживался нанять больше олимов на своё производство, то вознаграждение хозяина возрастало в геометрической прогресси. И выходило так, что вся чёрная и другая иная работа, выполняемая олимами в большой хивре-компании, обходилась хозяину практически задарма.

-Да ладно! – рассуждали между собой пидаранские олимы. – Это ведь не на тридцатипятиградусной жаре камни ворочать и битум на дорогах разливать да и не в горячих полиэтиленовых парниках георгиновую да помидорную химоту глотать. Тут хоть прохладно!

Среди черноголового народа, суетящегося на заводской ниве чистоты, больше всех доставалось высокорослому белобрысому парню лет тридцати пяти. Он был как раз тем, кого обычно называют богатырём. Сторожевой башней возвышалась надо всеми его бросающаяся в глаза белёсая бестолковка.

Всё в этом парне было по-богатырски гипертрофировано. Дылда – под потолок, грудь – шкап двухстворчатый, репа – с чугунок картофельный, кулаки на мотовилах - кувалды, лицо... Э-э-э, да что лицо?! Белёсые и плотные, как седые заросли вереска, негустые волосы в чубчик; крохотные непропорциально телу и какие-то блёклые, словно застиранное небо, совиные глазки, белые щетинистые реснички и щетинистые, молочно-белые, словно известковые, бровки. Словом, нестандартный по обличью оказался для этих мест этот чувак.

В основное время богатырю вменялось в обязанность, сгибаясь в три погибели, выбирать в цехах металлическую стружку из-под токарных и сверлильных станков. Добытые им никчёмно сияющие сокровища сумрачный подёнщик тартал на задний двор на горбу в поддонах, а ближе к обеду парню полагалось проявиться в заводской столовой, где богатырь шуровал подметалой, шваркая мататой то тут, то там – где кто укажет, да откатывал с кухни неподъёмные зелёные контейнеры с зэвелю – с кухонными отбросами и остатками пищи. А если требовалось какой-нибудь фифочке-официантке обеденный стол переставить в зале для командиров производства, то парень мгновенно оказывался тут как тут. Ни слова не говоря, выскочит, переставит, и опять за швабру – полы подтирать.

-Тебя-то хоть как зовут? – находу как-то бросила ему рябая хохлушка-веселушка, крохотная молодая женщина Верка Шеина. Филолог и кандидат этих самых филологических наук не то из библиотечного института, не то из инъяза.

-Вася, - как бы нехотя буркнул в ответ парень. И продолжил: - По имени Шлёма. И наоборот. Шлёма по имени Вася.

-Угу, -в тон ему понятливо подугукнула Верка. –Басилиус и Соломон. Два царя. Тильки заласково.

-Да нет, -сумрачно отмахнулся Вася. –Это у меня дедушку Шлёмой звали. А я – Вася, но тоже шлёма. «Привет, Вася!» «Привет, Шлёма!» Оба «с приветом». Два Шлимазла Мамайских из Оренбурга.

- А я зпид Полтавы! Мать-одиночка.

И подумала вдруг, вспомнив выражение Козьмы Пруткова: «Гони любовь хоть в дверь, она влетит в окно».

И хвэська в мелких кудряшках рассмеялась над неожиданно выказанным остроумием молчуна-великана.

Так бы и трудился покладистый «Вася по имени Шлёма», может быть, и всю оставшуюся жизнь в дружном рабоче-крестьянском коллективе «Падирана», да что-то не показался наш мощный подсобник местному шеф-повару. Природа угодила Васю в рост и в плечи, а главного повара – вширь и в брюхо. И во всех иных ипостасях были эти два мужика один другому рознь. Вася-Шлёма отличался белизной, а шеф-повар вороно-черноволосостью, скрытой под высоченным, как свадебный торт, белоснежным накрахмаленным клобуке. Ко всему, шеф хвастливо утверждал, что он настолько местный, что якобы и родился в этой стране, хотя в это трудно было поверить, потому что и страна-то была «страна-подросток». Основным аргументом шеф-повара в его доказательствах местного происхождения фигурировала персональная шизофрения. Пышнотелый утверждал, что в моменты обострения его хронического заболевания он бредит на родном ему иврите. Фамилия у него была тоже характерной –Мизрахи, что означает Восточный. Да уж куда восточней!

Любимым занятием Мизрахи было приставать к «русским» официанткам, обслуживающим командирский отсек. Ухватывая какую-нибудь из них за ягодицу, повар говаривал:

-Басар лаван! (мол, «белое мясо») .

Женщины деланно взвизгивали от щипков, тыкали в гигантское поварское брюхо наманикюренными ноготочками и проворливо убегали. Несолоно хлебавши, Главный озабоченно засовывал руки под белый холщовый фартук в карманы своих цветастых сатиновых шорт и чем-то там долго пошевеливал. И ещё: шефа жутко раздражало, что все эти бывшие инженеры, учителя и медики-педики были такие неумехи: то поднос у кого-нибудь из рук выскользнет, то блюдо под ноги рухнет. И чему их там только учили! А тут ещё этот Вася! Полный ассимилянт! И опасный.

Едва Василий, закончив изъятие стружки в цехах, появлялся в столовой как шеф-повар тут же высовывался в широком проёме кухонного окна, словно поджидая своего белёсого антипода, и начинал «гноить».

-Ата, шама! – выкрикивал он из окна.- Ата, по!

То бишь значило: «Эй, ты, подотри вон там! Эй, ты, подотри здесь!»

Заводской народ во время обеденного перерыва, как правило, пёр валом. Сплошь в голубых и белых, как бы врачебных, халатах. Посекторно, поцехово и посменно. С полудня - до двух часов. Заводчане отанахнивали свою дневную пищу, и тогда после всех, за квадратные дюралевые столы на четверых едоков усаживалась и обслуга.

Каждый брал себе кто сколько хочет или сможет... В переплетениях отдраеных до блеска дюралевых поручней и полозьев проглядывали «на закуску» коричнево-красные коровьи языки, желтая стружка бастурмы из баранины, красные панцири тихоокеанских крабов, трепещущая в «розочках», просто заливная рыба и рыбы gefilte-fish, крупянистая творожная масса, салат «оливье», салат из свежей капусты, сдобренный сметаной с яблоком. В сердцевинах «распущенных» на лепестки куриных белков, облитых фарфоровым майонезом, горели золотом переполовиненные ножами для красоты желтки. Рядком – красная лососина и на белых одноразовых тарелочках с голубыми каёмочками красовались колбаски твёрдого копчения и варёные. Тут же – горчица и подкрашенный свеколкой крепкий хрен, шибающий в нос. Затем - вторые блюда. Тонко нарезанные пластики запечёной в духовках говядины, истекающей аппетитным соком, «упитанные» молочные сардельки и красно-кирпичные плотные сосиски, чебуреки и фалафель, камбала жареная. На гарнир – картофель-пюре, картофель-фрай, картофель-кусками «по-домашнему», греча, рис, капустка томлёная типа «бигус» и знаменитый по изготовлению и по названию на весь арабский восток «кус-кус», где «кус» означает женский половой орган. На выходе – короли стола – супы в блестящих кастрюльных доспехах и страстно поджидающие едоков. Тут суп-уха из золотистого карпа, суп луковичный, суп-горох с панировочными сухариками, суп с фрикадельками и суп-харчо. В углу красочно разрисованные под американских индейцев высоченные автоматы выдавали кофе чёрный, кофе с молоком, ледяную коку, томатный сок, джус оранж и кипячёное молоко.

После скудной пищи на родине еда здесь казалась настолько обильной и вкусной, что упасть можно. Рубон в этих местах был отменный. Трудно остановиться. Наедались впрок – сколько влезет. Причём, практически, этой пищи приходилось один раз в день. Хочется сказать: «Ой, да божешь ты мой!». Но я скажу:

«Зашибись!». Поест кто, бывало, то после и наклониться не может, а, порой, и вздохнуть.

В один из обыденных дней Вася-Шлёма оказался за одним столом с боевой Веркой Шеиной и ещё с двумя олимами-мужичками. Какой-то унылый парниша средних лет, прихлопнутых великоватой для него кипой и ещё один – ханурик в очёчках. Верка-морковка ела мало, как птичка, и так же на удивление мало, хотя степенно и молча, с расстановкой, поглощал пищу Василий, помаргивая пшеничными ресницами.

Вдруг в окошке раздачи выставился накрахмаленный клобук-колпак шеф-повара.

-Эй, вы, русские! –громыхнуло тенорком лоснящееся от жира лицо Главного. – Эй, вы неумеки! Ничего не умеете делать как надо! А еще инженерами там были! А водку пить умеете? Будем пить наперегонки! Кто больше выпьет!

Народ малохольно примолк. Показалось, что унизительная акция соревнования в нелюбимом для олимов деле была шеф-поваром тщательно продумана. И возникло некое внутреннее напряжение. Золотой осёл Апулея встал на задники, показав своё мохнатое брюхо и ещё кое-что более значительное. Кто же этого не знает?! Историческая судьба русских евреев весьма оригинальна. Национальную гордость - огненную российскую водочку их организмы чаще всего отвергают на генетическом уровне, а восточных снадобий таких, как «травка» или «укольчик в вену», в России не водилось почитай что пару тысяч лет до сегодняшнего дня. Генофонд выходцев из знойных стран в славянских снежных краях как бы законсервировался. Засахарился. Хотя, впрочем, были у меня два приятеля-родственника с характеристичными фамилиями: Давид Хмельницкий да Иосиф Пьянков. Но в целом - нет. Можно сказать, что белые евреи – исторически сложившаяся наиболее трезвая – со всех сторон- европейская нация. И не пьют, и не подкуривают. Получается как бы, мол, вот вам всем!

Потому и вопрос шефа-повара поверг многих из присутствующих в уныние. Пить или не пить?

Народ худосочно помурмурил, помумлил, побрухахил и затруселялся. Учитывая мощную комплекцию повара, никто не хотел умирать. За столом Васи прихлопнутый кипой парниша торопливо уплетал «салями», накалывая на вилку сразу по два кружалка. Очкастый ханурик в это время опасливо опустил взор в тарелку с супом-харчо. И тут морковная хвэська токнула Шлёму-великана под столом.

-Вася, та покажи ему сраню!

-Это ты покажи. А мне западло, - растерянно похлопав белёсыми ресницами, ответил Вася.

-Нет, Вася, ударим кулака нашей совковой лопатой по яйцам. Ты жеть сибиряк!

- Что-то я не совсем понял? Дать в пятак?

-Нет, Вася, дёрни стоп-кран. Поучи его, Вася, как родину-мать любить...

-Да какое у него тут бухалово? Суррогат!

-А ты скажи!

-Это ты скажи, -снова возразил сибирский гигант. – Переведи этому барахлу, что соревноваться с ним мне западло. Я буду пить под деньги. Только «Столичную». И сто шекелей под гранёный стакан.

-Ну почему именно «гранёный»? – переспросила женщина-морковка.

-Из гранёного пьётся легче, – тоном бывалого дегустатора заверил богатырь. - По граням само стекает. И держится крепче.

-А почему «Столичная»?

-Ну, это не косорыловка какая из целлюлозы или из нефти. Балдёж? Да! Но «столичная» не так цинична. Она мягко пьётся и по мозгам не так сильно бьёт как другие.

«Столичная» нашлась в шинке напротив. Перед взорами обслуги прозрачная горючая жидкость предстала облеченной в стройненькую бутылку с этикеткой выполненной в золотисто-красных тонах и с изображением гостиницы «Москва», поверх которого курсивом на английском языке, из нижнего левого в верхний правый угол, тянулась подтверждающая надпись Stolichnaya vodka. В это же время некто запасливый, похожий на вековечного шофёра, моментом смотался из столовой к паркингу под окном и притащил из бардачка своей легковушки ещё советскую «гранёнку» без ободка. Такой стакан употреблялся для распива бутылки водки «на троих».

Заинтригованный народ напряжённо привстал из-за своих столов. Шеф-повар торжественно уложил в центр васиного стола стопку золотистых «голд» с изображением Голды Меир и достоинством по десять шекелей каждая. Потом заводила спора вскрыл серебряную головку «столичной», набулькал в «гранёнку» доверху и утвердил стакан на банкнотах.

Шеф приэтом сказал типа:

-Ну, давай, ассимилянт!

И Вася-Шлема вдруг взвился:

-Кто ассимилянт? Я обрезанный! Хочеь покажу?

Парень вскочил из-за стола и решительно отдернул зиппер на ширинке его просторной джинсы. Глаза женщин загорелись: Вася вывалил увесистую штуковину, которой, повидимому, гордился и демонстрировал при всяком удобном случае. Штуковина напоминала дюралевую тюбу дезодоранта с розовым колпачком. Очкарик за его столом наклонился и старательно прочитал: «Rose Garden». Верка восхощенно охнула.

Довольный Вася уселся на свое место и несколько мгновений гипнотически всматривался в предоставленное шефом угощение. Так пристально смотрит на штангу тяжелоатлет-штангист. Или заклинатель змей на кобру. Затем Вася примерился: правой рукой за деньги, левой – за стакан. Что-то ему при этом не понравилось и он переиграл: левой рукой за сто, правой – за стакан. Наконец, парень, явно юродствуя, хрипло выкрикнул:

- За родину, фуфло! Камон! Азохэнвэй!

И в следующий миг Вася залпом метнул в себя содержимое «гранёнки». Жидкость бесследно исчезла в его широко раскрытом хайле и стол навсегда очистился от банкнот Мизрахи.

Вася крякнул, продвигая «столичную» в пищевод и

совершенно без всякого выражения на лице и даже не смигивая уставился на Мизрахи. От неожиданности тот тоже невольно крякнул, но тут же пришёл в себя.

-А ещё? А ещё можешь?! –заорал он в запале.

И Вася сказал ахнувшей от удивления Верке:

-Переведи этому сатрапу: под второй стакан - двести!

В этот раз на стол легли две коричневатые бумаженции достоинством по сто шекелей, изображающие Володю Жаботинского. Пробулькнула в стакан ещё одна доза жидкого жгучего косорылового вещества.

И Вася без всякой подготовки тут же повторил свой манёвр. Только чуть живее, чем прежде, упрятал детина деньги в свой широченный карман, для чего слегка привстал над краем стола, потрясая штаниной.

От неожиданности смуглолицый шеф-повар залился румянцем. Вернее, густо покраснел.

-Это что?! –возопил он недоверчиво. - Это ерунда! А ещё стакан? А? Слабо?!

И Вася-Шлёма, ничуть не меняясь в лице и не смигивая своими белёсыми бровками, выразительно посмотрел на соседку.

-Не надо, Вася. Как же ты смену свою отработаешь? – ужаснулась кандидат филологии. – Ты даже не закусил!

В ответ на слова соседки Вася усмехнулся, вытащил из нагрудного кармашка своей джинсовой куртенки пачку «Памира», зажигалку-бензинку, крутанул колёсико и закурил. Запах дешёвого табака, прозываемого в народе «Нищий в горах» шибанулся по углам пидаранской столовой и по народным ноздрям. Многие повеселели: смесь дорогих женских духов, мужицкого одеколона, дорогого питания и табака восоздавали атмосферу роскошного ресторана и как бы отдалённо предстоящего секса.

Неслучайно ведь существует выражение, что водка – приключение не на один день, а на всю жизнь.

-Скажи этому болвану, что нечего мне мозги втирать. Я и не таких как он видел, - сказанул вдруг повеселевший Вася. – И мне не жаль его шекелей. Пусть наливает ещё стакан и триста бумажек – под стакан...

Дождавшись перевода, шеф взвизгнул от восторга и заверещал своему помощнику:

-Давай, давай мне твои сто! У меня только двести осталось. Я тебе потом отдам. Но я его свалю всё-таки. И мы посмотрим, как этот ассимилянт будет кувыркаться тут.

...Было видно, что третий стакан Вася-Шлёма дотягивал с трудом. Похоже, что потребитель алкоголя мог и «в Ригу поехать». Притихший народ нутром это чувствовал. Допивая, доглатывая, дожёвывая прозрачную, огненную жидкость, Вася встал во весь свой огромный рост и, не разжимая зубы, глумливо сказал Верунье:

- Видишь? Я в умат бухой. Тачку! Достань мне тачку! Я поеду мацу кушать!

Верунья пулей выскочила на центральный подъезд, махнула рукой в сторону паркинга. Тут же подкатил какой-то «левак» и Вася пьяно плюхнулся на заднее сиденье.

Рыжая Верка оглянулась на толпившуюся в дверях прислугу, резко сорвала с себя чистенький белый форменный фартучек, швырнув его прямо на ступенки подъезда и, обежав машину с капота, утроилась рядом со Шлемой.

-Гони, братец! – выдохнула женщина.- Рубль - на водку, два – на похмелку!

В этот момент из дверей высунулся пышнотелый Мизрахи и на чисто русском призывно выкрикнул:

-Хаверим! Приходите завтра!

Но с тех пор только нашу парочку и видели на «Падиране». И поговаривали потом, что издавали эти ребята в каком-то израильском городке русскоязычную газету. Да и хорошо продвинулись.

СОБАКА-ЭМИГРАНТ

В одном русском дому монреальских иммигрантов жил-был пес - нечистопородная немецкая овчарка по кличке Рекс. Подрастал, проходил собачью дрессировку под руководством опытного тренера, стерег имущество, оставаясь за сторожа в компании двух сиамских кошечек.

Как-то вечером уже в десятом часу, в стороне, называемой Роксборо, владелец Рекса выгуливал свою собаку-любимца в густых посадках безлюдного местного парка. Девятимесячный щен страстно нюхал траву, весело гонял белок, держа в зубах палку-поноску. И вдруг бесследно ичез.

--Рекс! Рекс!-- напрасно призывал хозяин своего четверолапого друга, прочесывая парк. --Ко мне!

Но все оказалось безуспешным.

В одиннадцать расстроенный хозяин собаки вынужден был вернуться домой один, где его встревоженно ждала вся семья: дети и жена. С горечью глава семьи объяснил происшедшее и хозяйка, ведомая любвеобильным сердцем к животным, тут же бросилась в зияющую темноту, заседлала автомобиль и ринулась в мрачные ночные посадки лесопарка. Сырая трава нещадно хлестала по ногам, невидимые в темноте ветви деревьев ранили руки и вцеплялись в волосы. В самую пору было расплакаться, но настойчивая женщина все искала пса и искала. До изнеможения. До семи часов утра!

Известно ведь: женская любовь и душевные привязанности сильнее мужских. И надо сказать, что Рекс был во многом непростой собакой. Не бульдожка, не боксер и не вислоухая такса. Порода говорила сама за себя – The German Sheppard Dog – немецкая овчарка. Среди собак – это всегда было по-особому умное и легко поддающееся дрессировке животное.

Да, было: хозяйка покупала песика для мужа в качестве подарка на день святого Валентина. Но восьминедельное пушистое чудо так по-умному заглядывало в глаза покупательнице, что сердце женщины так и захолонуло от счастья и от любви: «Это же надо, какая прелесть, какая удача!»

Просто так молодая женщина уже не могла отойти от клетки в La Nature, и вся семья дружно полюбила Рексика.

В семье людей любящей животных Рексик быстро подрастал, набирая силу, и вскоре, оставаясь все еще бэби, превратился в грозного с виду Рекса. В отличие от многих здешних, канадских, собак своей породы Рекс стоит на прямых ногах, грудь нараспашку, спина покатая. Он охотно и даже с видимым удовольствием выполняет команды на двух языках: на русском и на английском – «сидеть», «стоять», «лежать», «голос»! Собачий разум шенка явно превышает обычные способности. Рекс даже целые телесериалы с участием кошек рассматривает на экране как некую реальность. А поскольку пес проживает в семье, где все его любят, то и вырос он необыкновенно добрым псом. То ластится к каждому гостю в доме, то льнет к прохожим на улице. Настоящий, как говорится, друг человека, а не только своего хозяина! И... пропал.

Целых три дня в доме царили беспокойные и траурные дни.

Всю срочную и рутинно необходимую работу по поиску пропавшего друга проделала семья. Особую горячность, конечно же, проявила хозяйка дома. Изготовила и запустила по городу флаерсы с фотографией любимца-Рекса; дети расклеили их в своей и в других школах.

Добрые люди охотно откликались на призывы о помощи, звонили, сообщали о видимых ими бездомных собаках, давали советы... Особенное впечатление пропажа собаки произвела на коллег хозяйки по ее работе. Особенно один из них по имени Майк, воспринял потерю Рекса, как собственную. Иногда сама, иногда вместе хозяйка и Майк ходили по железнодорожным путям в индустриальных зонах города, посещали автозаправки, мотались вдоль хайвеев... Поставили в известность полицейские участки, по нескольку раз вынуждены были посетить почти все имеющиеся в городе приемники SPCA для бездомных животных, пересмотрели там несколько незнакомых овчарок. Нет, все не то!

--Среди телефонных звонков мне особенно запомнился один, -- взволнованно рассказывает о ходе поисков хозяйка. --Своей необычностью. Какая-то добрая женщина звонит и участливо спрашивает, обращалась ли я к Джозефу?

--Кто такой Джозеф? --спрашиваю недоуменно. --Это кака-то организация или просто любитель собак? Дайте мне его адрес или номер телефона.

--Нет, --отвечает женщина. --Это святой, который помогает найти потерянное животное. Вы поднимите руки к небу и помолитесь.

Найти Рекса помог постине мистический случай. Три дня спустя после пропажи собаки хозяйка в полном отчаянии зашла в один из магазинов **Mondou**, торгующий кормом для домашних животных, чтобы в очередной раз пожаловаться знакомым продавцам. Взволнованно и уже с безнадежностью в голосе рассказывает она, и вдруг мужчина, все это время без особой нужды прохаживавшийся между стеллажами, вмешался в ее сбивчивое и горькое повествование.

--Простите, что вмешиваюсь, --вежливо заметил он. – Я таксист. Вот, привез сюда неподалеку пассажира с другого конца города. У меня никогда не было ни собаки, ни кошек в доме. В этот магазин я зашел просто поглазеть, поинтересоваться. Но вот услышал ваш рассказ и мне кажется, что я видел вашу собаку...

Рекс сидел на привязи в чужом дому, у чужих людей. Прежде блестящая шерстка его свалялась, язык был синим от стресса, невинные звериные глаза наполнялись слезами. По-всему было видно, что песик тосковал, совершенно не понимая, почему его не пускают к себе домой, к тем, кто его по-настоящему любит.

Шумной была радость обретения любимца! И всех мучает один и тот же вопрос: «Почему это, почему пришлось пройти столько мучений и страданий? И почему это вдруг пропавшее животное отыскалось так необыковенно, совершенно в другом конце города?»

КВАДРИГА

На древней бледно-голубой планете на окраине Большого Млечного Пути «наши» комбайнировали рожь.

Планета была настолько древней, что от постоянного соприкосновения с быстро летящими облаками за миллиарды лет выгладились ее когда-то островерхие горы.

На золотисто-желтом поле ржи, как бы подсвеченном кое-где голубыми фонариками полевых васильков, с десяток комбайнов казались красными спичечными коробками, гоняющимися друг за другом.

Грохоча всеми своими сверкающими на солнце сочленениями, тертулловые махины вздымали тучи пыли, и этот серый прах предков едким слоем оседал на лицах комбайнеров, скрипя на зубах, и вызывая в памяти тошнотворный запах могильных склепов. Или музеев.

В этот раз в число комбайнеров-инопланетян попал и вольнодумец с одной из идеальных планет абсолютного космоса Володя Кондуков. У руководства он числился на особом счету. Время от времени Володя исподтишка – так, чтобы не засекло начальство, писал рассказы и рассылал по КосмоНету листовки-емели с призывом вернуться к хюманити – к древнему пониманию человечности, попытаться по-новому прочесть первоисточники человеческой мысли. Такие, например, как Книга Книг, одной из главных заповедей которой является не только требование «не обижай пришельца», но рекомендации и регламентации в пище.

Когда Володя приземлился на вологодчине и вышел из космолета, сбежавшиеся крестьянки вопросили нашего красавчега:

-А чё, у вас там - на другой планете - все такие красивые?

...Облаченный во флюоресцирующий аквамарин громоздких доспехов астролетчика, осыпанных белыми королевскими лилиями, Володя выглядел великолепно. Подлинный богатырь в свои тридцать с небольшим лет. Дома он возвышался над строями и толпушками своих сверстников, как стройный молодой дубок над кустарниковой зеленью лапчатого орешника...

-Неа, - сверкая гагаринской улыбкой, ответил женщинам Вова. - Только я один там такой красивый..

Молодая, синеглазая, статная вологжанка-поселянка с блондинистой косой, тут же влюбилась в инопланетянина. И сердце Володи учащенно забилось.

«А, может, это и есть судьба моя? – подумалось ему. –Надоел секс по телефону, секс по заказу и виртуальный секс вприглядку»..

По новой технологии 2101 года ржаные поля на древне-исторической родине были не продолговатые, как встарь, а округлые. Десятки – сколь хочешь - однотипных комбайнов, не мешая один другому, могли двигаться по спиралям, закручивающимся к центру. И «круговых» полей было множество. На необходимость их указывали еще древнейшие предначартания, обнаруженные в свое время в пустыне Наска. Такое суперсовременное землепользование позволяло практически всего лишь за один солнечный день скомбайнировать всю рожь, избегая потерь от непогоды. То есть, начать и закончить так называемую осенню страду за сутки.

Чем же была вызвано возвращение людей, ставших инопланетянами, на свою земную родину?

В своем постоянном стремлении открыть и использовать неизвестные виды энергии, преодолеть земное притяжение, наконец, в своем чрезмерном самомнении человечество не давало себе труда вдумчиво изучать древние, завещанные им свыше тексты и заповеди, которые поведал Тот, кто знает все.

Неслучайно и в древнеегипетском паноктимуме богов, бог Тот занимал почетное место.

«Текля, Мекля, Пукле» - огромными огненными буквами самоначертались три слова на стене дворца вавилонского царя Навухуйдонасера, задумавшего построить башню до самого «неба». По повлению Того, кто знает все, вавилонская башня была разрушена; народы разбрелись по городам и весям, а после рассеялись и по всей галаккике.

Как только не толковали позднейшие и новейшие мудрецы смысл этих трех загадочных и магических слов! И только когда человечество поселилось на других планетах, до многих - даже непосвященных - дошел откровенно простоватый смысл «Текле, Мекле, Пукле». Оказалось, это: «Голова, Язык, Желудок».

Голова – различное мировосприятие людей разных племен или то, что называется менталитетом.

Язык – различие в понимании мира и его устройства.

Желудок – это маленькие биохимические заводики в людских брюшках одного племени, приспособленных для поедания людьми пищи, производимой той землей, на которой испокон веку жило по божьему определению то или иное племя. Этими «заводиками» - в дополнение к «голове» и «языку» - одно племя и отличается от другого.

Вспомнили и «Книгу царей», где было заказано: «Каждый народ должен иметь свою территорию, каждый народ обязан жить на своей территории и есть пищу, на которой жили его предки».

В двадцатом столетии – как только в обществе проявились новые революционные или контрреволюционные производительные силы - прыснули сыновья и дочери своей

Земли, как грибные споры, как маленькие парашютики одуванчиков, во все края бездонной Галактики в поисках лучшей доли.

Высокие компьютерные и космические технологии, инженерная генетика привели к тому, что изменилось само мироощущение человека. Никому не нужны стали роскошные куполоносные дворцы с кариатидами, никчему оказались просторные залы в домах , столовые, библиотеки, рабочие кабинеты и тому подобное. Люди перестали бояться замкнутого пространства. Их жилье стало больше походить пароходные каюты моряков. Встроенная в стенку койка, стол, компьютер, окошко для подачи пищи, дверь в туалет – достаточно. Общение с другими - в телефонных наушниках и в вебкаме. Секс – виртуально и порциями. Заботу о регенерации потомства взяли на себя ученые хмыри. Человечество раделилось на две команды – на лезбиянок и педерастов.

Одно плохо: унифицированная пище отторгалась желудками людей разных племен. Кто-то с удовольствием пожирал крохотные французские булочки, кто-то наслаждался чипсами, питой, лавашем, а кто-то всей душой желал борща, гречневой каши, водки, квашеной капусты,свиного сала и черного хлеба. Нет, не каждый день Требовалось хотя бы два-три раза в году, но не было.

Инопланетяне пускались на разные ухирщения. После нескольких неудачных опытов в условиях утраты родины они научились сквашивать капусту так, чтобы не пучило живот. Но с обыкновенным черным, ржаным хлебом была полная беда.

Казалось бы, что такое «хлеб»? Неперевариваемая организмом растительная клетчатка, служащая всего лишь катализатором в биохимических процессах желудка, но стабилизец в решении этой проблемы никак не наступал.

Бесполезным оказалось подкрашивание белого, пшеничного

хлеба под ржаной. Перед употреблением потерянные люди своей земли смачивали изготовленный местный суррогат в блюдце, и тогда рыжие круги анилина отталкивающе расходились по воде. Народные академики пытались приспособить разные непереваримые добавки. Например, твердые овсяные зерна – в крашеную французскую булочку... В конце концов невольные инопланетяне принялись сами выращивать рожь. Но и тут: не тут-то было! Микроэлементный состав местных почв не соответствовал потребностям желудка и требованиям тел бывших землян на клеточном уровне. Разразилась повальная эпидемия, называемая учеными «желудочная тоска».

В результате, выяснился один из главных законов любой эмиграции, иммиграции и колонизации: каждое племя приносит с собой «свою» пищу. Потому что каждый народ, племя или нация это как бы иные планеты. Как по пристрастиям в пище и ее восприятию, так и по особенностям строения и функциональным возможностям тела. И горем было оказаться в одиночестве среди чужих людей, на других планетах.

Те, кто имел в генетической примеси хоть кроху славянской крови страдали от недостатка черного хлеба и сала. На уборку земного урожая и, в частности, ржи стали отряжаться отряды «наших» добровольцев из глубин галактики. Не брезговали штрафниками. Чуть что не так и – пожалуйте, депорт на родину - на красный комбайн, на золотистое поле ржи. С тем, чтобы автоматически управляемые сухогрузы-космолеты смогли доставить зерна нового урожая ржи в любой конец галактической ойкумены.

-Карррамба! – выругался вруг по-испански Володя Морган. Что на языке его предков означало категорическое «мать твою так!»

Завершая последний круг на своем комбайне, он со страхом

заметил, как его напарники, закончившие комбайнирование раньше его победно подтягивались один за другим к краю поля и там, едва различимые на горизонте из-за дальности расстояния, неожиданно исчезали вместе с комбайнами.

Вааще, поля были устроены так. Под верхним слоем почвы ветвилась-стелилась маттилловая переплетенка, сквозь микроскопические отверстия которой подавалась в первородную землю питательный раствор типа вонючего гидропона двадцать первого века, используемого для оранжерей с ягодой, овощами, цветами и марихуаной. Рожь при этом – только дай! - колосилась по нескольку раз за весенне-летний сезон. Сверху все «центростремительные» поля ржи куполообразно окутывала еще одна тонкая почти невидимая сетка типа мелкоячеистого невода из высокочувствительной эпительной вытяжки. Комбайны после окончания уборки подкатывали к выходу с полей и, затягиваемые нарастающей, как паутина, верхней «путанкой», бесследно испарялись.

-Начальство убивает! Оно уничтожает комбайнеров! – догадался Володя. – Но для чего?! Для того, чтобы комбайнеры-инопланетяне, возвратившись на вновь обретенные ими родины, не несли с собой вирус опасной инфекции, называемой простолюдинами «ностальгией». Я знаю: после синхронного перевода огинского «ностальгия» означает некое болезненное и возвышенное состояние души, более известному как «Тоска по родине».

Володя недокружил до своей смерти всего полкруга. Прямо по стерне он стремительно направил свой красный хлебоуборочный комбайн к противовположному от входа краю поля, где все еще толпились, притихшие вологжанки. Вот голова Володи коснулась верхней путанки и он тут же почувствовал, как его тело начало обрастать смертельной тяжестью.

-Скажи, скажи немедленно квадригу заговора! – вскрикнула

в испуге, глядевшая на него красавица-селянка.

-Ков-ри-га!.. Ка-ра-вай!– прохрипел запекшимся ртом Володя.

-Нет, не так! Не так! - Кричала ему маленькая стройная пейзанка. - Ты должен помнить! – продолжала она кричать в безумном порыве помочь пропадающему инопланетянину.

И какой-то давным-давно забытой памятью на каком-то генетическом уровне Володя неожиданно вспомнил.

-Изыди, сатана! – сказал он твердо. - Хлеб за углом!

И в это самое мгновение, освобожденный, он вывалился из виртуального мира уиндоуз, у которого ждала его, подбоченившись, красавица-селянка, приглашая к столу.

-Мир вам! – сказал Володя Кондуков, вздымая перед собой корчажку доброго сорокаградусного вина - Будьте разумными! И не забывайте соблюдать правила дорожного движения. Это – правила приличия нашего времени.

ВМЕСТО ПОСЛЕСЛОВИЯ

Труды и Дни Владимира Моргана

1. Good news: монреальский писатель Владимир Морган объявлен лауреатом громкой литературной премии. Премию присудила матушка-Метрополия. Незадолго до того я читал в газете, что Россия «поворачивается лицом» к своему потерянному колену: то есть к нам с вами. Эмигрантам и дважды эмигрантам. Присуждение Владимиру Моргану премии «Золотое перо России» представляется поворотом лица в правильную сторону.

Быстрым и искренним было и реагирование на местах. Лауреата чествовали ГенКонсульство и Конгресс. Откликнулись газеты. Прозу Моргана читал со сцены Большой Артист Сергей Приселков. И, наконец, в довершение торжеств автор извлёк из рукава самый главный фактор своего присутствия: свежетипографский ТОМ «Тет-а-Тет с судьбою».. Весомый и выстраданный.

Эта книга сама по себе повод к празднику. А то, что один из очерков, составляющих её, и есть тот самый, лауреатский, только добавляет ей обаяния...

2. ... при том, что «Тет-а-Тет с судьбою» не сочинялся с целью обаять кого бы то ни было. Единственная жизнь, буреснежная, как здешняя зима, облеклась в неё. То есть в него. Потому что эта книга – мужского рода. ТОМ. Колючий и травматический. Одинокий Том – в не собранном собрании сочинений. Владимир Морган – сочинитель «пожилой». От слова «пожил». А не от слова «старый». И самой малой меры его прозы (двух-трех предложений и характерной сцепки между ними)

довольно, чтобы узнать литератора первоклассного. Словесность – она и мать ему, и жена, и сестра. Но собрания сочинений как бы не существует.
До-эмигрантское писательское прошлое Моргана покрыто тайной.

Все, сочиненное до «Охоты за деньгами» и «Тет-а-Тет с судьбою», утеряно и забыто, и восстановлению не подлежит. По утверждению автора.
Стихи, проза, эссеистика, дневники…
В это легко поверить. Две эмиграции порукой тому.
Возможно, так оно и есть.
Но меня обуревают подозрения.
Подозреваю, что как читатель я вовлечен в блестящую литературную мистификацию, хотя и не первую в своем роде. История литературы знает сюжеты, когда писатели как бы сбрасывали кожу. Меняли имена и родословные. Эстетику и стиль. Такова была цена полного обновления. Новых токов. Сложно судить, что за писатель был Владимир Морган 15-20-30 лет тому назад. И что он был за человек. Допустим, он был советский интеллигент, газетный работник из имперского города, хороший боксер, остроумный фрондер, любитель болгарского сухого вина и фильмов Тарковского… И вот – он сбрасывает с себя эту кожу… Впредь он – не интеллигент, не боксер, не ценитель Тарковского…
Впредь – это писатель, сушность которого пламенеет с грандиозными ясностью и накалом: ЭМИГРАНТ.

3. В томе «Тет-а-Тет с судьбою» дороже всего мне его первый портал. «Русские эмигранты в Канаде». Как, допустим, промерзают на морозе металлические поручни и столбы, вот таким лютым холодом калечит наши читательские пальцы и глаза цикл «На Флаерсах». А за ним и цикл «В Джейле». Не будем гадать, сколь долго сам ВМ работал на флаерсах и сидел ли он в джейле. Отличие писателя от репортера в том и заключено, что первый захватывает тот или иной пласт жизни

целиком как куб. И по определению ведает всё, что внутри. Поражает, что ВМ знает о своих героях всё. И добро бы это распространялось на Рене-хоккеиста, профессора Никича, флаерщиков Серегу и дядю Лёву, то есть на центральные персонажи. Но и некий «второстепенный» сморчок, заключенный тюрьмы Бордо, возникающий на страницах короткой повести только для того, чтоб померяться силой рук с «центральным» Венесуэльцем Уго, оказывается «сильным, хитрым и опытным квекебским бомжем, главой бомжарей». Пока лето красное, они бомбят туристов, а на зиму устраиваются кто куда. «Сморчок» привычно устраивается в тюрьму, поджигая пустые дома на окраине города...

Рассказы из вышеуказанных циклов несут на себе родовые приметы очерковой, журналистской стилистики. Но если бы их писал журналист, то нам, читателям, оставалось бы только возмущенно поцокать языком в солидарность с социальным протестом, заложенным в их ткани. Мол, надо же – как заэксплуатировали новых эмигрантов.

В случае же с писателем в игру вступают совсем другие элементы: состояние мира и природы, история души, жизни и смерти.

«Тампет де Неж», пугающий снежный пурган (слово, запатентованное В.Морганом. Как и «Бульвар Дикарей», ну тот, что Decarie, и порядочно еще другого словотворчества, еще находок) ... так вот, снежный пурган из Первого Портала новой книги В.Моргана – есть художественное изобретение, открытие. Много было в русской литературе снегов и льдов,.. но эмигрантские снега и льды Владимира Моргана явились нам новосотворенно как часть природы, не бывшей доселе.

4. Не правильным будет не коснуться и т.н. хроникерских страниц в новой книге. Когда автор такого уровня выбирает в тему повествования некий, скажем, концерт в парке Кент (разумеется, это концерт артистов-эмигрантов) ... или выставку (художника-эмигранта) ... или магазин пылесосов (молодого меркандайзера, тоже эмигранта),.. когда даже персонажи-квебекуа попадают на эти страницы лишь по «протекции» того

или иного персонажа-эмигранта, это похоже на обсессию. Или на принятие на себя определенной Миссии, как угодно. Мир «Тет-а-Тет с судьбою» пронизан токами слова «эмигрант». Слово «эмигрант» встречается на его страницах столь же часто, как знаки препинания. А как состояние души – оно, это слово, остановлено во времени. Оно трагически-самоценно, почти комфортно. При всех ушибах, переломах, даже смертях, сопутствующих ему. И вот оно, это состояние души, именуемое «эмигрант», и есть то состояние, ради которого писатель Владимир Морган отказался от всего, сочиненного им прежде...

5. За две сотни лет литературная Русская эмиграция явила писателей самых разных убеждений: традиционалистов и модернистов, монархистов и либералов... Особенность писателя Владимира Моргана в том, что он свое эмигрантство понимает как служение.
Нам.
Со-эмигрантам его по времени и по бульвару Декарей.
Ничего не требуя от нас взамен.
Мы, читатели-эмигранты, ничем не обязаны ему вследствие миссии, взятой им на себя. Даже купить и прочитать книгу – не обязаны.
Тем благородней художественное свершение, произведенное им.

P.S. Рецензия впервые опубликована на страницах международного еженедельника «Запад-Восток» THE WEST EAST №1 (436) 1-7 января 2009 г.
Размещено на прозе.ру http://www.proza.ru/2009/01/26/137 с благосклонного разрешения автора. (-ВМ)

НОВАТОРСТВО ВЛАДИМИРА МОРГАНА ИЛИ ДЛЯ ЧЕГО СУДЬБА ПРИВЕЛА ПИСАТЕЛЯ В КАНАДУ...

(ОБЗОР ТВОРЧЕСТВА)

С появлением первых публикаций Владимира Моргана в местной монреальской печати, заметившие новое слово соотечественники встрепенулись и стали искать продолжение. Его проблемные публицистические статьи, закрученные как добротная художественная проза, захватывали. От его художественных произведений, публицистически острых и актуальных, трудно было оторваться. Владимиру Моргану, профессиональному петербургскому журналисту и писателю, члену Канадского Совета Международного Союза писателей «Новый современник» и Редакционного совета The Yonge Street Review тесно в рамках определенного жанра.

Со свойственным писателю хроническим стремлением к справедливости, он всеми возможностями старается заразить им читателей. В очерке «Генуэзская крепость Канады, или о Генри» веселая познавательная экскурсия в парадный Форт Генри в Онтарио оживляет у автора не только величественные истории крепостей, но становится поводом разговора о страшной участи их невинных узников.

Очерк «Тайна великого открытия» - пронизан живой болью об утерянной возможности сохранения тысяч жизней благодаря уникальной установке по профилактической диагностике рака, созданной в Союзе группой врачей и ученых еще в 70-е гг. Один из основных разработчиков, известный в Монреале Яков Аронович Гельфандбейн, доктор наук, профессор, заслуженный изобретатель Латвийской ССР, затем в США - почетный член Американского института электро- и электронных инженеров, член Американского географического общества, действительный член Нью-Йоркской Академии наук. Он прямой очевидец того, как ценнейший для человечества труд был погребен академическими функционерами под грифом государственной секретности.

Настоящее журналистское расследование проводит автор в одном из своих новых очерков «Грозный вождь ирокезов Иван Иванович?». Это бунт против политических мистификаторов, паразитирующих на истинном патриотизме героя Великой Отечественной войны, летчика Ивана Ивановича Даценко.

Если Вы уже подустали от переживаний человеческих интриг, Владимиру Моргану есть и чем залечивать раны. С такой отеческой теплотой и гордостью рассказывает он о замечательных успехах наших соотечественников, их недюжинных, удивляющих мир способностях, что, возможно, снова вызовет слезы, но уже светлые. В интервью «Наш человек на Эвересте» журналист представляет в газете The Yonge Street Review Сергея Овчаренко, «единственного кебекуа» и восьмого канадца, покорившего неподатливую вершину. Журналист, сам спортсмен, знающий чего стоит такая выдержка, делает акцент на формировании личности смельчака, его духовных ценностях.

Следующая история начинается как детектив: «Видавшие виды таможенники на канадско-американской границе в Плацбурге вздрогнули. И было отчего. В ответ на стандартный вопрос «Что везете?» крупный русоволосый парень высунулся из канадского джипа и чуть ли не по слогам ответил: «Портрет мадам Хиллари Клинтон!». Если читателя интересует судьба портрета первой леди США, то он, выполненный живописцем Игорем Бабайловым, уроженцем старинного города Глазова, уже три года благополучно «украшает один из залов Капитолийского холма». И все же история парадного портрета на этом не заканчивается, как не заканчивается на нем и история достижений художника, автора знаменитой картины «For Gold, God and Glory"(о прибытии Христофора Колумба к неизведанным берегам Америки), приглашенного преподавателя живописи во Флоренции и Японии. И эта очень интересная и познавательная история свершений описана в очерке «Парадный портрет в золоченой раме»

Известно, что талантливому писателю свойственно формировать общественное мнение, и от его порядочности многое зависит, в особенности, если это воспоминания о встречах с героями прошлого. На фоне написанного о знаменитом барде В.Высоцком хочется выделить небольшое эссе В.Моргана «Владимир Высоцкий: «Пусть впереди большие перемены». Без какой-либо тенденциозности, тщательно, мазок за мазком воссоздает автор ушедшую эпоху, чтобы высветить оттуда живой образ своего героя, возвратить новым поколениям.

На полемику о судьбе русского языка, поднятую редактором Борисом Неплохом в газете «Монреаль-Торонто», В.Морган отвечает страстной статьей в пяти частях «В русском языке полный стабилизец». В ней - все давно накипевшее. Разноязыкая «тарабарщина» носителей «великого и могучего» в зарубежье, плоды безумной ассимиляции, не имеющей ничего общего с взаимообогащением культур; дележ академических портфелей в России, никак не способствующий прогрессу; национальное замыкание, не принимающее никакие другие языки общения. Однако есть и обнадеживающее. По первой своей специальности филолог, автор приводит такие уникальные особенности становления русского языка и связанные с ними богатые возможности его развития, что верится: он как дерево с мощными корнями устоит в любых бурях.

Характерно, что, признавая своей основой основ русский язык, Владимир Морган не только пишет стихи на английском, которые входят в антологии североамериканской поэзии, представленной в библиотеке Конгресса США, но становится победителем многих поэтических конкурсов. Он награжден серебряным Кубком и бронзовой медалью Poet of Merit, а также медалью Poetry Ambassador 2006. Имя нашего замечательного соотечественника внесено в международную энциклопедию «Who is Who in Poetry», а недавно он получил приглашение участвовать в антологии "Theatre of the Mind", издаваемого Noble House Publishers, с отделениями в Нью-Йорке, Лондоне и Париже.

Писатель прошел в иммиграции «высшую школу социальной адаптации» - от мойщика посуды, разносчика флаерсов, дормана, консьержа и автожокея до литературного агента, учителя и бизнесмена. В результате современная литература обогатились его уникальным циклом «Русские в Канаде» (рассказы «Хождение по Лашину», «Камелот», «Сумкин сын», «Мама мия, Пицца», иммигрантский детектив «Охота за деньгами» и др.). Те из них, что были опубликованы в местной печати, сразу отложились в памяти. И не только потому, что это будто списано в большей или меньшей степени с нас с вами, что автором отражено не только бытие, но и чувства иммигранта, заново завоевывающего свое место под солнцем. Суть мне предстает в оригинальном авторском исполнении, которое, возможно, складывалось в течение всей жизни.

Как поверишь тут алгеброй гармонию? Можно сказать лишь о впечатлении по ходу чтения. Вначале, исполненную юмора и живых замечаний описательность принимаешь легко и приятно, словно читаешь новеллы О'Генри, не замечая, когда закрадывается это первое ощущение тревоги. В дальнейшем оно нарастает, будто речь идет о летчиках из «Ночного полета» Антуана де Сент-Экзюпери, но там-то и риск, и героизм оправданы. Здесь же бессмыслица и безнадега, за которой следует взрыв истинного драматизма и даже трагизма происходящего. В каждом произведении цикла это показано по-иному. В рассказе «Мама мия, Пицца» - немолодые уже Борода и Эстерка», промерзшие и усталые после разноски флаерсов в ледяной шторм, напуганные задержкой полиции из-за отсутствия статуса, в конце оказавшиеся у закрытых дверей хозяйской пиццерии без заработка. В рассказе «Хождение по Лашину» - пожилой «Маленький Лева» на непосильной для него работе, неожиданно узнающий в молодом напарнике сына, которого искал всю жизнь, и погибающий у него на глазах от сердечной перегрузки. В иммигрантском детективе «Охота за деньгами» - объект зависти и подражаний, предприимчивый веселый Бобби, чья завидная удачливость не больше, чем везение клоуна на проволоке. Нет, тут уже чувствуется вовсю наше, Шукшина ли, Достоевского ли начало со щемящим чувством и очищением от соприкосновения с настоящим искусством.

Новым творческим рубежом предстает совершенно особое произведение на стыке жанров «Тюрьма Бордо», сюжетно строящееся на фоне реально существующей Монреальской тюрьмы и выходящее за рамки темы русской эмиграции. Это - и динамичный, исполненный художественных образов рассказ о впечатлениях попавшего за решетку пародийного персонажа Никича, и яркий памфлет, высвечивающий порочные картины действительности, и выход на вечные вопросы о неизбежности страданий и спасении.

«У каждого человека... есть свой орел, клюющий печень. И есть у каждого живущего свой тяжкий крест, который нужно нести до самой Голгофы. И у каждого народа есть своя Бастилия - символ неволи, бесправия и несправедливости. Они, конечно, возьмут свои Бастилии. Когда придут божьи сроки, когда это будет позволено или когда это станет доступным и возможным».

Это уже высокий штиль, и он не звучит здесь диссонансом.

Кто же этот писатель, живущий рядом с нами и так щедро раскрывающий свой талант? Правдиво отражающий бытие реалист? Взрывающий устои сатирик? Непобедимый, внушающий веру романтик? Судьбе ясней, она знала, что творит, направляя Владимира Моргана в Канаду.

CONTENTS
СОДЕРЖАНИЕ

Printed in the United States
by Baker & Taylor Publisher Services